キリマンジャロ山（1章）
（2016年8月，森島　済撮影）

ラオス北部山地における中国企業によるバナナの栽培（2章）
（2012年3月，横山　智撮影）

ジャカルタ沿岸部のゼロメートル地帯（3章）
（2017年2月，山下亜紀郎撮影）

降雪による園芸施設の倒壊（4章）
（2014年3月10日，両角政彦撮影）

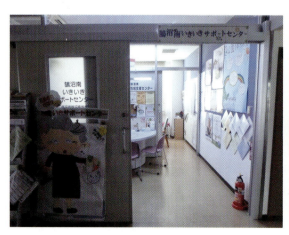

地域包括ケアの拠点となる地域包括支援センター（神奈川県藤沢市）（5章）
（2016年8月，畠山輝雄撮影）

ロンドンにあるイスラミックセンター（6章）
（2015年3月，荒又美陽撮影）

ポートランドでのパイプライン建設反対デモ（7章）
（2016年9月撮影，Diego G. Diaz/Shutterstock.com より）

ラオスの富裕層（8章）
（2017年6月，横山　智撮影）

都市住民も頻繁に訪れるザンビア農村部のバー（9章）
（2010年6月，伊藤千尋撮影）

銚子の海女（10章）
（1999年6月，湯澤規子撮影）

オレゴンのライトレール駅に近接した新住宅開発（11章）
（2017年3月，久保倫子撮影）

大船渡市沿岸の防災看板（12章）
（2011年4月21日，小田隆史撮影）

シリーズ地誌トピックス 3

サステイナビリティ

地球と人類の課題

矢ケ﨑典隆
森島　済　［編］
横山　智

朝倉書店

編集者

矢ケ﨑典隆　日本大学文理学部

森島　済　日本大学文理学部

横山　智　名古屋大学大学院環境学研究科

執筆者

森島　済　日本大学文理学部　(1)

横山　智　名古屋大学大学院環境学研究科　(2)

山下亜紀郎　筑波大学生命環境系　(3)

両角政彦　都留文科大学文学部　(4)

畠山輝雄　鳴門教育大学大学院学校教育研究科　(5)

荒又美陽　東洋大学社会学部　(6)

石山徳子　明治大学政治経済学部　(7)

梶田　真　東京大学総合文化研究科　(8)

伊藤千尋　広島女学院大学国際教養学部　(9)

湯澤規子　筑波大学生命環境系　(10)

久保倫子　岐阜大学教育学部　(11)

小田隆史　宮城教育大学防災教育未来づくり総合研究センター　(12)

（　）内は執筆担当章

ま え が き

　現代の世界はどのように読み解くことができるのだろうか．地理学は地球と世界の諸地域を理解するためにどのように貢献できるのだろうか．そして，21世紀を生きる若い世代に地理学者は何を伝えることができるのだろうか．私たちは，地理学の視点と方法に基づいて，グローバリゼーション，ローカリゼーション，そしてサステイナビリティという3つの視角から，世界の地誌にアプローチすることを試みた．それが「シリーズ地誌トピックス」である．地誌とは，地理学が描く地球と地域の現実の姿であり，その存在意義はかつてないほどに大きくなっている．それはどうしてであろうか．

　現代の世界は急速で著しい変化を経験し，さまざまな課題に直面している．情報通信技術や交通運輸手段の発達に伴って，世界各地の人々や文化の移動と交流が活発化し，広域な物流が促進され，地域間の結びつきがますます強まっている．同時に，環境問題，人口問題，格差と貧困や地域間の対立の問題をはじめとして，人類が解決しなければならない問題は数多くある．地球の空間と資源は有限であるので，世界中の人々が持続的な発展を実現するためには，限られた資源を有効に活用することが求められる．また，世界中の人々が平和で自律した暮らしを営むためには，お互いが多様性を尊重し合って共生することが求められる．このような世界を実現するために，地理学は重要な役割を演じるのである．

　「シリーズ地誌トピックス」は，世界を地理学的に展望し，具体的な地域像を描くことを目的として企画された．第3巻『サステイナビリティ　地球と人類の課題』では，地球的課題と持続的発展について地理学の視点と方法により検討する．人類が共通して直面する課題もあるし，地域によって異なる課題もある．いずれにせよ，こうした課題を認識し，諸問題への取り組みを支援し，持続的発展の形態を模索することが必要になる．そのために，地球と人類の持続的発展を考える地誌を提案する．グローバリゼーションとローカリゼーションを一体化した現象としてとらえた上で，サステイナビリティを認識することにより，世界と世界の諸地域の過去，現在，将来をダイナミックに読み解くことができる．

　本書を構成する12の章では，温暖化と環境変化，人間活動と土地利用変化，水需給と水資源問題，食料供給とリスク管理，高齢化と福祉・介護，多民族・多文化の共生，開発と先住民，格差と貧困，都市と農村の関係，ジェンダー，ハウジング，災害と防災・減災について扱う．本書を通じて，世界の地誌と地理学に関する理解が深まるように期待している．最後に，朝倉書店編集部には，企画から刊行に至るまでたいへんにお世話になった．御礼申し上げます．

　2018年1月

編 者 一 同

目　　次

1.　温暖化と環境変化 〔森島　済〕 **1**
　1.1　社会の取り組みと温暖化に対する認知 1
　1.2　気候に対する考え方の変化 3
　1.3　転換要素となる現象と転換点 5
　1.4　温暖化と環境変化に対する対応 9
　コラム　キリマンジャロ山の登山と氷河 11

2.　人間活動と土地利用変化 〔横山　智〕 **12**
　2.1　ヒトの歴史と人口増加 12
　2.2　人口増加と土地利用 13
　2.3　集約農業の進展 15
　2.4　人為的自然改変の歴史 18
　2.5　持続可能な土地利用へ向けて 20
　コラム　土地利用変化を地域の文脈から読む：ラオスのバナナブーム 23

3.　水需給の地域的偏在と水資源問題 〔山下亜紀郎〕 **24**
　3.1　世界における水資源と水需要の偏在 24
　3.2　間接的な水需給：バーチャルウォーターという考え方 25
　3.3　大都市の水資源問題 27
　3.4　水の移動のサステイナビリティ 34
　コラム　あなたは世界の水をどのくらい食べている？ 35

4.　食料の安定供給と気象災害のリスク 〔両角政彦〕 **36**
　4.1　食料問題とその課題 36
　4.2　世界と日本の食料需給 37
　4.3　水稲作・米への被害とリスク管理：1993年夏秋期の北海道・東北地方の冷害 39
　4.4　施設園芸・青果物への被害とリスク管理：2014年2月関東・甲信地方の雪害 43
　4.5　食料の生産と供給のサステイナビリティ 46
　コラム　食料生産の現場：群馬県板倉町M農家の経営 48

5.　超高齢化社会の福祉・介護システム 〔畠山輝雄〕 **49**
　5.1　先進国における高齢化の状況と各国の社会保障システムの地域差 49
　5.2　超高齢化社会における介護保険制度と地域包括ケアシステム 51
　5.3　地域包括ケアシステムの構築と地域ネットワークの活用 54
　5.4　持続可能な地域社会を構築するための地域包括ケアシステムのあり方 59
　コラム　持続可能な介護・医療のための高齢者移住は可能なのか 61

6. 多民族・多文化共生の困難に向き合う　〔荒又美陽〕　62

6.1　多民族が共に生きるということ　62

6.2　国民・外国人・移民　64

6.3　多文化社会の実態を捉える　67

6.4　「今世紀最大の人道危機」に際して　70

コラム　フランスの多文化共生：パリ，グット・ドール地区　73

7. 先住民族と資源開発　〔石山徳子〕　74

7.1　持続可能な開発と先住民族　74

7.2　セトラー・コロニアリズムの歴史とアメリカ先住民族　76

7.3　アメリカ先住民族とエネルギー資源開発　77

7.4　スタンディング・ロック・スー族と石油パイプラインの建設　79

7.5　持続可能な社会の実現に向けて　82

コラム　ナバホ・ネーションのウラン開発　84

8. 地域間格差と貧困　〔梶田　真〕　85

8.1　格差と貧困　85

8.2　貧困の発生と地域　87

8.3　貧困の再生産　88

8.4　人口移動は貧困地域を解決するか　89

8.5　貧困地域からの脱却に向けて　90

コラム　高校の全日制分校　92

9. アフリカ・日本から考える人口問題と都市−農村関係　〔伊藤千尋〕　93

9.1　都市と農村　93

9.2　世界の人口と都市化の動態　93

9.3　アフリカの都市と農村　95

9.4　日本の都市と農村　98

9.5　「定住性」を問い直す：多様な都市−農村の関わり合いに向けて　101

コラム　日本に残る行商の現代的意義　103

10. ジェンダーから再考する地域と人間　〔湯澤規子〕　104

10.1　ジェンダーの地理学　104

10.2　日本の地理学におけるジェンダーへの着目　106

10.3　ジェンダーの多元論へ　107

10.4　人々の人生を見つめる：地域の多層的・複眼的理解　109

コラム　布を織るのは誰か：織物とジェンダー　113

11. 住の持続性を創造するハウジング　〔久保倫子〕　114

11.1　ハウジングに関する都市地理学の研究　114

11.2　サステイナビリティとハウジング　115

11.3　東京大都市圏におけるハウジング研究 _____ 118

11.4　「住の持続性」は身近な問題 _____ 122

コラム　サステイナブル・シティ：オレゴン州ポートランド _____ 123

12.　自然と人間の関わりから考える防災・減災 _____ 〔小田隆史〕__ 124

12.1　世界の自然災害 _____ 124

12.2　防災・減災を考える _____ 127

12.3　復興：災害の経験と場所の記憶の伝承のために _____ 129

12.4　大災害を経験した地域の諸相 _____ 132

12.5　わがこと化のために _____ 136

コラム　ハワイ真珠湾基地：ダニエル・K・イノウエ地域センター訪問記 _____ 138

さらなる学習のための参考文献 _____ 139

索　引 _____ 143

1

温暖化と環境変化

　1980年代から急速に進行してきた地球温暖化については，2007年に提出された「気候変動に関する政府間パネル」の第4次評価報告書において，人間活動に伴う温室効果ガスの排出が地球温暖化の主因であることが確からしいとされた．さらに，地球環境が悪化しつつあることが第5次評価報告書においても示された．一方，古気候研究の成果は，気候システム自体に対する認識を変え，気候変化の進行が大気中の温室効果ガス増加に比例して起こるだけでなく，ある境界を超えた場合には，急速な変化を生じさせる可能性があることを示してきた．これらを踏まえ，本章では温暖化に伴い進行する環境変化に対する社会の対応を確認するとともに，この背景となった近年の地球環境，もしくは気候システムに対する考え方の変化に対する理解を深めたい．

1.1 社会の取り組みと温暖化に対する認知

1.1.1 地球規模の持続可能性に向けた取り組み

　1997年の京都議定書から18年ぶりとなる気候変動に関する国際的枠組みが，2015年12月の第21回気候変動枠組条約締約国会議（COP21）で採択された．いわゆるパリ協定は，2017年6月にアメリカ合衆国が離脱を表明したものの，採択当初は気候変動枠組条約に加盟する全196ヵ国が参加する枠組みとしては世界初となった．この協定では，世界共通の長期目標として，産業化以前の気温からの気温上昇を2℃未満に，更には1.5℃までに抑えることへの言及がなされた．また，主要排出国を含むすべての国が温室効果ガスの削減目標を5年ごとに提出・更新することや，途上国の森林減少・劣化からの排出を抑制する仕組み，適応の長期目標の設定および各国の適応計画プロセスと行動の実施など，温暖化抑制に対する具体的行動が各国の責任も踏まえて示された．

　また，地球環境変動分野の国際研究計画として，国際科学会議などが推進してきた4つの研究計画（地球圏・生物圏国際協同研究計画，地球環境変化の人間的側面国際研究計画，生物多様性科学国際協同計画，世界気候研究計画）と，地球システム科学パートナーシップといった枠組みが統合され，Future Earthと呼ばれる枠組みが2015年から10年間のプログラムとして発足している．ダ

イナミックな地球の理解，地球規模の持続可能な発展，持続可能な地球社会への転換という3つのテーマを掲げて推進される計画は，学際的研究の枠組みは当然のことながら，学術と社会の間に垣根を持たないTrans-disciplinarityを基盤として進められることに大きな特徴を持っている．持続可能な発展・社会を実現するためには，社会に存在する様々なステークホルダーの存在を踏まえ，これらの存在と積極的な協働を行う必要があるとの認識が持たれている．

　こうした近年における学術，社会，政治などにおける地球環境とその持続性に対する取り組みは，産業革命以降生じてきた地球環境の変化や，特に近年生じてきた，今までに無い特別な現象や気候・地球環境などに対して共通認識が持たれてきたことを意味している．

1.1.2 地球温暖化

　地球温暖化とそれに関連して現れてきたと考えられる環境変化の問題は，人間活動に伴う温室効果ガスとの関係を踏まえた緩和方策や適応，あるいは政策提言を行うための議論と密接につながっている．このため，現在生じている様々な環境変化と温暖化との関連，あるいは将来起こりうる変化の可能性と問題に対して，可能な限りの共通尺度・認識を持つ必要がある．

　本章は気候変動に関する政府間パネル（IPCC）評価報告書やそれに関連した著書など（参考文献

表 1.1 IPCC 評価報告書に用いられる表現

表現	可能性（%）
ほぼ確実である	99～100
可能性が非常に高い	90～100
可能性が高い	66～100
どちらも同程度	33～66
可能性が低い	0～33
可能性が非常に低い	0～10
ほぼあり得ない	0～1

参照）を参考にまとめているが，これらの文書にある様々な事実や，将来予測に関する記述は，「定量的測定の評価」，「知見の不確実性」，「知見の妥当性に対する確信度」，「証拠の表現」，「合意の度合い」，「確信度の度合い」といったカテゴリーごとに一定の表現が用いられる．前者 2 つは確率に対応する表現（表 1.1）が用いられる一方，「知見の妥当性に対する確信度」は，証拠のタイプ，量，質，整合性，「合意の度合い」に基づき，定性的な表現が行われる．得られている情報の多寡に関連する「証拠の表現」は「わずかの」，「中程度の」，「堅牢である」が，「合意の度合い」は「低い」，「中程度の」，「高い」といった 3 段階表現が用いられている．「確信度の度合い」は「非常に低い」，「低い」，「中程度の」，「高い」，「非常に高い」という 5 段階表現を行う．決められた表現を用いることにより，限られた知識と情報の中で，誤解を極力抑える表記が採られている．以下の気候復元資料や観測事実，将来予測に関する記述では，比較的可能性が高い現象を主に取り扱うものとするが，可能性の低いとされる現象が起こらないことを示すわけでは無いことには注意する必要がある．

人類がこれまで経験した気候環境と比較して，現在進行する地球温暖化がどの程度のものなのかを知る上で，歴史時代あるいは過去約 1 万年にわたる気候の復元資料が第 5 次評価報告書においても検討されている．特に歴史気候学において以前から知られている中世の温暖期（950～1250 年）には，20 世紀後半と同等かそれ以上の温暖な時期があったとされてきた．しかし，この時期の温暖な環境は現在のように地球規模ではなく，限定された地域において生じたとされており，少なくとも北半球における 1983～2012 年間の平均気温は，過去 1400 年において最も高温であったと

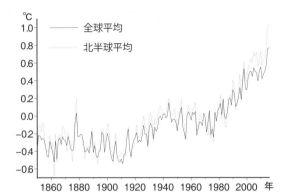

図 1.1 全球および北半球の年平均気温の推移（1850～2016 年）
1961～90 年の平均気温からの差．East Anglia 大学 Climate Research Unit 公開のデータより作成．

されている．図 1.1 に 1850～2016 年の全球，および北半球の年平均気温の変化を示す．この図は 1961～90 年の平均気温を基準に，各年の平均気温との温度差が示されており，1850～1930 年頃まではおしなべて−0.2℃より低く，それ以降は 1940 年代頃から 1970 年代半ばに低温化傾向を示す時期を挟みつつも，上昇傾向が続いていることを示している．2000 年を中心にハイエイタス（hiatus）と呼ばれる温暖化の停滞が認められたものの，その状態も 2010 年代を過ぎると解消し，再び昇温化が顕著になっているように見え，2015 年，2016 年の気温は図中で最も高いものとなっている．

全球平均の気温に比較して，北半球の平均気温は全般的に高く，南半球の平均気温は低い．これは陸域に比較して海洋域で温暖化傾向が小さく，北半球の陸地面積が南半球に比較して広いことに起因する．地域的な傾向の違いは，緯度帯によっても認められ，低緯度に比較して中高緯度の陸域に高い上昇が認められている．地域的にはその度合に違いがあるものの，このような広域的な温暖化傾向の中で，特に 1950 年以降における，陸域の寒い日や寒い夜の頻度の減少と，暑い日や暑い夜の頻度の増加は疑う余地のない現象として考えられている．

1.1.3 同時に生じてきた環境変化

温暖化による環境の変化は，気温上昇を直接の原因とされる氷河や氷床の融解などの現象と，大雨や干ばつの増加などの直接的な原因としては単

純に結び付かない現象とに分けて考える必要がある．また，温暖化という現象が誘因となって生じる現象と，温室効果ガスそのものによって生じる環境変化も同時に起こっている．

海洋は，1971年からの40年間で，気候システム全体で蓄積したエネルギーの90%以上を蓄積していたことが高い確信度をもって示されている．同期間において，水深700 mまでの海洋表層の水温が上昇したこともほぼ確実と考えられている．二酸化炭素の吸収源としての海洋の役割は大きく，人為起源の二酸化炭素も約30%吸収している（図1.2）．このことが，海洋酸性化を引き起こしている．雪氷圏においては，グリーンランドや南極の氷床で質量が減少し，世界中の氷河で縮小が続いている．また，北極域の海氷や北半球の春季積雪面積も減少し続けている．さらに，高緯度地域や高山地域の永久凍土の温度上昇や融解も生じてきている．こうした現象は，温暖化やそれを引き起こしている温室効果ガスによる環境変化を，観測事実をもとに原因と結果の直接的関係として示される事例である．

一方，いくつかの過程を経て生じているような環境変化については，気候も含め直接的には人為的な温暖化に伴う現象と結び付けにくいものも多いが，影響の大小を区別しつつ指摘されている．可能性が高いものとして，平均海面水位の上昇による極端な高潮の増加や，多様な生物種の生息域と活動，移動の季節性，および生物相互の関係性などの変化などがあげられる．降雨強度の増大は

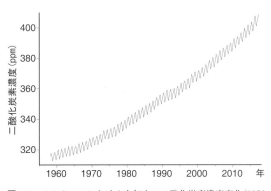

図1.2 マウナロアにおける大気中の二酸化炭素濃度変化（1958～2017年）
アメリカ海洋大気庁（NOAA）の Earth System Research Laboratory 公開のデータより作成．

全球規模ではあるが，上述の現象に比較して確信度が低い表現となり，熱帯低気圧の活動の変化に関してはさらに抑えた表現が使われている．確信度が低く表現される変化は，1つ1つの事象を近年の温暖化と直接的に結び付けて解釈することが困難という背景を持つ．

1.2 気候に対する考え方の変化

1.2.1 気候変動の意外性

1980年代初頭まで，気候の将来像は寒冷化に関するものが主流であった．というのは，前述した1940〜70年代頃の全球的な低温化傾向や，第四紀において周期的に生じてきた氷期・間氷期という気候変動の中で，現在の間氷期がそろそろ終わりに近付いているのではないかという漠然とした不安が働いていたような気もする．ところが，1980年代から温暖化傾向は急速に加速し，人類が排出してきた温室効果ガスによる人為的温暖化に注目が集まることになる．こうした時代ごとに現れた傾向の中で，観測および古気候記録分析の成果が次々と提出され，気候変動に対する考え方にも変化が生じた．

1980年代の気候変化に対する考え方は，特に時間スケールと変化量について現在とは随分異なっており，大きな変化は長い時間をかけてゆっくり生じるという考えが根底にあったと考えられる．1990年代に入ると，北大西洋海流と深層水循環との結び付きを含む大西洋の熱塩循環に注目が集まり，数十年程度の比較的短い時間スケールで大規模な変化が生じることが明らかとなった．これは，グリーンランドの氷柱から得られる過去6万年の古気候記録だけでも17回，氷期全体では20回を超える急速な温暖化が認められることからも示される．温室効果ガスの排出を代表とする，人間によって誘発された気候変動が，将来にわたって円滑で完全に予測可能な形だけでは進みそうにないとの懸念が増してきたのである．こうした中で，climate surprise（驚きの気候），tipping point（転換点），tipping element（転換要素）といった用語が，現在の気候から著しく逸脱した状態や，気候を大きく変化させる閾値と要

素に対して用いられるようになってきている.

1.2.2 驚きの気候と転換点，転換要素

気候を変化させる温室効果ガスのような働きを気候強制と呼んでいる．その強制に対して私たちの住む地球の気候システムが示す反応様式を知ることによって，私たちは気候の性質に対する認識を持つ．強制と気候システムとの関係が単純であると考えれば，強制に応じて気候システムが時間差無く反応するとともに，それに比例した形で変化が生じるといったことが考えられる．しかし，現在知られている強制と地球の気候システムの反応との関係は複雑であり，少なくとも温室効果ガスによって生じる強制に対しては，10年から20年の遅れを持って反応が生じるとされている．この反応の遅れの下であっても，いくつかの反応様式を考える必要があるとされる.

1つ目は，反応が線形的に現れるものであり，遅れが生じるにしても，反応の生じる時間や大きさを予見可能な変化である．2つ目は強制に対して反応が弱いか，限られたものになる場合であり，この場合，温室効果ガスによる強制が強くなっても，気候システムが何らかの形でバッファとなり，反応をとても弱いものにする．例として，東南極氷床が，現在よりもさらに高い気温にあったときにも安定していた，という過去の事例があげられる．3つ目は，非線形的な反応をするというものである．例えば，地球の平均気温が温室効果ガスの上昇に対して，一定の割合で上昇していたとしても，その後変化の割合が大きくなる場合などが考えられる．ある強制に対する気候システムの反応の結果が，その強制をさらに強める効果を持つような正のフィードバックを持ち，それを過小評価している場合には，現実的に可能性がある．最後，4つ目にあげるものは，閾値に関係した反応である．この場合，はじめは温室効果ガスによる強制に対して，気候システムの反応はとても小さいものであるが，一旦閾値を超えると，非常に短い間にすべての反応が生じる．グリーンランド氷床が徐々に溶けていくだけでなく，突然カタストロフィックな崩落を生じるといった例があげられる．これらの考え方は，全球的な気候システムが将来においてどのような変化を持つ可能性があるのかを考慮する上で，心に止めておくべき事項とされる.

毎年9月頃に最小となる北極海域の海氷面積は，2007年に急速に減少し，さらに2012年に記録的な最小値をとった．グリーンランドと西南極氷床の氷は加速度的に消失しており，広く注意が注がれている．極域ばかりではなく，近年熱帯アマゾンを襲っている干ばつは多雨林を疲弊させ，温暖化の影響と考えられる昆虫の大量発生が，カナダの北方針葉樹林を枯死させている．これらの広域的環境変化は，地球の気候全体を急激に変化させる可能性のある重要な構成要素であることから，将来の全球的気候にとっての「転換要素」として考えられている.

「転換要素」とは，強制（例えば，世界的な気温変化）による小さな変化により，将来の状態が大規模に質的変化する可能性のある場所であり，閾値となる「転換点」を持っている．閾値を超えた場合に生じる変化は，突然あるいは不可逆，もしくは（最悪の場合には）その両方であるかもしれない．IPCC の用語において，そのような変化は，「大規模な不連続性」として言及されている．多くの場合，そうした変化が生じるなら，「驚きの気候」となる危険な変化と見なされるだろうが，すべてが等しく危険というわけでもなく，例えばサヘルの緑化に寄与するなどの好ましい状況をつくり出す可能性もある.

「驚きの気候」は，気候システムに対する不十分な理解などによって生じる予測可能性の限界を示す言葉でもあるが，まったく予測できないというわけでもない．ただ，現在の気候変化が，人間活動による強制と自然変動が組み合わさって生じている以上，転換点となる閾値を超えるか否かを予測することは難しく，転換点となる現象の可能性についてのみ指摘されている.

1.2.3 政策に関連する転換要素の評価

京都議定書やパリ協定など，温暖化防止に向けた世界規模政策を立案するにあたり，上述のような，特に時間軸において曖昧な可能性に対する言及は，明確な判断基準を提示するものではない.

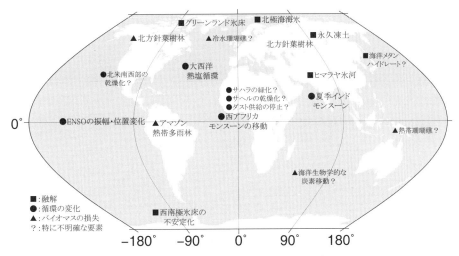

図 1.3 政策に関連した潜在的転換要素の分布
Henderson-Sellers and McGuffie (2012): The future of the world's climate. Elserier. の Figure 17.3 を元に作成.

そこで，Lenton *et al.*（2008）は，上述の一般的転換要素に対して，以下の内容を加え，政策立案に資する政策関連の転換要素を定義した．

（ⅰ）「政治的な時間軸」（～100 年）の中で採られるような決定が，転換点を通過するか否かを左右するほど大きい場合．
（ⅱ）転換点を通過する時間や質的な変化が現れる時間が，「倫理時間軸」（～1000 年）の中に存在する場合．
（ⅲ）転換要素が，地球システムの全体的状態に対して重要な役割を果たすとともに，生物圏独自の特徴としてそれ自体に価値があるため，極めて多くの人々がその行方に関心を持つ場合．

これらは，今世紀中になされる政策決定の結果に左右され，1000 年以内に生じる可能性のある大規模な変化に注目する．（ⅰ）の評価は，西暦 2100 年までの間近に迫る気候を対象とし，IPCC の排出シナリオによる強制幅と，共に生じる気候変化予測の幅に関連している．（ⅱ）の評価にはモデル予測と古気候データが用いられ，モデルの既知の欠点が考慮される．（ⅲ）の評価には，必然的にいくらかの主観的な判断が行われる．こうした基準を元に，図 1.3 に示されるような潜在的な政策関連の転換要素が示される．これらは，グローバルな気候システムに急激な変化をもたらす転換点を持つものであるが，それとともにその場に展開する社会に対する転換点を含み得る．次節では，これらの転換要素のいくつかを，融解，循環場の変化，バイオマスの損失から概説する．

1.3 転換要素となる現象と転換点

1.3.1 大規模な融解

a. 北極域の海氷

前述の通り，北半球夏季に最小となる北極海の海氷面積は，ここ数十年間で著しく低下し，2012 年には 400 万 km^2 を下回った（図 1.4）．冬季に最大となる海氷面積も急激ではないものの減少しており，1980 年以降で 150 万 km^2 以上を失い，近年では 1,500 万 km^2 を下回る年が多い．全体として薄氷化が生じており，冬季における通年氷の平均的厚さは，過去数十年間で 3.6 m から 1.9 m へと減少した．この海氷の厚さの減少は，暗い海表面が露出し，太陽放射の吸収増加を引き起こしたため，上層の海水が暖まることで顕著となっている．さらに，氷を減少させる別の要因として，大気循環と海洋循環があげられ，北極海の永年氷をフラム海峡から排出したり，夏季の雲量を減少させたり，太平洋からの熱輸送を増加させたりしている．北極が暖候期に無氷状態になることは，政治・経済的に重要と考えられるが，この変化は非可逆的な分岐とはみなされず，気候が寒い状態になると速やかに回復する．冬季における

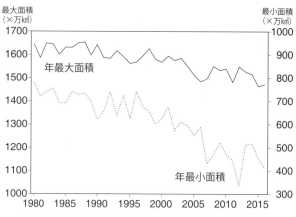

図 1.4　北極海における海水面積の変化（1980〜2016 年）
気象庁が公開するデータにより作成.

無氷状態, つまり通年にわたる無氷状態は, 気候システムの急激な不可逆的変化をもたらす転換点になると考えられるものの, これを生じさせるためには, 北極で 13℃ 程度の気温上昇が必要と考えられている. このように温暖化の影響は, 人為的温室効果ガス排出量とともに, 極地における温暖化増幅の強さにも関連した不確かさを持っている.

b. グリーンランドと南極の氷床

温室効果ガス排出量に対する制限がかからない場合, 2100 年には海面上昇は 57〜98 cm に達すると IPCC では予測する. この評価には非常に大きな不確実性があり, グリーンランドと南極の氷床の融解の寄与に依存している. 今のところ, 1 年あたりグリーンランドは 200 Gt, 南極は 150 Gt の氷を失っていると推定され, これは 1990 年代はじめに比べて, それぞれ 6 倍と 5 倍の減少量となっている. グリーンランドと南極は, 驚きの気候の可能性が最も心配されている地域の 1 つである. もしこれらの巨大な氷床がすべて融解したとすれば, グローバルな海面上昇に対する寄与はグリーンランドで 7 m, 西南極大陸氷床で 8.5 m, 東南極氷床で 65 m に達する. これと比較して, すべての山岳氷河の融解は 0.3 m 程度である. 古気候データによれば, 巨大な東南極氷床は 3,500 万年前に発達し, 現在より暖かな気候においても安定していたと考えられるため, 今世紀においても安定し続けると考えられている. 一方, グリーンランドや西南極氷床に対しては, より暖かく湿潤な気候が氷床に対して雪の供給を若干増加させるものの, 今後 100 年間において融解が著しく加速される可能性があることが懸念されている.

グリーンランドにおいては, 融氷期間の長期化が指摘され, 2007 年には 1973〜2007 年の平均と比較して融氷期間が 50 日も長かったことが指摘されている. また, 近年の観測により, 季節的融解が氷河流動の加速を招いているとの指摘もある. グリーンランド氷床表面における氷のマスバランスは, 現在プラスではあるが, 氷床縁辺部での氷の崩落による損失増加が大きいため, 全体として氷は減少している. 縁辺部の氷は, すべての緯度で薄くなっており, 海岸部での氷河の後退も顕著である. 氷床表面の氷のマスバランスがマイナスとなった場合, 表面の高度が低下し, 気温上昇に繋がるため, 正のフィードバックとなり, 不可逆で急速な融解が生じることが懸念されている. 複数の研究により, 地球規模で気温上昇が 4℃ を上回った場合に, この転換点を過ぎる可能性の高いことが示される一方, 別の研究では 6℃ 程度の地球温暖化（地域の平均も 8℃ の気温上昇）が指摘される. さらに, 近年の研究は, 産業革命以前に比べて 1.3〜2.3℃ の気温上昇により, 転換点に近付き得ることも示唆されている. 気候-氷床結合モデルの研究から, グリーンランド氷床の大きさには複数の安定状態があり, 複数の転換点

が存在するとの指摘もある．上述の転換点に達する前に，氷床が陸地に後退する際に１つ目の転換点が存在し，この場合に 15% を上限とする氷床が消失し，全球の海面は最大 1 m 上昇するというものである．この場合，今世紀中の海面上昇に対して 50 cm を上限とした寄与が推計される．

西南極氷床は，特にアムンゼン海に流れる部分で急速に薄くなっており，西南極氷床の縮小は，暖水の浸入と主要な氷床を支えて浮かんでいる棚氷の消失に対して敏感である．また，西南極氷床は，海面下にある基盤岩と接する境界部の後退に対して脆弱であり，大規模な崩壊につながる可能性のあることが指摘されている．古気候データの分析により，現在より 3℃ 程度暖かい気候であった 500〜300 万年前に，西南極氷床が崩壊していたことが示されており，この指摘はモデルによっても支持されている．4℃ を超える地球温暖化が生じた場合，西南極氷床が崩壊しないとは言えないとされる．

c. 永久凍土

東経 150〜168 度と北緯 63〜70 度の間にあたる北東シベリア，別名 yedoma と呼ばれる領域の永久凍土は，25 m 深の厚みを持ち，2〜5% の極めて高い炭素を含有している．全体では 500 PgC（ペタグラム炭素）の炭素を含むと試算されている．この炭素の生化学的分解により放出される内部発生熱が，正のフィードバックとして働き，大規模融解を自立的に生じさせる可能性があるとの指摘がある．一旦この過程が始まると，およそ 1 世紀にわたって 1 年につき 2.0〜2.8 PgC（若干のメタンを含むが大部分は二酸化炭素と考えられている）を解放する可能性があり，強制を取り除かない限り元に戻らないと考えられている．地域的な気温上昇が 9℃ を上回ることを条件としているが，この地域では既に強く増幅された温暖化を経験している．温室効果ガス排出が高い状態で続くというシナリオの下では，今世紀中にこの状況に近付きやすいとも指摘されている．

d. 海洋底メタンハイドレート

世界中の海洋底には，メタンハイドレートという形態で，膨大な量の炭素が蓄積されている．これは水とメタンの混合物であり，低温・高圧の下で固体となっている．したがって，温度が上昇したり，気圧が低下したりすると不安定となり，メタンが放出される．メタンは，二酸化炭素の 21 倍もの強制を持つ温室効果ガスであり，温暖化によって海洋と永久凍土内のメタンハイドレートが大量に解放された場合，地球気温を上昇させ，さらに多くのメタンハイドレートを解放させる可能性がある．最近の評価では，海洋底のメタンハイドレートは最大 2,000 PgC もあるとされる．深海水温の上昇とともに熱が地中に拡散し，凍結メタンを不安定にするかもしれない．長期的で持続的なメタン供給源として，数千年にわたって大気中に放出されれば，0.4〜0.5℃ のさらなる温暖化をもたらすと推定されるが，政策に関連した時間スケールでは生じそうにないとされている．

1.3.2 大気・海洋循環の変化

a. 大西洋熱塩循環

海洋循環はグローバルな気候の支配要因の 1 つであり，海洋深層水は地球内部の働きとして数百年〜数千年間の長期的気候変動を駆動し，維持する唯一の要因でもある．大西洋熱塩循環の一部として北大西洋上を北東方向に流れる北大西洋海流は，メキシコ湾から北大西洋北部へ暖かく塩分濃度の高い表面水を運んでいる．湾流の塩分濃度上昇は，カリブ海での大量の蒸発によって海水が濃縮されるために生じる．海水は北上するとともに冷やされていき，高い塩分濃度と低温の組み合わせが，表面水を重くする．この海水は，アイスランドの北方の相対的に低密度の海洋に達したときに沈みこんでいく．この沈み込みによる引き寄せが，暖流である北大西洋海流の強さを維持し，北東大西洋への暖水の流れを確かなものにしている．良く知られるように，このことがヨーロッパ大陸に温暖な大気を供給している．驚きの気候として初期に注目されたこの循環の崩壊は，多量の淡水が北大西洋に入り，密度差によって沈み込む深層水が形成されなくなったときに生じ，そのときには冬季を中心として，ヨーロッパの気候は現在より厳しいものになるというものであった．この深層水循環の停止に伴う大変動の可能性が示唆

されて以来，既に20年以上を経過し，この間，海洋の詳細なモニタリング，気候モデル，海洋循環の過去の変化に関する多くの研究成果が蓄積されてきた．この結果を受け，最新のIPCCではこのような崩壊が21世紀中にはあまり起こりそうにない現象として合意されている．21世紀中に北大西洋北部や南極海のいずれにも十分な淡水の流入はないため，循環は停止しないとする．しかし，最近10〜20年を超える温室効果ガスの排出量増加があった場合，22世紀にはグリーンランドと西南極の氷床が完全に溶け，膨大な量の淡水が海洋に流れ込み，海洋深層水循環は崩壊する可能性はある．

b. ENSO

エルニーニョ／南方振動現象（ENSO）は，大気-海洋相互作用の中で生じる最も重要な自然変動である．20世紀中に生じた太平洋域での温暖化は西部よりも東部赤道太平洋で大きく，これはより強くなったエルニーニョ・イベントと関連してきた．近年では，従来観測されてきたエルニーニョ・イベントに関する海面水温偏差分布に変化が観測され，モドキ・イベントと呼ばれる赤道太平洋の中部を中心とした偏差分布として認識されている．従来のモデル研究における将来予測では，現在のENSOの変動性からより持続的で頻繁なエルニーニョ状態への移行が予測されてきたが，現在，モデル間で頻度における一貫した傾向はないとされる．しかし，振幅の増大は3〜6℃の安定した温暖化の下で予測されている．さらに，モドキ・イベントへの移行が近年予測されてきた．エルニーニョの振る舞いの変化による全球的な影響は大きいと考えられるものの，21世紀中にこれが無くなるか，非常に強くなるかという転換点を通過する可能性はかなり低いと評価されている．

c. インドモンスーン

インドモンスーンはすでにエアロゾルと温室効果ガスの強制に影響を受けており，古気候記録は北大西洋の気候変動に関連してインドの降水量が変動することを示している．インド洋に比較して，北半球陸域でより強い温暖化が生じることから，海洋と大陸の温度差が大きくなることによりモンスーン循環自体は強まり，インドの降水量増加が予想されるが，実際には降水量の減少が生じている．これは，atmospheric brown cloudと呼ばれるエアロゾルの塊り（ヘイズ）との関連が指摘されている．この大気中の微粒子は，大陸に集中し，太陽光を遮り，地表面加熱を抑えるためモンスーン循環を弱める傾向を持っている．こうしたエアロゾルによる強制の増加が，モンスーンをさらに弱めることも考えられるが，取り除かれた場合には，温暖化によってモンスーンが強化され，この影響を数億人の人々に与える可能性がある．

d. 西アフリカモンスーンとサヘル-サハラ

過去に西アフリカを襲った猛烈な干ばつは，上述の大西洋熱塩循環の弱まりと関連してきた．熱塩循環の弱まりは，エルニーニョ現象に似た現象として知られる，ギニア湾表層海水の昇温をもたらす大西洋ニーニョを誘発するとされている．この現象は，通常，ギニア湾とその北の陸地との温度差を大きくしている，東部赤道大西洋の冷水の発達を妨げ，西アフリカモンスーンを弱体化する．将来において，西アフリカモンスーンが南，あるいは北に移動する可能性に関しては不確かであるが，北への移動は緑のサハラをもたらすとともに，熱帯大西洋とアマゾン熱帯多雨林へのダスト起源の栄養分供給に制限を与える可能性も指摘される．南への移動はサヘルの乾燥化を示唆している．最近のシミュレーションは，熱塩循環が弱まることによって，持続的な大西洋ニーニョが引き起こされるという転換点を示し，これはサヘルの大規模な降水減少と，ギニア湾とその沿岸での降水量増加を伴う可能性を示している．

e. 北アメリカ南西部

温暖化した世界では，大気中の水蒸気量が増加し，大気大循環の変化が生じる．この大きな変化の1つとして高緯度方向へのハドレー循環の拡大があげられ，これに伴う亜熱帯乾燥域の拡大は大きな降水量の減少につながる．北緯25〜40度，西経125〜95度に囲まれた北アメリカ南西部は，特に強い影響を受ける可能性のある地域の1つであり，将来的に乾燥化の強まりと持続が確信を

持って予測され，すでに観測値の中にこの遷移を
みることもできる．また，近年における北アメリ
カ南西部の乾燥化は，グレートプレーンズの洪水
増加とも関連してきた．夏季の温度上昇は海洋よ
りも陸地で大きいと予測されることから，大陸の
低気圧と北大西洋亜熱帯高気圧との間の気圧差が
増し，結果としてカリブ海からグレートプレーン
上層への水蒸気輸送が強化され，洪水を誘発する
一方，北アメリカ南西部での乾燥化を招くことが
指摘されている．

1.3.3 バイオマスの消失

a. アマゾン熱帯雨林

アマゾンの熱帯雨林は炭素の貯蔵庫としての役
割を持つので，気候変化が生じたときの挙動は重
要である．アマゾンのような極相に近い熱帯雨林
は成熟しているため，これ以上の二酸化炭素は吸
収できないと最近まで考えられてきた．しかし，
近年，1 年あたり大気中の二酸化炭素を 5 t/ha 吸
収していることが示された．熱帯と温帯の森林は
ともに，樹木サイズに従って連続的に炭素貯留を
増加させ，成木は単に炭素貯留をしているだけで
なく，小さな樹木に比べても大きな量の炭素を吸
収している．

植生と気候を結合させた初期のモデルは，地球
温暖化により 2050 年までにアマゾンの乾季が長
期化し，アマゾン熱帯雨林が今日アマゾン盆地
の東部や南部に観られるサバンナのような景観に
変化する可能性を示すものであった．乾季の拡大
は，森林火災を引き起こし，植生の置換を促進さ
せる．近年においては．2005 年と 2010 年に生じ
た極めて強い干ばつに類似の現象をみることがで
きる．サバンナは長い乾季に適応するが，熱帯雨
林に比較して単位面積あたりに蓄積できる炭素の
量は小さく，熱帯雨林の中に蓄えられた炭素の大
気への放出は気候変化を加速させる．乾燥が継続
した場合，今世紀終わりにはアマゾン熱帯雨林の
70% に顕著な枯死が生じる可能性のあることも，
別のモデル研究で示されている．一方，同様の極
端な反応を示すわけではないとの結果も示されて
おり，最新の IPCC の報告書ではこのような可能
性は低いとの見解をとっている．

b. 北方針葉樹林

カナダ西部の北方針葉樹林は，アメリカマツノ
キクイムシの侵入により，広範囲にわたって樹木
の枯損が引き起こされている．またこれに伴い，
火災頻度も増加してきた．このことが，この森林
帯を二酸化炭素吸収源から炭素排出源へと変化
させている．広範な枯死が少なくとも 1 つのモデル
で予測され，それは全球平均では 3℃ 程度の温暖
化に一致する．4℃ を超える地球温暖化による枯
死は，起こらない可能性よりも起こる可能性が高
いとされる．このプロセスは，現在優占する樹種
にとって，夏季の温暖化の影響が大きすぎ，病気
に対する脆弱性が増し，再生率が減退し，さらに
火災頻度の増加がより高い消失を引き起こすこと
によっている．森林が広域的に疎林と草地によっ
て置き換えられ，そのことが夏季の温暖化，乾
燥化，火災頻度を増幅させるといった強い正の
フィードバックを生じさせる可能性もある．

1.4 温暖化と環境変化に対する対応

上述した転換要素と，転換点となる現象の中で
示された地球温暖化の大きさとの関係を確認する
と，3〜4℃ を超える温暖化が転換点を超える現象
を生じさせる可能性が高い．こうした点で，パリ
協定にある 2℃ という気温上昇に抑えられるので
あれば，現在の科学的知見の中では，転換点を超
える危険は小さいものとなる．このためには，人
類による温室効果ガス排出量を抑え，2℃ に近付
く前に大気中に排出される温室効果ガスの量と，
自然界で吸収される量とを少なくとも同じにする
必要があることを強く認識したい．

一方，温暖化との関連性における可能性の大小
はあるものの，近年世界各地で生じている極端現
象は，地域社会の持続性に関わる転換点となり得
る現象を含んでいる．IPCC の評価報告書では，
こうした現象による影響を，適応と脆弱性という
観点から展望しており，「気候変動への適応推進
に向けた極端現象及び災害のリスク管理に関する
特別報告書」としてまとめている．使われる言葉
に違いがあるにせよ，従来から存在する自然災害
に対する枠組みである「誘因」，「自然素因」，「社

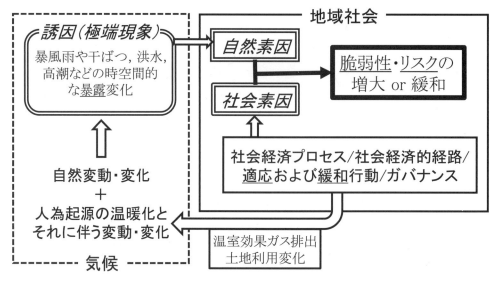

図1.5 気候変動による災害リスクと人間社会との関係

会素因」との関係の中で整理可能であり，図1.5に示す関係として考えて良いであろう．温暖化との関係の有無にかかわらず，気候変動に伴う極端現象という誘因は，それに晒される（暴露）地域における自然素因を介して，社会素因に作用する．誘因に対してのこれら素因の脆弱性が災害リスクの大きさを左右する．ここで転換点としての側面を考えると，ある転換点を通過した場合には，現在極端現象と呼ばれる現象が，日常的に起こりうる現象に変化するという可能性もある．この場合，誘因となる極端現象の暴露の頻度はさらに増大する状況となるため，影響に抗するレジリエンス（強靱さ，回復力）のさらなる増強が地域社会に求められることにもなる．こうした状況を回避する上でも，地域社会には温室効果ガス排出量の低減やその影響を大きくする可能性のある土地利用改変の抑制による温暖化緩和策が求められる．一方で，現在進行形の温暖化の中で，変化する環境に適応する地域社会を創出する必要性を迫られている．

〔森島 済〕

引用文献

環境省（2014）：IPCC 第5次評価報告書の概要—第2作業部会（影響・適応・脆弱性）．
http://www.env.go.jp/earth/ipcc/5th/pdf/ar5_wg2_overview_presentation.pdf（最終閲覧日：2017年6月12日）

環境省（2016）：IPCC 第5次評価報告書 第2作業部会報告書「気候変動2014：影響，適応及び脆弱性 技術要約」．
http://www.env.go.jp/earth/ipcc/5th_pdf/ar5_wg2_spmj.pdf（最終閲覧日：2017年6月12日）

気象庁（2015）：IPCC 第5次評価報告書 第1作業部会報告書「気候変動2013：自然科学的根拠技術要約 技術要約」．
http://www.data.jma.go.jp/cpdinfo/ipcc/ar5/ipcc_ar5_wg1_ts_jpn.pdf（最終閲覧日：2017年6月12日）

三枝信子・江守正多（2012）：Planet Under Pressure 会議報告—地球環境研究の新しい枠組み Future Earth に向けて．
http://www.cger.nies.go.jp/cgernews/201206/259005.html#note_02（最終閲覧日：2017年6月12日）

文部科学省・経済産業省・気象庁・環境省（2014）：IPCC 第5次評価報告書統合報告書政策決定者向け要約．
http://www.env.go.jp/earth/ipcc/5th/pdf/ar5_syr_spmj.pdf（最終閲覧日：2017年6月12日）

Henderson-Sellers, A. and McGuffie, K. ed. (2012): *The future of the world's climate*. Elsevier.

Lenton, T.M., Held, H., Kriegler, E., Hall, J.W., Lucht, W. Rahmstorf, S. and Schellnhuber, H.J. (2008): Tipping elements in the earth's climate system. *Proceedings of the National Academy of Science of the United States of America*, **105**(6): 1786-1793.

Maslin, M. (2014): *Climate change: a very short introduction*. Oxford University Press.

【キリマンジャロ山の登山と氷河】

　アフリカ大陸最高峰のキリマンジャロ山（5,895 m）には，7～10月，12月下旬～3月の比較的雨の少ない季節を中心にトレッキングなどを目的として多くの観光客が訪れる．現在どの程度の観光客が山頂を目指すのかは不明だが，10年ほど前で年間約3万5,000人程度あり（Mitchell et al., 2009），その当時に比べてタンザニアを訪れる全体の観光客数は2倍以上の200万人近くになっていることから，相応の人数となっていると考えられる．

　キリマンジャロ・コーヒー出荷の要衝地としても有名な街モシは，こうした観光客の登山基地として知られる．宿泊ホテルでキリマンジャロ山に登りたいとさえ言えば，何の登山装備を持たなくても，登山靴はもちろん，山着やヤッケ，雨具などすべてを揃え，翌朝には山に向け出発するといったこともできる．食事に関しても，コックや給仕，食事用のテント，テーブル，イスまで用意され，ほとんど空身状態で登山を優雅に楽しむことができるが，ポーター1人が持つ荷物の重量は厳しく制限されているので，登山口で重量オーバーが判明すると，追加料金といったことにもなる．これが収入の集中を防ぐことにもなっている．

　ガイドやポーターはこの時期に1年の収入のほとんどを稼ぎ出すので，下山した翌日には別のツアーに出向くといった生活となるが，ほかの時期はこれといった職もなく町中で過ごすものも多いという．タンザニアの平均年収（300ドル）の倍以上となるこうした仕事は，魅力的な仕事となっている．いずれにせよ，こうした仕事が成り立つのも，キリマンジャロ山がアフリカ大陸最高峰であり，標高帯ごとに変化する植生や山頂に広がる氷河という魅力的な観光資源が存在することにほかならない．世界各地の山岳氷河は着実に縮小を続けており，キリマンジャロ山の氷河も例外ではない．40年ほど前には山頂部に連続して分布していた氷冠が，現在見る影もなくパッチ状に残るのみであり，2030年までには完全に消失するとも言われている．氷河の縮小が山麓に住む人々の水資源としてどれほど重要であるかは別にしても，この山を観光資源として利用し，生活の糧とするものにとっては，心中穏やかなものではないだろう．

写真 1.1　キリマンジャロ山
タンザニアでは荷物を頭の上にのせて運ぶことが多い．
（2016年8月，筆者撮影）

引 用 文 献

Mitchell J., Keane, J. and Laidlaw, J. (2009)：Making success work for the poor：package tourism in Northern Tanzania. 16 January, 2009, *SNV*, Overseas Development Institute.

2
人間活動と土地利用変化

　人類は産業革命を境にして急激な人口増加を経験した．そのとき，マルサスは増加した人口を養うための食料の供給が追いつかなくなるという悲観的な予言をした．しかし，人口増加は産業革命以降も続いているにも関わらず，マルサスが予言したような最悪の事態には陥っていない．なぜなら，科学技術の発展によって作物の収量が増加し，輸送手段がワールドワイドに拡大したからである．本章では，産業革命以降の人口増加に伴う集約的な土地利用の進展に焦点を当てて，食料を増産するために，人類がいかに地表面を改変してきたのかを，これまでの研究成果を踏まえて紹介したい．また，学際的な研究アプローチである土地変化科学の今後の展開についても述べる．

2.1　ヒトの歴史と人口増加

　私たちヒト（ホモ・サピエンス）の祖先は，約20万年前にアフリカで誕生して以来，絶え間なく地表面を改変してきた．土地利用変化はヒトの歴史と密接に関わることは論を待たない．まずは，ヒトの歴史は4つのフェーズ（段階）に分けられると述べる生態人類学者の大塚柳太郎の説を，国連による推計人口と照らし合わせながら紹介しよう（図2.1）（大塚，2015）．

　第1フェーズは，約20万年前にヒトが誕生したときからアフリカ大陸を出るまでの時期である．この間にヒトは石器をはじめとした様々な道具を使い始め，食料獲得の安定化と身体的ストレスの軽減から出生力が向上した．続く第2フェーズは，約12万5,000年前にヒトがアフリカ大陸から西アジアに移動し，定住化するまでの時期である．第1フェーズで獲得した道具を利用する文化を発達させることで，ヒトは誕生の地である熱帯のみならず，温帯や冷帯，さらには乾燥帯へと移動していく．第2フェーズ終盤の人口は500～800万人程に膨らみ，野生の動植物だけで生存するには限界に近付いていた．これら第1，第2フェーズの時期のヒトの人口支持力は，自然が提供する動植物の入手可能量によって決まっていた．しかし，このような時期でもヒトによる地表面の改変が行われていた．それは森林植生への火入れである．オーストラリア北部では，モンスーン林に火入れを繰り返し，人為的にサバンナをつくり出して狩猟獣を増やしていたという（大塚，2015）．

　ヒトが定住化を開始したのが第3フェーズである．私たちの祖先は，西南アジアの「肥沃な三日月地帯」（ヨルダン渓谷から北にシリアと東南ト

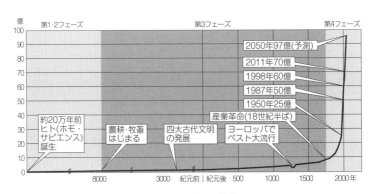

図 2.1　世界人口の推移
国連人口基金東京事務所（http://www.unfpa.or.jp/）をもとに筆者作成．

ルコに至り，そこから東にチグリス川・ユーフラテス川を下りペルシア湾に至る地域）で野生植物を栽培し始め，野生動物を飼い慣らし始めた（ベルウッド，2008）．農耕の幕開けである．アジアの湿潤地域ではイネが，そして西南アジアなどの乾燥地域ではムギが栽培され，5,000年ほど前から犂が使われ始めた．やがて，ヒトはヨーロッパから新大陸やオーストラリアへ移住し，世界各地に拡散した．

第4フェーズは，産業革命から現在に至る時期である．この時期の最大の特徴は，ヒトが多産多死から多産少死へと移行し，人口が爆発的に増加したこと，さらに多産少死から少産少死へと移行する人口転換が起こったことである．ヨーロッパでは人口転換が18世紀後半から始まり，20世紀にはそれが終了した．途上国では，今なお人口は増加し続けているものの，同時に人口転換も進行中である．産業革命以降の技術革新によって，集約農業による食料増産が飛躍的に進展し，ヒト20万年の歴史の中で，第4フェーズのわずか200～300年の間に異常な速度で人口増加が進んだ．

本章では，こうしたヒトの歴史を踏まえながら，特に第4フェーズ以降の人口爆発に伴う地表面の改変に焦点を当て，集約農業の進展や森林減少などのトピックを取り上げながら，人間活動と土地利用変化との関係について考えていきたい．

2.2 人口増加と土地利用

2.2.1 人口論

産業革命以降の世界の人口増加を危惧したのが，『人口論』を書いたマルサスである．マルサスは，人口増加は幾何級数的だが，人が利用できる食料の増加は算術級数的であり，いずれ人口増加に食料供給が追いつかなくなり，そうなったときには，戦争・病気・飢餓などの人口を抑制する「マルサスの罠」が発生すると予想した．マルサスは，食料生産を倍にするには農地面積も倍にする必要があると考えたが，実際には「マルサスの罠」は回避できている．人口増加に応じて，肥料，農薬，農業機械の導入などの技術革新によって，単位面積あたりの生産量が飛躍的に増加したから

表2.1 土地利用，休閑期間，人口密度の一般的関係

土地利用	休閑期間	人口密度 （人/km²）	農法の例
森林休閑	15～25年	0～14	原生林を伐採して行う焼畑農業
叢林休閑	8～10年	4～16	二次林を伐採して行う焼畑農業 二圃式農業[1]／穀草式農業[2]／三 圃式農業[3]
草地休閑	1～2年	16～64	
一毛作	数ヶ月	64～256	水田稲作（天水田）／輪栽式農業[4]
多毛作	なし	256以上	水田稲作（灌漑水田）／園芸農業

1) 冬に雨が多い地中海性気候の地域において発展したコムギなどの冬作と休閑を繰り返す農法．
2) 多年生牧草と穀物を数年ごとに交替して作付けされる農法．
3) 冬作地（主にコムギやライムギ）→夏作地（主にオオムギ）→休閑地もしくは放牧地に農地を3区分し，それらをローテーションしながら耕作する農法．
4) 圃場を区分せずに，冬作地（主にコムギやライムギ）→根栽地（主にカブやジャガイモ）→夏作地（主にオオムギ）→牧草地（主にクローバなどの根粒菌の働きで土壌に窒素を固定する働きをするマメ科植物）を輪作する農法．
ボズラップ（1975），Netting（1993）をもとに筆者作成．

である．

マルサスとは異なる視点から，人口と農業との関係を説いたのが経済学者のボズラップである．人口圧が高まると，休閑を伴う農業から集約的な農業へと移行し，森林休閑（15～25年間）から叢林休閑（8～10年間）へ，さらには草地休閑（1～2年間），そして毎年耕作を行う一毛作や灌漑化による多毛作へと変化する農業の発展段階論を提示した（ボズラップ，1975）．

土地利用，休閑期間，人口密度の一般的関係は表2.1のように示すことができる．これを実際の農法に例えると，森林休閑は原生林を伐採して行う焼畑農業，叢林休閑は二次林を伐採して行う焼畑農業である．草地休閑は二圃式のような切替畑や穀草式農業，また集約化が進んだ三圃式農業も休閑を含んでいるので草地休閑に含められる．そして，一毛作は雨季だけ稲作ができる天水田や輪栽式農業，多毛作は雨季に加えて乾季にも稲作ができる灌漑水田や園芸農業となる．このように，人口圧に応じて休閑期間を減少させる土地利用へと変化し，農業の集約化が進展したと説いたのが，ボズラップの理論である．

2.2.2 土地利用転換

ここで定住化以降の土地利用転換モデルを見てみよう（図2.2）．土地利用変化は，経済開発と地域の生態学的特徴の両方と複雑に関係しながら

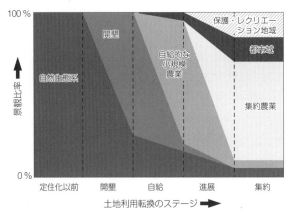

図 2.2 土地利用転換
DeFries *et al.* (2004) をもとに筆者作成.

進んでいく．それは，原野や森林のような自然生態系から開墾し，自給的な小規模農業へ，そして人口密度が高くなると多くの作物が人口の多い都市住民のために栽培される集約農業へと転換していく（DeFries *et al.*, 2004）．しかし，土地利用転換のステージと変化の速度は地域によって異なる．アマゾン川流域では，何千年もの間，熱帯雨林で覆われていたが，近年になって放牧地に転換された．そして，道路などのインフラの整備が進むと，さらに生態的条件も作物栽培に適していたことから，わずか数十年で集約農業へと変化した．一方で，中国，南アジア，そして東南アジアでは，何千年も前に森林を開墾したにも関わらず，未だに自給的な小規模農業が多くの地域で営まれている．

ここで，ヨーロッパの事例から集約農業の歴史を具体的に説明してみよう．第3フェーズとされる約1万年前に西南アジアにおいて農耕が始まり，ムギが栽培されるようになった．やがてムギの栽培はヨーロッパ各地に拡散したが，17世紀初頭，中世に入るまでの数千年の間，休閑と耕作を繰り返す二圃式農業が続けられていたと考えられている．それが，中世に入ると三圃式農業へと進化した．同じ土地で3年間に2回の収穫ができるようになり，さらに家畜を休閑地に放ち，その排泄物によって地力を保持させたり，また休閑地にマメ科のクローバなどの牧草を植えて土壌養分を補う技術革新が見られた．そして第4フェーズとされる18世紀後半，産業革命に入ると，輪栽式農業（ノーフォーク農法）が普及した．休閑期間を設けないため，毎年収穫が可能となり，土地生産性が大きく向上した．休閑をしなくても厩肥などの投入量を増加させることで地力を保ち土地生産性を上げ，さらに大量の役畜を動力として耕起や収穫を行うことで労働生産性も上げることができた．図2.2において，二圃式農業が行われていた時期は「開墾」のステージ，三圃式農業が行われていた時期は「自給」のステージ，そして，輪栽式農業が行われていた時期は「進展」のステージに相当する．

「進展」のステージでは，収穫した作物の多くは地域外，特に農業をほとんど営んでいない都市域の住民へと供給される．第4フェーズの人口爆発の契機となった産業革命は，工業化に伴い多数の賃金労働者を生み出し，農村から都市への人口移動をもたらした．そして，都市人口が急増したため，都市住民の食料を供給するために農村が穀物の増産に迫られたのである．

「自給的な小規模農業」と「集約農業」の違いは，農地規模や農業資材の投入量の違いだけではない．自給的な小規模農業では，ポリカルチャー（多品種小面積栽培）で営まれるのが一般的であるが，集約農業では農業機械の効率を高めるためにモノカルチャー（単一種大面積栽培）で営まれるのが特徴である．ウシやウマのような役畜に代わってエンジン付きのトラクターやハーベスター，のちにコンバイン・ハーベスターのような農業機械が普及すると，モノカルチャー化がさらに進展した．

2.3 集約農業の進展

2.3.1 緑の革命

集約農業の進展，特に土地生産性の向上に大きく貢献したのは，20世紀中盤の「緑の革命」である．緑の革命とは，作物の品種改良と農業の技術的・経営的な総合パッケージの先進国から途上国への移転である．アメリカのロックフェラー財団が1943年にコムギとトウモロコシの研究センターの設立資金を提供し，「国際トウモロコシ・コムギ改良センター（International Maize and Wheat Improvement Center, CIMMYT）」をメキシコに設立したのが緑の革命の契機である．最初は，高収量の交配種トウモロコシと矮性コムギの普及であった．矮性コムギは1963年にインドの育種ステーションに送られ，インド・パンジャブ地方からトルコに広がり，1968年までには18ヵ国に矮性コムギが作付けされ，食糧危機の回避に大きく貢献した（マクニール，2011）．

さらにロックフェラー財団は，フォード財団と共にフィリピンに「国際稲研究所（International Rice Research Institute, IRRI）」を1960年に設立した．IRRIの遺伝学者は，熱帯性のイネ（インディカ種）と温帯性のイネ（ジャポニカ種）の良い特徴をかけ合わせてIR品種と呼ばれる高収量品種をつくり出した．IR品種の特徴は，次の4点に集約される．第1に，収量を増やすために穂を大きくし，たくさんの穂を支えるために短く堅い稈に改良した．第2に，近接して植えられるように在来品種に比べて根の張り方を小さくし，さらにまっすぐ伸びる小さな葉に改良した．葉がまっすぐ伸びることによって，日光が内部に進入できるので，多くの葉が光合成を行なうことができる．第3に二期作ができるように，在来品種では約160日であった生育期間をわずか約120日に短縮した．そして，第4に在来品種よりも化学肥料と水への反応性が高い性質を持つイネの品種を選択したのである．

これまで，亜熱帯や熱帯で何百年も栽培されてきた在来品種は，IR品種とは正反対の特性を有している．すなわち，貧しい土壌からできるだけ多くの養分を吸収しようとするために根の張りが大きく，競争に勝ち抜くために周囲の雑草をしのぐ勢いで太陽の光と土地の養分を吸収して大きく横に延びる葉で地面を覆って背高に生長する能力を持っている．しかし，葉が大きく稲を密に植えることができないことに加えて，葉が茂りすぎるので，葉の面積が過剰になる．こうした在来品種の特徴は，出穂時に光合成産物が必要となるにも関わらず，下層部の葉は光合成ができないため，呼吸によって穂を付けるための養分を消費してしまう．また，施肥をしても，根の養分吸収性が極めて高いため，茎が細いまま背が高くなってしまい，出穂期に倒れることもある．

在来品種と大きく異なる特性を持つIR品種を普及させるためには，これまでとはまったく違う農業形態への転換が必要とされた．新品種は病害虫に耐性がないため農薬散布が必要になり，また施肥を前提とし，さらに灌漑施設も必要とされた．したがって，IR品種を導入するには，種子・肥料・農薬などを購入する資金，土地と水といった資源へのアクセスが必須であった．インドネシア，マレーシア，フィリピン，タイのASEAN4ヵ国のデータを見ると，高収量品種の普及は，国によって速度に大きな差が生じていた（表2.2）．フィリピンについては，IRRIが設立されていることもあり，高収量品種の導入が早い時期に進んだ．また，マレーシアも早い時期から高収量品種が導入されていたことが分かる．それは，マレーシア政府が農村に多く居住するマレー人に対する優先政策（ブミプトラ政策）の一環として，重点的に農村開発を実施し，農業インフラストラクチャーの改善を実施してきたからである．しかし，タイについては，1970年代中盤でも高収量品種の面積はわずか5～6%であった．1960年代から70年代当時のタイは80%が天水田であり，水田面積に占める灌漑水田の割合が低かった．天水田では，水のコントロールが困難であったため，高収量品種の導入ができなかったのである．結局のところ，資金と資本へのアクセスを持たない小農や小作農などの農民層は，「緑の革命」の恩恵を享受できなかったことが分かる．

表2.2 ASEAN4ヵ国の高収量品種の作付けと耕地種別

		各国の総稲作付面積に占める割合（%）			
		インドネシア	半島マレーシア	フィリピン	タイ
高収量品種の作付け	1965/66	—	10.3	—	—
	1966/67	—	15.4	2.7	—
	1967/68	—	23.1	21.2	—
	1968/69	2.5	20.9	40.6	—
	1969/70	10.4	26.5	43.5	0
	1970/71	11.1	31.4	50.3	0.4
	1971/72	16.0	37.1	56.3	1.3
	1972/73	24.2	38.1	54.0	4.6
	1973/74	36.6	37.4	63.3	5.6
	1974/75	40.5	35.6	61.5	6.5
耕地種別	灌漑水田（'75）	47.0	77.0	41.0	11.0
	天水田（'75）	31.0	20.0	48.0	80.0
	陸稲（'75）	17.0	3.0	11.0	2.5
	浮稲（'75）	5.0	0	0	6.5

Wong (1979) をもとに改変.

社会的に貧富の差をもたらしたという点で緑の革命は批判的に受け取られることも多いが, 農業経済学者たちは緑の革命によって貧富の差が生じたことに対して懐疑的な意見を呈している. 東南アジア農村では, 同じ村落に高収量品種を導入できた農民とできなかった農民が混在していても, 村内の所得格差はそれほど大きくないという（例えば, Hayami and Kikuchi, 1981）. その理由を, 農業経済学者は, 国際米価が2001年には1970年代初頭の世界食糧危機以前の平均的水準の3分の1以下にまで下落したことが, 所得向上を妨げている要因だと説明する（図2.3）（菊池, 2005）. 米を主食とする多くの国々において, 同時に緑の革命による大幅な米の増産がなされれば, 国際米価が値崩れする. したがって, 農民が高収量品種を導入しても所得が向上しないのは, 経済的な仕組みによるものだというのが農業経済学者の主張である.

緑の革命は, 限られた土地からより多くの食料を生産することを可能とした. しかし, プラスの側面だけではなく, マイナスの側面もあったのは事実である. 人口増加に直面している人類は, 技術の進歩によって食料問題を解決することが必要であったが, その一方で地域は様々な問題を抱えることになった.

2.3.2 グローバル化による地域農業の変化

土地利用変化によって地域が抱える問題は, 在来品種から高収量品種へと品種が置き換わることだけではない. まったく新しい作物が地域に入り, 土地利用を一変するような事例も見られる.

日本向けのカボチャの栽培を開始した南太平洋の島嶼国のトンガは, 1980年代後半からカボチャの栽培面積を急激に拡大させた（図2.4）. 南半球に位置するトンガは, 日本の国産カボチャが収穫できない11月から3月に輸出する. 日本から種子を供給して生産される「開発輸入商品」である. トンガではカボチャ栽培が導入されてから, どのような変化が生じたのか, 犬井正の報告を引用しながら説明してみよう（犬井, 1992）.

トンガの主食はヤム, タロ, キャッサバ, サツマイモなどのイモ類であり, ヤムやタロは社会的・宗教的な儀礼にも欠かすことができない作物である. 図2.5(a)はトンガ・ウイハ地区S家の農地

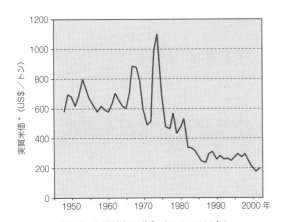

図2.3 国際米価の動向（1948〜2002年）
*実質米価は, 砕米5%のバンコクFOB価格を2000年のIMF世界輸出価格指数で修正しインフラの影響を取り除いた価格. 菊池（2005）をもとに筆者作成.

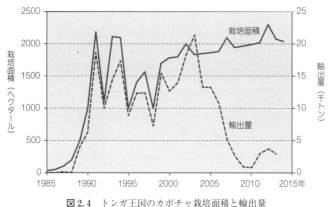

図 2.4 トンガ王国のカボチャ栽培面積と輸出量
FAOSTAT (http://www.fao.org/faostat/en/) をもとに筆者作成.

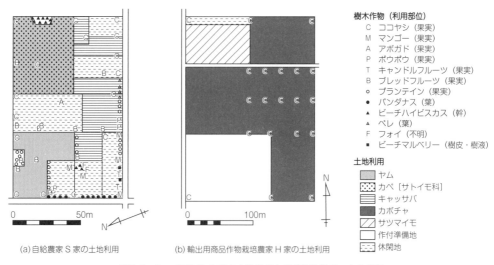

図 2.5 トンガ王国における自給農家と商品作物農家の土地利用
犬井 (1992) をもとに改変.

である. S家は余剰作物の一部を販売に回すだけの自給農家で, 主食のヤム, カペ (サトイモ科のタロの一種で, S家ではカペはヤムと混作されている), キャッサバを栽培している. 休閑地が多く見られるが, トンガの伝統的な作付け体系は, ヤム, タロ, サツマイモ, キャッサバ, 休閑の順序で輪作される. 4年後の休閑地には灌木が茂るので, 通常なら伐採・焼却をして, ヤムを植え付ける. しかし, 現在のトンガではほとんど火入れされずに, 伐採後にトラクターで草本や灌木の枝葉をすき込んで緑肥にする. なお, 化学肥料は使用しない.

S家の農地には, 多種の樹木作物が植えられており, 果実, 葉, 樹皮などを食用や建材などとして利用する農林複合経営 (アグロフォレストリー) が実践されていた. 樹木の中には, ビーチマルベリーのように樹液を目薬として利用し, また幹は薪として使うというように多目的に使われる種もある. ココヤシも同じく, 果実の胚乳はコプラ (ヤシ油の原料) となり, 液状胚乳は飲料となり, また幹は建材となるので多目的での利用が可能である. このような土地利用は, 典型的な自給的ポリカルチャーの事例として捉えられる.

しかし, 図 2.5(b) に示すようにトンガでは, 日本向けの輸出用カボチャ栽培を開始し, モノカルチャーに変化した農地が多く見られる. トンガの首都が位置するパイニ地区のH家では, 1987年にカボチャの栽培を開始した. カボチャを大規模栽培するためにトラクターでの耕起が必須になると, 樹木は作業の邪魔になるので, ほとんどは

2.3 集約農業の進展　　17

除去され，アグロフォレストリー的土地利用は消滅した．休閑地もほとんどなくなり，自給用にサツマイモを小面積で栽培しているだけである．作付準備地には，輸出用のヤムを植える予定となっている．連作される輸出用のカボチャやヤムの栽培には，地力保持のための化学肥料と連作障害の発生を抑えるための農薬が大量に投入される．この事例は，グローバル化による輸出向け作物を栽培することによって，ポリカルチャーからモノカルチャーへと変化した土地利用の典型である．

ところが，図2.4に示したように2000年代中盤以降，カボチャの輸出量は急激に減少した．その要因は，メキシコやニュージーランド，そしてニューカレドニアなどの南半球の国々との価格競争にトンガが太刀打ちできなくなったからである．これまでカボチャを栽培して生計を立てていた農家は，日本以外の他国への輸出に対応したり，またカボチャ以外の商品作物への転換が迫られたりしている．トンガに限らず，地域内の需要よりも，地域外の需要で土地の改変が行われることの方が多いというのが，輸送手段が発達し，情報網が張り巡らされたグローバル化の時代の特徴とも言えよう．

2.4 人為的自然改変の歴史

2.4.1 アンソローム

近年，人為起源の生態系・土地の改変を明らかにする新手法の試みが考案されている．その代表が，メリーランド大学のエリスを中心とした研究グループが考案したアンソローム（Anthromes）である．一般的に，生物圏は気候，地形，地質などの生物物理学的なシステムによって形づくられると考えられている．しかし，ほとんどの生物圏は，人間システムによってつくり変えられている．すなわち，人間によって多様な生態系がつくられ，これまで人間がそれを支えてきたという考え方から，自然システムに埋め込まれた人間システムを表す，というのがアンソロームである．

従来の土地利用や土地被覆は，森林，農地，水域，建物のように分類するが，アンソロームは，生業形態をベースとして，高密度居住地（dense settlements），集落域（villages），耕地（croplands），放牧地（rangeland），森林（forested），原野（wildlands）に分けて，その下位に人為生態群系を分類した（Ellis and Ramankutty, 2008）．その後，2010年に分類を改変したアンソローム第2版を公表した．これは，1700年から2000年までの推移をオランダ環境評価庁が作成したグローバル環境の歴史データベースである「ハイド（HYDE, History Database of the Global Environment）」と組み合わせて分析したものである（図2.6）（Ellis *et al.*, 2010）．Used は集落域，耕地，放牧地など人間のために使われる土地，Seminatural は人間が居住するためにわずかに土地が利用されるが多くが森林で覆われている状態である．そして Wild は人が住んでいない森林地域もしくは原野である．1700年から2000年の間に Wild と Seminatural は約半分の面積に減少し，その一方で人為的な土地改変である Used の面積が急激に拡大した．

1700年を基準にすると，2000年までの300年間，Wild の約半分が Seminatural，放牧地，耕地に転換され，その多くが放牧地であった（図2.7）．そして，Seminatural は，放牧地と耕地，また高密度農業集落に転換された．そして Used の中では，人口増加に伴う高密度農業集落の拡大が著しい．これら2つの図から，第1にこれまで使われていなかった Wild のうち半分が人類のために利用されるアンソロームへと転換されたこと，第2に Seminatural のような自然と人類が共存しているような土地利用が急激に減少し，放牧地やモノカルチャーの集約農業，そして集落域が拡大したことが産業革命以降の重要な変化として捉えられる．

2.4.2 森林減少

自然破壊の問題で，もっとも深刻と認識されているのが森林減少である．アンソロームの結果では，1700年から2000年の間に，原野と Seminatural の熱帯常緑林のうち28%が放牧地に，そして24%が集落に転換された．そして温帯の森林は，同じ300年間に23〜28%が耕地に，14〜18%が集落に，そして4〜7%が都市

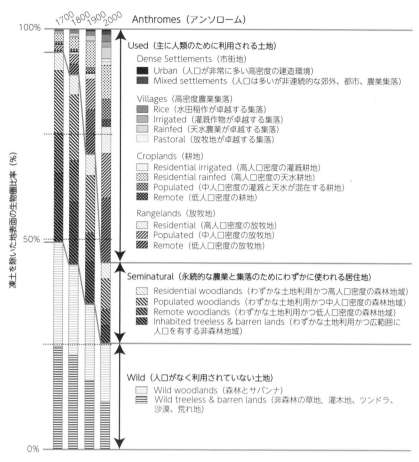

図 2.6 アンソロームのグローバル変化（1700〜2000 年）
Ellis *et al.*（2010）をもとに筆者作成.

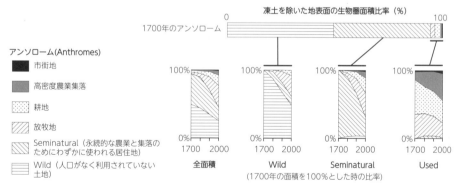

図 2.7 地表面の生物圏の変化（1700〜2000 年）
Ellis *et al.*（2010）をもとに筆者作成.

的土地利用に転換され，そのほとんどの変化は Seminatural のアンソロームで見られた（Ellis *et al.*, 2010）.

2000 年から 2005 年の森林減少をリモートセンシングにより解析したハンセンらの研究（Hansen *et al.*, 2010）は興味深い事実を私たちに伝えている．図 2.8 は森林被覆率（a），および 2000 年から 2005 年にかけての減少率（b）を示している．2000 年の森林被覆面積はアフリカ大陸よりもわずかに大きく，約 3,268 万 8,000 km^2 と計算された．そして 2000 年から 2005 年の 5 年間に 101 万 1,000 km^2 の森林が失われ，2000 年と比べると

2.4 人為的自然改変の歴史　19

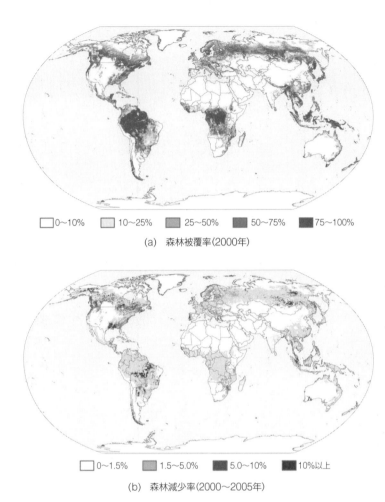

図2.8 森林被覆率およびその変化（2000～2005年）
Hansen et al. (2010) をもとに筆者作成.

3.1% 減少した．その消失面積は，日本の国土面積の約 2.7 倍の大きさである．

森林減少を地域別に見ると，北米の亜寒帯林の減少が最大であり，5 年間で日本の国土面積とほとんど同じ広さの 35 万 1,000 km² もの面積が消失した．そのうち，約 60% は山火事によるもので，残り約 40% が伐採やその他の変化によるものとされた．その他には，例えばカナダのブリティッシュコロンビア州のマツに大きな被害を及ぼしているアメリカマツノキクイムシによるマツ枯れなどが含まれる．山火事もマツ枯れも温暖化による気温の上昇と干ばつによるストレスで樹木の抵抗力が弱まったところに多く発生するという点で，森林減少は地球温暖化問題とも関係しているのかもしれない．

北米の亜寒帯に次いで大きな森林減少が発生していたのが湿潤熱帯地域であった．同期間の熱帯地域では 27 万 2,000 km² の面積の森林が消失した．最も大きな森林消失は，ブラジルにおける大規模な開拓である．図 2.8(b) ではブラジル中西部から北東部にかけてのサバンナ植生であるセラードの地域と法定アマゾンとの境界で森林の消失が進んでいることが分かる．法定アマゾンでの森林は，ほとんどが穀物メジャーによりダイズやトウモロコシなどの飼料作物を栽培する農地へと変化した．

2.5 持続可能な土地利用へ向けて

土地利用の変化は，人間による自然資源利用の歴史でもあり，人間が気候，地形，地質などの生物物理学的特徴によって自然資源利用を制限されてきたことを示す歴史でもある．そして，人間活

動と土地利用変化の関係を解明するためには，地理学分野のみならず，多分野が関わる学際的なアプローチが必要となる．

このような土地利用変化に研究するアプローチは，1990年代から「土地変化科学（Land Change Science）」と称されている．ターナーとロビンズは，土地変化科学の成立と特徴を地理学と人類学の研究動向を踏まえて論じている（Turner and Robbins, 2008）．それによると，土地利用科学は，文化生態学（Cultural Ecology）と政治生態学（Political Ecology）の両方の流れから生じたものとしている（図2.9）．土地システムの変化要因を明らかにするのが土地変化科学の基本的な命題であるが，変化を促す機関や組織の意思決定や，レジリエンスや脆弱性などの概念を踏まえた持続的な土地利用のための道筋を示すことも，その範囲に含まれている．すなわち，人間社会と自然環境の2つのサブシステムの相互作用がいかに地表面に影響を与えており，将来的に考えられるリスクとハザードに対して，どのような社会を形成していくべきかを検討する「持続性科学（Sustainability Science）」と相互に影響を及ぼしながら発展する研究アプローチである．

本章で紹介したアンソロームは，土地変化科学を代表する研究事例である．この分野はグローバルレベルのデータセットが整備され，そして新たなシミュレーション技法が開発されたことによって急速に研究が進展した．300年に及ぶアンソロームの変化は，地球規模での環境問題に対する取り組みや政策の立案には極めて有効なツールである．

しかし，グローバルな空間スケールの分析によって明らかになった耕地や放牧地などの拡大，また森林減少は，自給的な農業や牧畜などの小農が営む生業ではなく，主に多国籍企業などが途上国に導入しているプランテーション，フィードロット，工業的農業などによって引き起こされている．地域の人々が，生存をかけて営む生業活動や資源利用と多国籍企業の農業を混同してはいけない．ミクロスケールで営まれる生業の動態は，アンソロームのようなグローバルスケールの土地利用変化では明らかにすることは困難である．

グローバルスケールの過去300年間のアンソロームを提示したエリスらは，土地利用と人口変化との関係において，人口が幾何級数的に増加しているにも関わらず，様々な技術革新（レジームシフト）で困難を乗り切ってきた人類の歴史は，ボズラップの理論の正当性を裏付けるものだと結論付けている（Ellis et al., 2013）．先に述べたように，人口増加に伴って，森林で焼畑を営んでいた焼畑民が水田耕作に移行し，さらに灌漑を導入して多毛作を営むという発展経路である．

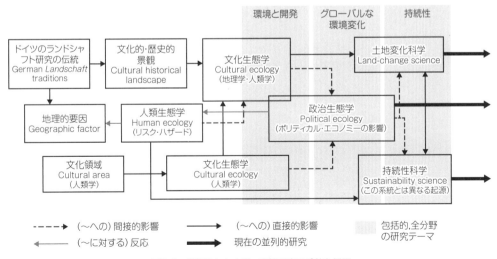

図2.9 単純化した人間－環境研究の系統と展開
Turner and Robbins (2008) より．

2.5 持続可能な土地利用へ向けて

しかし，ミクロスケールで地域を見ると，人口増加に伴って集約農業が進展する地域がどれほど存在するのか疑問である．ボズラップは，経済学的視点から農業集約化に焦点を当てた議論を行っており，休閑期間の短縮による森林劣化は労働投入量の増加によって解決できると考え，焼畑が常畑や水田に置き換わると予想した．ところが熱帯アジアでは，水田ができない地域において焼畑が発展したのであって，焼畑は水田に置き換わる農法ではない．焼畑を営む山地部で棚田のような形態で水稲作を行うには，水の管理や畦畔のメンテナンスなどの点で焼畑と比べて労働生産性が著しく低くなる．水田を営むよりは，商品作物を栽培するような畑作に転じる方が自然であろう．

すなわち，人々が土地をどのように利用するのかという問題に関しては，答えはそれほど単純ではない．なぜなら，多様な自然基盤と文化によって，人々の意思決定が異なるからである．また地球規模から集落規模に至るまで，異なるスケールで土地利用変化への対応も異なる．地球規模での土地利用変化は，地球の持続性を考えたときに，大きなインパクトを与えるが，実際に生活をしている人々のレベルでは，その変化を実感することはできない．しかし，ミクロなレベルでの変化が広範囲に及ぶと，それは国家規模や大陸規模の変化へとなり，やがては地球規模の環境変化へとつながる．多数の地域や国が関わる国際的なプロジェクトでは，最適解を求めることは困難かもしれないが，スケールが異なる研究を接合しながら，また文化が異なる地域での土地利用の実践を認め合いながら，地球にとって，生物圏にとって，そして人間社会にとって，より良い解を求めるような枠組みが求められる．そのための鍵は，異なるスケール間での土地利用の調整，また異なるアクター間の利害関係に基づく土地利用の調整にあると言えるだろう． 〔横山　智〕

引 用 文 献

大井　正（1992）：トンガ王国の農業の変容－1985年センサスの分析を中心として．獨協大学教養諸学研究，**26**：23-65.

大塚柳太郎（2015）：ヒトはこうして増えてきた－20万年の人口変遷史．新潮社．

菊池眞夫（2005）：熱帯モンスーン・アジア稲作農業の50年－スリランカとフィリピンの経験を中心として．泉田洋一編：近代経済学的農業・農村分析の50年，pp. 233-269，農林統計協会．

ピーター・ベルウッド，長田俊樹・佐藤洋一郎監訳（2008）：農耕起源の人類史．京都大学学術出版会．[Bellwood, P. (2005)：*First farmers：the origins of agricultural societies*. Blackwell.]

エスター・ボズラップ，安澤秀一・安澤みね訳（1975）：農業成長の諸条件－人口圧のよる農業変化の経済学．ミネルヴァ書房．[Boserup, E. (1965)：*The conditions of agricultural growth：the economics of agrarian change under population pressure*. George Allen & Unwin.]

ジョン・ロバート・マクニール，海津正倫・溝口常俊監訳（2011）：20世紀環境史．名古屋大学出版会．[McNeill, J.R. (2000)：*Something new under the sun：an environmental history of the twentieth-century world* (The Global Century Series). Allen Lane.]

DeFries, R.S., Foley, J.A. and Asner, G.P. (2004)：Land-use choices：Balancing human needs and ecosystem function. *Frontiers in Ecology and the Environment*, **2**(5)：249-257.

Ellis, E.C., Goldewijk, K.K., Siebert, S., Lightman, D. and Ramankutty, N. (2010)：Anthropogenic transformation of the biomes, 1700 to 2000. *Global Ecology and Biogeography*, **19**：589-606.

Ellis, E.C., Kaplan, J.O., Fuller, D.Q., Vavrus, S., Goldewijk, K.K. and Verburg, P.H. (2013)：Used planet：a global history. *Proceedings of the National Academy of Sciences*, **110**(20)：7978-7985.

Ellis, E.C. and Ramankutty, N. (2008)：Putting people in the map：anthropogenic biomes of the world. *Frontiers in Ecology and the Environment*, **6**(8)：439-447.

Hansen, M.C., Stehman, S. V. and Potapov, P.V. (2010)：Quantification of global gross forest cover loss. *Proceedings of the National Academy of Sciences*, **107**(19)：8650-8655.

Hayami, Y. and Kikuchi, M. (1981)：*Asian village economy at the crossroads*. The Johns Hopkins University Press.

Netting, R.M. (1993)：*Smallholders, householders：farm families and the ecology of intensive, sustainable agriculture*. Stanford University Press.

Turner, B.L. II and Robbins, P. (2008)：Land change science and political ecology：similarities, differences, and implications for sustainability science. *Annual Reviews in Environment and Resources*, **33**：295-316.

Wong, J. (1979)：*ASEAN economics in perspective*. Macmillan.

【土地利用変化を地域の文脈から読む：ラオスのバナナブーム】

自給的な焼畑陸稲作を営んでいるラオス北部山地部では，中国の組織培養苗を用いたバナナの栽培が2000年代後半から開始され，その栽培面積が急速に拡大している．筆者は2012年3月にバナナ栽培について調査を行うために，ラオス最北部のポンサーリー県ニョットウー郡を訪れた．そこでは中国企業による30年間の土地コンセッションによって大規模なバナナ栽培が2008年から行われていた（写真2.1）．

バナナの管理を行っていたのは現地の村人と中国企業から派遣された漢人であった．調査で訪れた中国系少数民族のホー人のN村では，4世帯8人が中国企業の下で働いており，中国から漢人が15人が派遣されていた．N村に植えられているバナナ13区画のうち4区画をホー人が管理しており，収穫量に応じて賃金が支払われていた．N村では1世帯2人で8,000本のバナナを管理し，年間に3万2,000元（約5,250ドル）が企業から支払われる．しかし，そこから肥料代，農薬代，収穫と箱詰め作業する労働者の雇用代金を捻出するので，純利益は半分ぐらいになる．国際通貨基金（IMF）のデータによると，2013年のラオス国民1人あたりの名目GDPは約1,490ドルとなっており，農山村部において農業から得られる金額としては大きな収入である．

写真2.1　ラオス北部山地における中国企業によるバナナの栽培
（2012年3月，筆者撮影）

ホー人のバナナ管理をする世帯は焼畑で陸稲をつくっていた自給農家であった．政府が中国企業に村の土地を提供したことにより，村人が焼畑を営む土地の大半を失ったが，自給農業を営んでいたときよりも生活が良くなったと喜んでいた．しかし，郡農林事務所長は，組織培養苗によるバナナ栽培は技術的には得るものがあるが，森林を破壊していると非難していた．

生産されたバナナは全量が中国に輸入されている．中国でのバナナ需要がある限り，ラオスでのバナナ栽培は続くだろう．しかし，同じくラオス北部でバナナの栽培面積が急増しており，またラオス以外からも多くのバナナが中国に輸出されている現状を考えると，バナナが供給過多になって価格が暴落することもあり得る．同様の事例として，過去に中国向けのスイカ価格が暴落したことがあった．仮にそうなると，土地のコンセッション期間は30年間であるが，契約期限を待たずに企業は撤退することも考えられる．そのとき，バナナを栽培していた土地はどうなるのだろうか．

再度焼畑を行うには，何十年もかけてバナナの栽培地を森林に戻さなければならない．村人は食べていかなければならないので，そんな悠長なことは言っていられない．そうすると，バナナ以外の中国向けの輸出作物を見つけて栽培するという選択肢しか残されていない．したがって，輸出向けの商品作物を探し続けるという悪循環に陥る．これまで自給農業で生活していた農民にとって，商品作物による収入は，非常に魅力的である．しかし一度，伝統的な土地利用形態が崩れると，人々の生業も土地利用も元に戻るのは難しい．ラオス北部山地部において，村人にも自然にも負荷を与えない持続的な土地利用を達成するためには，ラオスと中国だけの問題ではなく，生産物のサプライチェーンの検討も含めて，多角的な取り組みが必要となる．

3

水需給の地域的偏在と水資源問題

　本章では，水資源問題を水に関する需要と供給のバランスの問題と捉え，グローバルな視点とローカルな視点からそれぞれ考えてみる．具体的にはまず，グローバルスケールでの水資源と水需要の地域的偏在と不一致について概観し，食料の輸出入を通した間接的な水の国際移動から水資源問題を考える．次に，ローカルスケールとしてアジアの2つの大都市に着目し，急激に増大する水需要によって発生した水資源問題の様々な側面について具体例から考える．

3.1　世界における水資源と水需要の偏在

　水資源問題とは一言でいえば，水に関する需要と供給のバランスの問題である．人間は水を様々な形で利用して生きている．生存に欠かせない飲用水にはじまり，炊事・洗濯・入浴などの日常生活に利用する水，農業や工業といった生産活動に利用する水などである．したがって，人口が多く産業の発展している地域，農業の盛んな地域ほど水需要は大きいといえる．一方で，降水量が多く，河川や湖沼・地下水といった淡水資源の豊かな地域は，水供給能力が高いといえる．

　そこでまず，世界を18の地域に区分し，各地域における水供給のポテンシャルとしての，域内再生可能水資源量を見てみる（図3.1）．この図を見ると，世界の水資源はかなり偏在していることが分かる．南アメリカが最も多く，北アメリカ，東ヨーロッパ（ロシアを含む），東南アジア，東アジアも多い．それに対して，北アフリカ，南アフリカ，中央アジア，西アジアは，水資源の乏しい地域であるといえる．もし水需要の地域差もこれと同じだとしたら，水資源がこのように偏在していること自体は，さほど大きな問題ではないであろう．

　そこで次に，同じ18地域における人口と耕地面積を見てみる（図3.2, 3.3）．人口は，中国とインドを擁する東アジアと南アジアで突出している．一方でオセアニア，南アフリカ，中央アジアは相対的に人口が少ないが，その他の地域では，北アフリカや西アジアも含め，それなりの規模の人口が分布している．耕地面積は南アジアが最も大きく，北アメリカ，東ヨーロッパがそれに次ぐ．逆に耕地面積が相対的に小さいのは，南アフリカ，中央アフリカ，北ヨーロッパである．

　概略的であるとはいえ，以上のことから分かるのは，水資源も水需要も各地域に一様に分布しているのではなく，地域的に偏在していることである．しかも，水資源の豊かな地域と水需要の大き

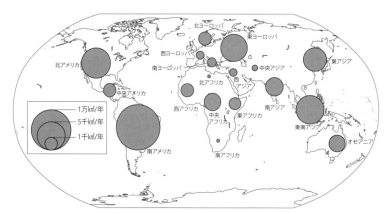

図3.1　世界の地域別域内再生可能水資源量（2014年）
国際連合食糧農業機関 AQUASTAT (http://www.fao.org/nr/water/aquastat/main/index.stm) より筆者作成．

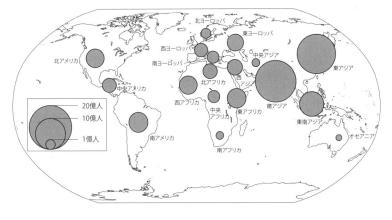

図3.2 世界の地域別人口（2015年）国際連合食糧農業機関 AQUASTAT (http://www.fao.org/nr/water/aquastat/main/index.stm) より筆者作成．

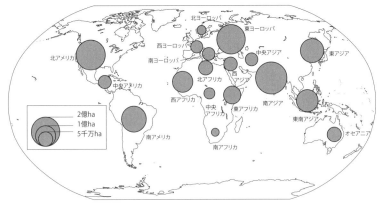

図3.3 世界の地域別耕地面積（2014年）国際連合食糧農業機関 AQUASTAT (http://www.fao.org/nr/water/aquastat/main/index.stm) より筆者作成．

い地域とは必ずしも一致するわけではない．このような需要と供給の地域的偏在と不一致による水需給のアンバランスが，水資源問題を引き起こす主要因なのである．

3.2 間接的な水需給：バーチャルウォーターという考え方

水資源と水需要がそれぞれ地域的に偏在し，その分布が不一致だからといって，水そのものを直接的に，資源量の多い地域から需要の大きい地域へ移動させるのは困難である．一方で，農作物や工業製品は，その生産過程において少なからず水を消費しているが，国際的にも国内的にも様々な形で流通し移動しているのが常である．ということは，例えば，ある農作物や工業製品を輸入している国は，その生産に必要とされる水も間接的に輸入していることになる．別の言い方をすると，その生産に必要とされる水を輸出元の国に間接的に依存していることになる．このような考え方に基づいて，1990年代初頭にロンドン大学のトニー・アラン教授によって提唱されたのが「バーチャルウォーター」という概念である（沖，2003）．ここでは山下（2009a）が用いたデータや分析手法に倣いながら，食料自給率（カロリーベース）が約40%と低い日本を事例に，バーチャルウォーターの概念に基づき，農作物の輸入に伴う間接的な水の移動を試算することを通して，水資源問題について考えてみたい．

まず最初に，農林水産省の統計データに基づき，主な農畜産物8品目（米，小麦，ジャガイモ，トウモロコシ，大豆，牛肉，豚肉，鶏肉）の国内生産量と消費量，および輸入量を見てみる（表3.1）．国内生産量では日本人の主食である米が最も多く，ジャガイモがそれに次ぐ．肉類の生産量は鶏肉，豚肉，牛肉の順である．トウモロコシは，国内生産量が非常に少なく1,000 t に満たない．一方，消費量としては，トウモロコシが8品目の中で突出して多く，その大半は飼料用や加工用である．次に消費量が多いのは，米と小麦であり，肉類は豚肉，鶏肉，牛肉の順である．輸入量を見る

と，トウモロコシが最も多く，小麦がそれに次ぐ．肉類では豚肉が相対的に多い．

次に，東京大学生産技術研究所の沖大幹教授の研究室で試算し，環境省のホームページで公表されている，単位重量あたりの農作物を生産するのに必要とされる水量の値を用いて，表3.1にあげた8品目の生産量・消費量・輸入量に相当するバーチャルウォーター量を試算した（表3.2）．単位重量（1 t）あたりの必要水量は，牛肉が20,600 m³でもっとも多く，豚肉5,900 m³，鶏肉4,500 m³である．そして米が3,700 m³，大豆が2,500 m³，小麦が2,100 m³，トウモロコシが434 m³，ジャガイモが185 m³である．肉類で値が高いのは，家畜が食べる牧草や飼料作物の生産に要する水量も含まれるからである．

表3.2によると，これら8品目の国内生産に要する水量の合計が約592億 m³であるのに対して，輸入量から試算される水量も約552億 m³とほぼ同程度である．消費量に対する水量が1,105億 m³であることも考慮するならば，日本がこれら8品目に関して，現状の消費量を維持したまま

で自給率100%を達成しようとしたら，現在のおよそ2倍の農業用水が必要になるということである．日本は水資源の豊かな国であるとよく言われるが，さすがに現状の2倍の農業用水を確保することは不可能に近い．すなわち，日本は食料輸入大国として，他国の水資源も間接的に輸入することで食料需要を満たしていることになる．

では，日本は主にどの国の水資源に間接的に依存しているのであろうか．表3.1，表3.2と同じ8品目における輸入上位3ヵ国を見ると，アメリカが米，小麦，ジャガイモ，トウモロコシ，大豆，豚肉の6品目で第1位であり，牛肉で第2位，鶏肉で第3位である．牛肉で第1位のオーストラリアは米と小麦でも第3位であり，鶏肉で第1位のブラジルはトウモロコシと大豆でも第2位である．これらの国々は，日本だけでなく世界中に農作物を輸出している農業大国である．もしこれらの国々が，そのような大量の食料生産を行うのに十分で持続可能な水資源を有しているのであれば，問題は特にないであろう．しかし，現実はそうではない．

表3.1　主な農畜産物の国内生産量・消費量および輸入量（2014年度）

	生産量（千 t）	消費量（千 t）	輸入量（千 t）
米	8,628	8,839	856
小麦	852	6,579	6,016
ジャガイモ	2,456	3,360	908
トウモロコシ	0	14,600	14,708
大豆	232	3,095	2,828
牛肉	502	1,209	738
豚肉	1,250	2,441	1,216
鶏肉	1,494	2,226	759

農林水産省統計情報（http://www.maff.go.jp/j/tokei/index.html）より筆者作成．

表3.2　主な農畜産物の国内生産量・消費量および輸入量に対するバーチャルウォーター量（2014年度）

	生産（百万 m³）	消費（百万 m³）	輸入（百万 m³）
米	31,924	32,704	3,167
小麦	1,789	13,816	12,634
ジャガイモ	454	622	168
トウモロコシ	0	6,336	6,383
大豆	580	7,738	7,070
牛肉	10,341	24,905	15,203
豚肉	7,375	14,402	7,174
鶏肉	6,723	10,017	3,416
計	59,186	110,540	55,215

環境省バーチャルウォーターのホームページより筆者作成．
http://www.env.go.jp/water/virtual_water/index.html
（最終閲覧日：2017年2月25日）

1つの例をあげよう．アメリカ中西部に広がるグレートプレーンズと呼ばれる大平原は，世界の食糧基地とも称される一大農業地帯である．その農業用水源となっているのが，オガララ帯水層と呼ばれる世界最大の地下水層である．この帯水層の貯留量は1990年時点で4兆 t と言われていたが，その水は数千年をかけて貯留された，降水による直接的な涵養をほとんど受けない，いわば石油や天然ガスといった化石燃料のようなものであるので（そのような水を化石水と呼ぶ），揚水して使えば使うほど減っていく資源である．実際，この大平原における大規模灌漑農業の発展に伴い，揚水量が飛躍的に増加したことで，オガララ帯水層の水位はかなり低下している．深刻なところでは50 m 以上の水位低下を記録している地域もあり，このままではやがて地下水資源が枯渇することが懸念されている．それに対して，この有限の地下水資源を持続的に利用するため，新たな井戸の掘削を制限したり，節水型の灌漑機器を導入したりといった対策が進められている．一方で地下水位の低下は，地下水の揚水コストの上昇をもたらすことから，農家の経済的負担が増大し，農地が放棄され土地が荒廃するという問題も孕んでいる（田瀬，2006）．

3.3 大都市の水資源問題

さて，水資源問題とは水需給のバランスの問題であると述べたが，よりローカルなスケールで見たときにそのアンバランスがもっとも顕著なのは，人口や産業が著しく集中している大都市である．以下では具体的に2つの大都市を取り上げ，水資源問題の要因，および対策の経緯と現状について紹介する．1つは熱帯のアジアモンスーン地域に位置するインドネシアの首都ジャカルタの事例である．もう1つは日本の首都東京の事例である．両都市とも熱帯あるいは温帯の多雨地域に位置しており，相対的に水資源は豊かであるといえる．しかしながら先に述べたように，水資源問題とは水資源の少なさの問題ではなく，需要と供給のバランスの問題であり，このような地域でも十分に起こり得るものなのである．

3.3.1 ジャカルタの事例

ここでは，ジャカルタの都市発展と水環境問題について分析した Yamashita（2014），および Yamashita（2017）を引用して紹介する．

ジャカルタは，インドネシアが正式に独立国家となった1949年以来，首都として急速な発展を遂げてきた．独立後の1950年以降の人口増加についてみると，インドネシア全体の総人口は，1950年には7,500万人であったものが，1980年には1億5,000万人に倍増し，2010年には2億4,000万人になった．これは1950年の人口の3.2倍に相当する．一方，ジャカルタ首都特別州の人口は，1950年には145万人であった．これは同年のインドネシア総人口の1.9%に相当した．その人口は1980年には598万人となり，2010年には963万人となった．これは1950年の人口の6.6倍に相当するもので，インドネシア総人口の4.0%を占めるようになった．すなわち，この60年間におけるジャカルタ首都特別州の人口増加は，インドネシア全体の2倍の速さで進展したといえる．さらに，ジャカルタの都市域が周辺に拡大するのに伴い，南側の西ジャワ州ボゴール（Bogor），西側のバンテン州タンゲラン（Tangerang），東側の西ジャワ州ブカシ（Bekasi）を含んだ首都圏（各都市の頭文字を取ってジャボタベック（Jabotabek）と呼称される）を形成するようになった．その首都圏人口は現在2,000万人を超え，世界でも有数のメガシティへと成長している．

次に土地利用変化からジャカルタの発展を見ていく．ここでは，Yamashita（2011）および山下（2013b）において作成された，1930年代，1960年代，2000年頃の土地利用メッシュデータを用いて，ジャカルタ首都圏に流入するチリウン川とチサダネ川の流域における1930〜60年代，1960年代〜2000年頃の2時期を対象に，市街地拡大の空間的特性について分析する（図3.4，3.5）．

1930年代から60年代にかけての変化を見ると，市街地の拡大はさほど進んでおらず，主に既存市街地に隣接する農地が市街地化したのみである．一方，1960年代から2000年頃にかけてのおよそ20世紀後半の50年間で，ジャカルタは急速に都

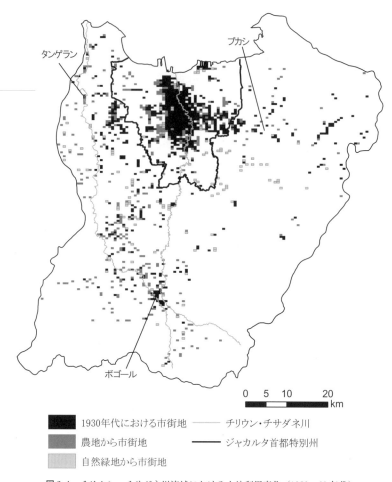

図 3.4 チリウン・チサダネ川流域における土地利用変化（1930～60 年代）
Yamashita（2014）より筆者作成.

市化し，市街地面積が拡大した．ジャカルタ首都特別州のほとんどが市街地化しただけでなく，市街地はその周辺地域にも及んでいる．特に東側のブカシ方面と西側のタンゲラン方面で市街地化が顕著であるが，より上流の南側にも拡大しており，ボゴールの周辺でも市街地化が進んだ．それらの市街地は，森林や草地といった自然緑地から変化したところもあるが，大半は田などの農地から転用されたものである．

このように土地利用が自然緑地・農地から市街地に変化するということは，言い換えれば，草地や土といった地下に水の浸透しやすい透水性土地被覆が，コンクリートやアスファルトといった地下に水の浸透しにくい非透水性土地被覆に変化するということである．

この透水性土地被覆から非透水性土地被覆への変化は，水資源問題にとって重大である．すなわち，降水が地面に浸透せず地表を流れるということは，地下水の涵養量の減少を意味している．また，急速な都市化と人口増加による水需要の増大は，水資源としての地下水の揚水量を急増させることになる．そうした地下水涵養という水供給と，地下水揚水という水需要のアンバランスの結果として引き起こされるのが地盤沈下である．ジャカルタでは現在，地盤沈下が深刻な問題となっており，沿岸部を中心に，水面よりも地面の方が低い「ゼロメートル地帯」が広がっている（写真 3.1）．そのような地帯は日本の大都市の沿岸部にも見られるが，ジャカルタのような熱帯の大都市に特有の問題は，雨季のスコールによる浸水，氾濫の恒常化である．短時間で急激に降った雨は，非透水性土地被覆によって地面に浸透せず，地盤沈下に

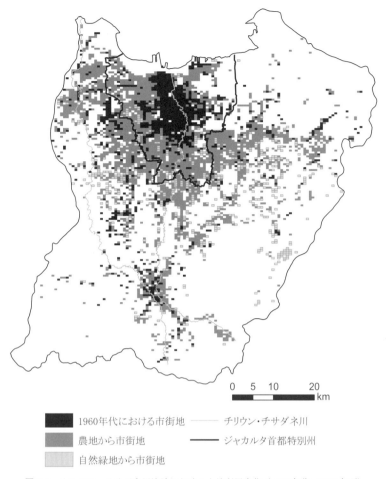

■ 1960年代における市街地　―― チリウン・チサダネ川
■ 農地から市街地　　　　―― ジャカルタ首都特別州
■ 自然緑地から市街地

図 3.5 チリウン・チサダネ川流域における土地利用変化（1960 年代～2000 年頃）
Yamashita（2014）より筆者作成．

写真 3.1 ジャカルタ沿岸部のゼロメートル地帯
（2017 年 2 月，筆者撮影）

写真 3.2 スコールにより冠水した道路
（2017 年 2 月，筆者撮影）

よって河川や水路を通じて海へと流出することもできない．その結果，スコールが降るたびに道路が冠水するような事態になるのが現状である（写真 3.2）．

ジャカルタは，タイの首都バンコクなどと同様，沿岸の低湿地に建設された都市として，市街地内に水路網が発達しており，市街地に降った雨を流出させる排水路としての機能を果たしている．そ

3.3　大都市の水資源問題　29

のような排水路として代表的なものが，20世紀前半のオランダ統治時代に都心部を洪水から守るため建設された西バンジール水路である．西バンジール水路は，都心部の上流でチリウン川から分岐して西に流れ，その後，北西に進路を変えてジャワ海に注いでいる．しかしながら，建設当時は水田地帯あるいは未開発の湿地帯を流れる水路であったが，現在までに沿岸の宅地化が進展し，この水路自体が氾濫することで，新たな洪水被害をもたらすようになっている．

一方，2002年に着工し，現在も建設中であるもう1つの大規模排水路が，東バンジール水路である．この水路は，既存の小河川を横断する形で都心部から東に向かって流れるが，その横断箇所に設けられた水門の管理が不十分なために，既存小河川の上流側で浸水の頻度がより高くなってしまった事例が生じている．そのような地区の1つでの聞き取り調査によると，水門が設置されて以来，浸水の頻度が高くなり，例えば2010年10月には1ヵ月で13日浸水し，1日2回浸水することもあった．そのため住民は，床をかさ上げしたり，室内の床面をタイル張りにして床に直接物を置かないなど，住居への浸水に対応した工夫をしている．

このようなジャカルタの水資源問題を解決する方策としては，地下水の涵養源になっている上流域の自然環境を保護することに加え，下流域の都市部に降った雨を，速やかに水路を通して排水するのではなく，何とかそれを貯留して水源として有効活用する仕組みやインフラの整備が考えられよう．

3.3.2 東京の事例

ここでは，東京の都市用水利用の変遷を整理した山下（2013a），および山下（2015）を引用して紹介する．

第二次世界大戦後，都市化と人口流入によって急増する水需要に対応するため，東京都水道局は，断続的に新たな水源確保と施設拡張を行うことで取水量を増加させてきた（図3.6）．まず1957年には，戦前から計画されていたものの建設中断していた小河内ダムが多摩川に完成した．また，ほぼ時を同じくして，神奈川県の相模川河水統制事業によって開発された水源の一部について，川崎市多摩区三田に長沢浄水場を建設し，原水受水するようになった．さらに1960年代に入ると，江戸川および中川からの水源も大幅に増強した．こ

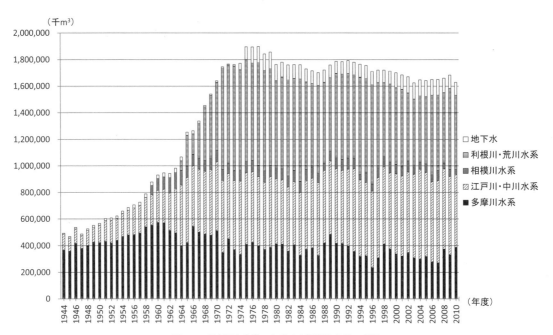

図 3.6 東京都上水道における水源別取水量の変遷
東京都水道局（1999）および「東京都水道局事業年報」より筆者作成．

の間，1950 年に約 400 万人であった給水人口は，1965 年には倍増して 800 万人を超えるが，普及率は順調に増加し，同年はじめて 90.0% を上回った（東京都水道局，1999）．

　このように，戦後から高度経済成長期にかけての東京都の水道事業は，急増する水需要に対して，表流水源を増強することで施設能力を随時拡張してきたものの，当時の都営水道の給水区域は，一部分水を除けば 23 区内に限られていた．一方，多摩地区と称される 23 区外の地域では，各市町村が主に地下水を水源とする独自の水道事業を運営していた．しかし，都市化と人口増加による水需要の急増は，多摩地区とて例外ではなく，市町村営水道のみでは水需給が逼迫し，都営水道からの分水を受けなければならない自治体も出てくるようになった．そのような中，東京都は 1971 年に，多摩地区への合理的かつ安定的な給水を目指した「多摩地区水道事業の都営一元化基本計画」を策定した．それに基づき，1973 年の小平市，狛江市，東大和市，武蔵村山市を皮切りに，1977 年までに 24 市町の水道事業が，そして 1982 年に立川市，2000 年に調布市，2002 年に三鷹市の水道事業が，都営水道に事実上統合された．これによって，主に表流水を水源とする都営水道が，主に地下水を水源としていた多摩地区全域へと給水されるようになった．

　ところで，戦後から高度経済成長期以降の都市化，人口増加による水需要の増大に対して，東京都としては大河川である利根川に水源を確保することは積年の悲願であった（東京都水道局，1999）．そのような中，1961 年に水資源開発促進法と水資源開発公団法のいわゆる水資源開発二法が制定され，利根川水系をはじめとする全国の主要 6 水系では，国の施策として水資源開発が行われることとなった．

　利根川水系に関しては，1962 年に「利根川水系水資源開発基本計画」（第一次フルプラン）が策定され，東京都でもそれによって開発される水源を見込んだ第一次利根川系水道拡張事業を実施することになった．しかしながら，国による利根川水系の水資源開発は当初の計画どおりには進ま

ず，1970 年に計画は改定され（第二次フルプラン），1976 年には荒川水系も含めた計画となり（第三次フルプラン），さらに 1988 年には第四次フルプランが策定されることとなった．それに合わせるように，東京都でも第一次から第四次に至る利根川系水道拡張事業を行ってきた．それによって利根川・荒川水系からの取水量が飛躍的に増加し，現在では全体の約 3 分の 1 を占めるようになっている（図 3.6）．

　以上の経緯を経て，現在，東京都上水道の水源は，図 3.7 に示す通り，利根川，江戸川・中川，荒川，多摩川，相模川の水系にまたがる非常に広域なものとなっている．2008 年の荒川水系滝沢ダム完成以降では，東京都上水道が確保している水源量は 630.0 万 m^3/日であるのに対し，水道施設の供給能力は 686.0 万 m^3/日である．施設能力に対して水源量が足りないようにみえるが，図 3.6 からも分かるように，実際の水需要は 1970 年頃までは急増したものの，その後は横ばいから減少傾向に転じている．1 日最大配水量を見ても，1992 年度をピークに 1 人 1 日平均配水量とともに減少傾向が続いており，2010 年度で約 490 万 m^3/日である（山下，2013a）．したがって，水利用実績から見る限り，平常時において現状の水源量が不足しているわけではない．

　いずれにしろ，このような東京都の水道事業が推進した広域化と表流水源の増強，および施設拡張は，水需要増大期においては上水道の安定供給に大きな貢献を果たした．しかし，水需要停滞・減少期といえる現代においては，これまでの広域化，拡大化とは異なる方策が求められている．すなわち，近年の日本の大都市における水資源問題の関心は，水需要の増大に伴う新たな水源の開発から，異常渇水時や災害時などの緊急時における既存水資源の融通と身近な水資源の活用に移ったのである（山下，2009b）．

　そのような中で，緊急時の代替・補助水源として再び注目されているのが地下水である．従来の水資源開発は，身近な井戸や河川といった「近い水」から，山間地域に建設されたダムという「遠い水」への依存を強めてきたが（森瀧，2003），

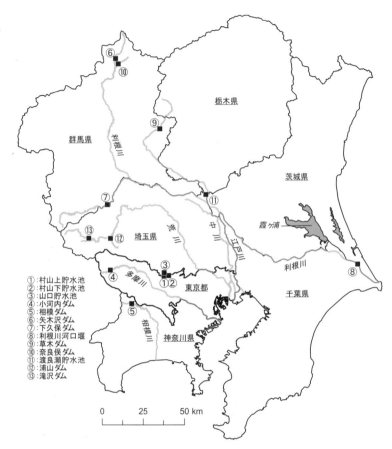

図3.7 東京都上水道における主な水源の分布（2016年）
東京都水道局の資料より筆者作成．

過剰なダム開発に対する批判の高まり（伊藤，2005）とも相まって，「近い水」としての地下水に再び焦点が当てられている．日本では従来，地下水は「私水」とみなされ，また，現在，ジャカルタのような発展途上国の大都市が抱えている過剰取水による地盤沈下問題を過去に引き起こしてきた経験から，地下水は大都市における公的な都市用水の水利システムからは敬遠され，表流水への水源の切り替えが行われてきた（益田編，2011）．しかし，東京でも近年，地下水取水規制による地下水位の上昇が，地下構造物に圧力をかけ破損に至る事例などの新しい問題を引き起こしている（清水，2007・徳永，2007）．したがって，地下環境の維持のためにはむしろ，涵養量を超えない範囲で地下水を「適正に利用する」ことが求められている．そこで次に，東京都の自治体の中でも比較的，地下水の保全と活用に積極的な国分寺市と昭島市の事例を紹介する．

国分寺市の上水道は地下水を水源として1960年に供用開始されたが，2009年度末をもって都営水道に運営が完全に移管された．その間の水源別配水量の推移をみると，1970年代から90年代まで，都営水道からの受水量が増加を続けているが，それ以降は水需要も停滞したことから横ばい傾向である．地下水取水量は1980年代には減少傾向であったが，1990年代以降は年間約800万 m^3 前後で推移している．国分寺市は，従来の身近な水源としての深井戸取水55％確保を東京都に対して要望しており，それが反映された結果である．

国分寺市の地下水に関わる施策としては，雨水浸透枡設置事業，透水性舗装の推進，むかしの井戸づくり事業などがある．雨水浸透枡設置事業と透水性舗装は，地下水の涵養および下水管への雨水流入の軽減を目的としたものである．むかしの井戸づくり事業は，災害時の給水拠点ならびに地

域住民の交流の場として，市内の公園などに手押しポンプで揚水する井戸を設置するものである．1990 年に 2 ヵ所で設置されたのを最初に，現在では約 20 ヵ所に設置されている．井戸の深さは 10～50 m の浅井戸である．地域の市民防災推進委員の住民と市によって管理されており，定期的な水質検査も行われている．そのうちいくつかの井戸では，「井戸端会議」と称する地域住民の交流会が月に 1 度開催されており，地下水についての話題提供や地域の防災・防犯に関する情報交換が行われている．国分寺市は，旧環境庁の名水百選にも選ばれている「お鷹の道・真姿の池湧水群」をはじめとする湧水（浅層地下水）の保全と災害時などにおける活用に積極的であり，毎月 1 回，主な湧水地の水量および井戸の水位の観測も行われている．さらに，2012 年 7 月には湧水および地下水の保全に関する条例も施行された．

昭島市の上水道も地下水を水源として 1954 年に供用開始された．国分寺市とは異なり，現在も都営水道と統合せずに，市独自の地下水を水源とする水道事業を維持している．その地下水取水量は 1975 年まで急速に増加し，年間 1,000 万 m^3 を超えたが，その後はしばらく横ばいであった．そして 1981 年には再び増加に転じ，1992 年にピークの 1,476 万 m^3 に達し，その後は減少に転じている．これは 1 人 1 日平均配水量が減少したことによるものである．昭島市水道の施設能力は，1995 年からの第 5 期拡張事業を経て，1 日最大 58,300 m^3 となったが，水需要がこれを上回ったことは一度もない．

現在では東京都で唯一である，この地下水 100% の水道事業を維持するために，昭島市では，水道需要を増やさないための施策と地下水涵養量を減らさないための施策を行ってきた．1974 年度からは，透水性舗装の整備事業を実施している．また 2001 年度からは，雨水貯留槽設置助成制度と雨水浸透施設設置費補助の各事業を行っている．前者は，洗車や水まきなどのいわゆる中水として雨水を利用するための貯留槽の設置に対して費用を補助するものである．後者は，雨水浸透桝やトレンチ管の設置に対してその費用を補助す

るものである．そのほかには，奥多摩昭島市民の森事業として，地下水の涵養源としての多摩川の源流域に用地を借り上げ，毎年 2 回，それぞれ約 40 人の市民が参加して，下草刈りなどの森林管理体験を実施している．これは，水道水源の保全意識の啓発を目的として行われているものである．また，節水意識を啓発するための広報活動としては，水道部の施設見学や出前講座，水道だよりの発行なども毎年数回，随時行っている．

昭島市では地下水位のモニタリングも，1954 年の水道創設以来，毎月すべての水源井戸で行われている．その結果によると，1970 年代前半まで地下水位は急速に低下したが，1980 年代には若干回復し，それ以降はほぼ横ばいで推移している（昭島市水道部，2005）．また，市内には各家庭の自己水源としての浅井戸が，現在も約 150 ヵ所で利用されているといい（昭島市水道部への聞き取り調査による），水質的に飲料用には適さないとしても，トイレや風呂には十分活用できるため，これらを保全していくことも，災害時の緊急水源確保にとっては重要なことである．

2 市の事例で見たような，雨水貯留槽の設置および雨水浸透施設や透水性舗装の整備などの施策は，東京都のほかの自治体でも行われているが，実際には都市化によって非透水性土地被覆が拡大する中で，都市型水害を防ぐ治水・排水策や環境保全策と捉えられてきた側面が強い．しかしながら，水需要増大期が終わり，持続可能な水利用を目指した水資源の再編期に入った東京において，このような取り組みは，身近な水資源としての地下水を持続的に利用する趣旨からも再評価されるべきである．保全を担う地域社会にとっても，生活水源や水環境問題に対する住民意識の向上や水文化の醸成につながる．

したがって，水道事業の経営や管理は東京都に集中・一元化しても，水源施設に関しては，大規模な遠くのダムなどに全面的に依存するのではなく，小規模分散型でそれぞれの地域の身近な地下水源も，その供給能力を確保し取水量を増やさない工夫をすることで，水需給のバランスを維持しながら利用していくことが望まれよう．地下水取

水は確かに地盤沈下を引き起こす恐れがあるものの，かといって遠くの源流域や河口部における水資源開発が安易に容認されるものでもない．したがって，水道水源が表流水であろうが地下水であろうが，持続可能な水利用のためには，需要を増やさない工夫と身近な水源を再評価し維持する取り組みの両方が必要である．災害時の緊急水源の確保や，渇水時のリスク分散という観点からも，遠くの表流水を水源とする大規模な広域水道システムと，近くの地下水源を活用した小規模な分散水道システムが併存して相互補完することによって，持続可能な水利用システムが実現するといえる．

3.4 水の移動のサステイナビリティ

本章では水資源問題を水需要と水供給のバランスの問題と捉えて，グローバルスケール・ローカルスケールそれぞれの事例を紹介した．食料需要が大きく自給率の低い国，あるいは急速な人口増加と産業発展により水需要が急増した都市において，その大きな需要に応える手段となっているのが，直接的・間接的な方法による他所からの水の移動である．すなわち，水資源問題におけるサステイナビリティとは，こうした水の移動のサステイナビリティにほかならない．水需要が大きい（増えた）地域に対して，ほかの地域から水を移動させてそれを満たせば問題が解決するわけではない．水を移動させた供給側の環境はどうなったのか．食料輸入国と輸出国，下流の大都市と上流の水源地域，地上の都市空間と地下の水環境，こうした水の移動を通した地域間の結び付きに着目し，そうした結び付きの総体としてのサステイナビリティが実現されない限り，水資源問題は本当に解決したことにはならない．　〔山下亜紀郎〕

引用文献

昭島市水道部（2005）：昭島の地下水．昭島市水道部．

伊藤達也（2005）：水資源開発の論理―その批判的検討．成文堂．

沖　大幹（2003）：地球をめぐる水と水をめぐる人々．嘉田由紀子編：水をめぐる人と自然，pp.199-230，有斐閣．

清水　満（2007）：地下水位上昇が鉄道構造物へ及ぼす影響とその対策．水環境学会誌，**30**：493-496．

田瀬則雄（2006）：世界最大の地下水資源．矢ケ﨑典隆・斎藤　功・菅野峰明編：増補版アメリカ大平原―食糧基地の形成と持続性，pp.36-46，古今書院．

東京都水道局(1999)：東京近代水道百年史．東京都水道局．

徳永朋祥（2007）：首都圏の地下水水理ポテンシャルの変遷と地下水管理の可能性．水環境学会誌，**30**：489-492．

益田晴恵編（2011）：都市の水資源と地下水の未来．京都大学学術出版会．

森瀧健一郎（2003）：河川水利秩序と水資源開発―「近い水」対「遠い水」．大明堂．

山下亜紀郎（2009a）：バーチャルウォータートレードからみた食料自給問題への一試論．35年間の酪農学園に感謝して―加藤　勲教授退職記念論文集，pp.401-419，酪農学園大学環境システム学部・酪農学園大学エクステンションセンター．

山下亜紀郎（2009b）：都市用水の水利体系と流域の地域的条件―那珂川流域と鬼怒・小貝川流域を事例として．地学雑誌，**118**：611-630．

山下亜紀郎（2013a）：東京の都市用水利用の変遷―水源としての表流水と地下水に着目して．地学雑誌，**122**：1039-1055．

山下亜紀郎（2013b）：チリウン・チサダネ川流域における土地利用変化と地形条件との関係．地理情報システム学会講演論文集，**22**．

山下亜紀郎（2015）：大都市における水需要と水資源の変遷．水環境問題の地域的諸相，pp.117-141，古今書院．

Yamashita, A. (2011)：Comparative analysis on land use distributions and their changes in Asian mega cities. Taniguchi, M. ed.：*Groundwater and subsurface environments*：*human impacts in Asian coastal cities*, pp.61-81. Springer.

Yamashita, A. (2014)：Aspects of water environmental issues in Jakarta due to its rapid urbanization. *Tsukuba Geoenvironmental Sciences*, **10**：43-50.

Yamashita, A. (2017)：Jakarta metropolitan area. Murayama, Y. *et al.* eds.：*Urban development in Asia and Africa.*：*Geospatial analysis of metropolises*, pp.111-130, Springer.

環境省バーチャルウォーター
http://www.env.go.jp/water/virtual_water/index.html
（最終閲覧日：2017年2月25日）

――【あなたは世界の水をどのくらい食べている？】――

例えば，あなたのある日の夕食の献立が以下のようだったとしよう．

ご飯（新潟県産）：1杯強（100ｇ），玉ねぎ（中国産）とジャガイモ（北海道産）の味噌汁：1杯（各50ｇ），鶏（ブラジル産）の唐揚げ：100ｇ，ローストビーフ（オーストラリア産）：100ｇ，冷奴（アメリカ産大豆使用）：100ｇ，メロン（メキシコ産）：100ｇ

さてこの食事によってあなたは，間接的にどこの水をどのくらい食べていることになるのであろうか．環境省バーチャルウォーターのホームページ（http://www.env.go.jp/water/virtual_water/index.html）で公開されている「仮想水計算機」を使うと瞬時にそれを計算することができる．試しに計算してみると以下の通りになる．

新潟県：370Ｌ，中国：8Ｌ，北海道：9Ｌ，ブラジル：450Ｌ，オーストラリア：2,060Ｌ，アメリカ：25Ｌ，メキシコ：76Ｌ

1度の食事でお茶などとして直接飲む水分量は1Ｌにも満たないであろうが，穀物や肉類，野菜，果物といった食料を生産するのには，意外なほど多くの水が必要である．このことから私たち日本人は（その中でも特に都市部に住む人は），いかに毎日の食事においてほかの国や地域の水資源に大きく依存しているかが分かるであろう．

人々に環境問題への関心を持たせるための有効な方法は，私たちの日々の暮らしがその生活圏とは遠く離れた地域の自然環境によって支えられているということを，具体的に見える形で提示することである．中国やオーストラリアやアメリカなどの水資源問題については，新聞やテレビのニュースなどで見たことはあっても，多くの人は自分の生活とは関係のない話だと考えていたかもしれない．しかしながら，ここで紹介した「仮想水計算機」はまさに，食料自給率の低い日本に住む私たちに，遠くの水資源問題を身近なものとして考えさせるのに効果的なツールである．

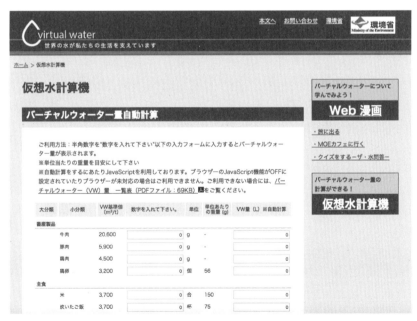

図3.8 仮想水計算機
環境省ホームページより．https://www.env.go.jp/water/virtual_water/kyouzai.html

4

食料の安定供給と気象災害のリスク

食料をめぐる問題と課題は多様であり，食料が不足に至るプロセスやその安全性が脅かされるメカニズムは必ずしも詳らかになっていない．食料問題の本質を理解するためには，世界の動向を踏まえながら，各国・各地域の具体的な状況を捉える必要がある．本章では，日本における農業気象災害に注目し，水稲作・米と施設園芸・青果物への被害状況をもとに，食料の生産維持と安定供給へ向けたリスク管理について考えてみたい．

4.1 食料問題とその課題

4.1.1 世界の食料問題

常に変動する世界人口を養うために食料の生産を維持し，安定的に供給していくことは人類が生存していく上で普遍的な課題である．国連世界人口推計（UN, 2001）によると，世界人口は2015年に72.1億人になると予測されていたが，実際には73.5億人に達し（UN, 2015），予測を上回るペースで増加している．世界人口が増加し続ける中で，私たちはどのように食料を確保していけばよいのであろうか．

一般に食料問題は，1980年代以降の急速な経済のグローバル化の下で，先進国や途上国などの地域ごとに異なる状況として表面化してきた．多国籍アグリビジネスの事業展開などを通じて，国家間や各国経済と地域経済とが結び付きを強めることになり，同時に階層間や地域間で異なる利益がもたらされることになった（高柳, 2006）．国際分業体制の下では，食料は戦略物資と認識されており（鈴木・木下, 2011），その安全性を含めて，いかにして量と質を保つのかが政策課題になっている（荒木, 2014）．

かつて，マルサスは，人口増加に伴う「生活物資（食糧）」（マルサス, 2011）の不足について問題を提起したが，現在，先進国では人口抑制と食料増産によって食料不足が克服された一方で，途上国では依然として現実の問題として存在する（盛田, 2016）．食料の生産維持と安定供給に影響を及ぼす原因として，食料・農業・環境を取り巻く多様なリスクがあり，各国・地域間には政治状況や経済・社会情勢の変化と，多国籍企業の国際展開，地球規模の気候変動などがある（国際食糧農業協会編, 2003）．また，国内には農産物価格の変動や労働力と技術力の保有状況の差，天候不順や気象の変化による災害の発生などがあり，時空間スケールに応じた諸原因がある．

世界や日本の食料と農業における根本的な問題について，西川（2008）は，「けっして価格上昇の問題ではない．食料不足の問題でもない．これらは，問題の結果として生じた現象にほかならない．根本問題は…農・畜・水産業が営利性，効率性の下に持続可能性を失っているという問題である」と指摘している．経済が発展し成長する過程では，予測困難な新たなリスクや脆弱性を抱えることになり，この影響を最小限にとどめながら食料を持続的に確保していくことになる．

4.1.2 食料の生産と供給の課題

食料の生産を担う農業経営における主要なリスクについて，Olson（2010）は，①生産リスク（天候，病虫害，技術，遺伝的性質，機械の効率性と信頼性，投入材の品質など），②市場リスク（天候不順や政策などによる作物や家畜の価格変動），③財務リスク（借入資本のコスト，キャッシュフロー，資産維持，資産喪失），④法的（政治的）リスク（商慣習・税制・遺産相続，契約協定，不法行為賠償責任，法令遵守），⑤人的資源（道徳的）リスク（土地所有者，経営者，雇用者などの死去・離婚・けが・病気）の5つをあげている．

この中で特に①生産リスクと②市場リスクに関

連する点として，ジョージ（1984）が，「世界市場では，自然現象はもはや問題ではなくなる」と指摘し，「多くの人は"気象"とか"天候"が飢餓をひき起こしてきたと思い込まされてきたが，それもあたらない．もっとも，気象という要素を見逃せないことは事実である」と注意を促した．確かに現在の穀物生産量をもってすれば，世界人口を養うことができる（西川，2008）．

日本では1993年における米の大凶作のときでさえ，国全体で食料が不足し飢えに苦しむことにはならなかった．しかし，それは，食料の生産・流通・消費の各段階で発生した様々なリスクに対し，多様な主体が事前の対策や，被害の発生時の対処，さらに被害後の対応を講じてきた結果である．食料の量と質における生産維持と安定供給を妨げる自然災害の影響は依然として看過できず，近年の異常気象による災害の発生状況を踏まえると，継続的に検討していくべき課題である．

本章では，気象の変化による農業への被害と食料の需給構造への影響に着目し，特に日本における1993年の水稲作・米への冷害と，2014年の施設園芸・青果物への雪害という2つの事例をもとに，食料の生産と供給のサステイナビリティの観点から，自然災害に対するリスク管理のあり方を考察する．はじめに世界と日本の食料需給動向を確認し，食料の生産と供給について，需給状況→気象変化→被害状況→発生原因→市場への影響→対策・対処・対応→回復状況→リスク管理という一連の過程から紹介したい．

4.2 世界と日本の食料需給

4.2.1 世界の食料の需給動向

1970年以降における世界の穀物需給の変化を見ると（図4.1），生産量は増減しながらも全体として増加傾向にあり，消費量も増加し続けている．生産量は消費量に比べて総じて変動幅が大きく，生産量が消費量を下回った年が過去47年間で21ヵ年あった．これら穀物が不足した年度は，在庫によって賄われてきた．期末在庫量と期末在庫率には増減が見られたが，マイナスへ転じることはなかった．総量として供給可能な穀物を確保し続けてきたことは，生産量を維持することに加えて，これらの平等な分配も課題になってきたことを示唆している．

穀物の生産量の変動は，その価格に直接反映される．世界の穀物価格の変動を表した入手可能な資料は限られているが，例として図4.2によると，穀物などの価格はこれまで複雑な変動を見せてきた．中でも米の価格変動は激しく，特に2008年にはそれまでの3倍前後の価格へ急騰し，その後に価格が下がったものの，急騰前の常態には戻っていない．その他の穀物なども2007年前後から

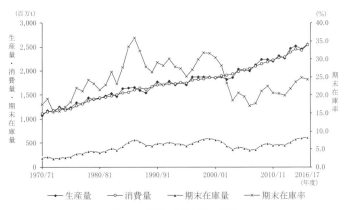

図4.1 世界の穀物需給の推移
穀物は小麦，粗粒穀物，米（精米）の合計．米国農務省の2017年2月時点での見通し．
米国農務省"World Agricultural Supply and Demand Estimates"，"Grain: World Markets and Trade"，"PS & D"を基にした農林水産省「世界の穀物需給及び価格の推移」より筆者作成．

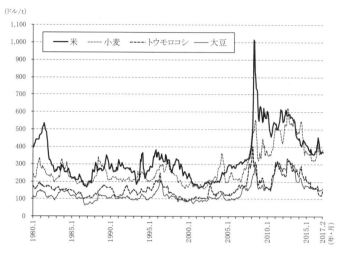

図4.2 穀物などの国際価格の月別推移
シカゴ商品取引所,タイ国家貿易取引委員会の月別データ.
IMF Primary Commodity Prices Monthly Data より筆者作成.

高騰し,小麦とトウモロコシは価格が戻る傾向にある一方で,大豆は米と同様に価格が戻らない状況にあり,作物ごとに価格変動には差が表れている.

これら穀物などの価格変動の主要因として,農林水産省「穀物等の国際価格の動向」では,世界的な気象の変化と豊凶との関係がまとめられている.天候不順には高温,低温,多雨,乾燥などがあり,干ばつや洪水,冷害などが発生し,食料の入手可能性は常に流動的であったことを示している.こうした世界の穀物の生産量と価格の変動の下にあって,自国の食料をいかにして確保するのかが食料安全保障の課題である.

4.2.2 日本の食料自給率の変化

日本では,1961年に制定された農業基本法が,1999年に食料・農業・農村基本法へ改訂された.農業基本法第1条では,「…農業従事者が所得を増大して他産業従事者と均衡する生活を営むことを期する…」としていた.それに対し,食料・農業・農村基本法第1条では,「…国民生活の安定向上及び国民経済の健全な発展を図ることを目的とする」とし,同法第2条第2項では,「国民に対する食料の安定的な供給については…国内の農業生産の増大を図ることを基本とし,これと輸入及び備蓄とを適切に組み合わせて行わなければならない」としている.これは,政策対象の重心を農業者・生産者から国民・消費者へ移し(飯國, 2011),食料安全保障の基本方針を明確にしたものである.

日本の食料自給率は,ほかの先進国と比較し,その危機的状況が指摘されて久しい.農林水産省『食料需給表』の中で食料自給率を表す指標には,供給熱量ベース,重量ベース,生産額ベースがある.それぞれの指標が表す自給率の意味は異なり,また,これらの計算方法には疑問も提起されている(浅川, 2010).ここでは参考として重量ベースで食料自給率の推移を確認すると(図4.3),主食用穀物は1960年代に著しく低下し,70年代から80年代にかけて横ばいとなり,90年代以降には60%前後で推移している.

穀物の主要部分を占める米は,1960年代から80年代にかけて,しばしば自給率100%を大幅に超える年があった.その後,米の自給率は,1993年の大凶作とその翌年の生産過剰を反映した大幅な変動を経て,90%台へ低下し,以後,横ばいの安定的な状態にある.その他の品目についても自給率は低下傾向にあるが,それぞれ異なる動きを示している.

世界の食料需給は常に変動しており,日本では食料自給率が低下または停滞する傾向にある.食料自給率が低い状態にあっては,国内外の天候不順や輸入の途絶などによる不測の事態と,それら

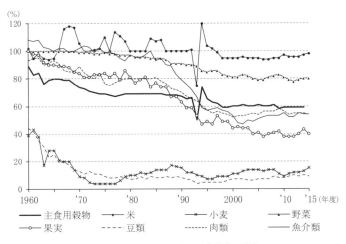

図4.3 日本における品目別自給率の推移
重量ベース．2015年度は概算値による．
農林水産省『食料需給表』より筆者作成．

に伴う食料の生産と供給の変化を注視していく必要がある．

4.3 水稲作・米への被害とリスク管理：1993年夏秋期の北海道・東北地方の冷害

4.3.1 米の需給状況

米の生産状況を過去100年間で振り返ると（図4.4），1910年代から50年代半ばまで例外があったものの，収穫量はおよそ800～1,000万tで推移し，単収は250～340kg/10a前後で推移してきた．1950年代半ばから米の増産が進み，同時に単収も上昇し始めた．収穫量は1960年代後半をピークに，食生活の変化も背景として生産過剰が顕在化し，1970年から米の生産調整政策（減反政策）が本格化する過程で減少に転じた．また，単収は，1990年代初頭にほぼ頭打ちとなって，現在に至っている．

この経過をたどる中でひときわ目を引くのが，1993年の収穫量と単収の落ち込みである．過去100年間における日本の稲作の歴史上，終戦の年にあたる1945年を除くと，極めて異例の事態が発生したことが分かる．この米の収穫量の急減に伴う供給減に対応するため，1993年に10.8万tが，翌年には253.6万tが中国をはじめ，タイ，アメリカ合衆国（米国），オーストラリアなどから緊急輸入された（財務省『貿易統計』）．これは日本の歴史上，異例のことであった．

このときの輸入米に対する消費者の反応に関する実態調査がある．松本（1996）によると，輸入米に対する主婦の食味評価は概して低く，国産米の不足が主食の食習慣に影響を及ぼし，麺類やパ

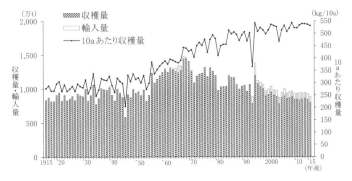

図4.4 日本における米の収穫量，輸入量，10aあたり収穫量の推移
米（玄米）の収穫量は水稲と陸稲の合計．
農林水産省『作物統計』，『食料需給表』より筆者作成．

ン類などへ一部変化したという．緊急輸入によって消費者志向が浮き彫りになったことは，国産米の特徴を国民・消費者が再認識した点で重要であった．

2017年1月現在，米の輸入関税率は基本税率402円/kg，WTO協定税率341円/kgの高関税を維持し（財務省『貿易統計』），実質的に輸入が制限されており，国内において米の生産・供給体制をどのように確立するのかが課題となっている．

4.3.2 水稲作の被害状況

1993年に発生した米の大凶作は，いわゆる「平成米騒動」としても広く知られている（田代, 2012）．水稲の作柄は，作況指数95～98が「やや不良」，91～94が「不良」，90以下が「著しい不良」とされているが，1993年は作況指数が74を示し，「著しい不良」を大幅に超え，統計を取り始めた1926年以降，終戦の1945年の作況指数67を除くと，最も低い値となった（農林水産省『作物統計調査』）．天候不順による影響は，水稲ばかりではなく，野菜や果樹の収量や品質にも影響を及ぼした．この大凶作に対しては，稲の生育状況や被害状況，米の流通や消費の現場をマスコミが大々的に報じ，また多くの分野から研究調査が進められ，食料安全保障の重要性と食料自給率の向上の必要性を認識する機会にもなった．

都道府県別における水稲作況指数を見ると（図4.5），100以上で平年を上回ったのは沖縄県のみであった．作況指数90～100の「不良」から「平年並み」を示したのは関東地方から中国・四国地方までの太平洋側の諸県などであった．その他の都道府県は，作況指数90以下の「著しい不良」となり，特に全国最低の作況指数28を記録した青森県をはじめ，北海道・東北地方が大凶作に見舞われた．特に被害の大きかった青森県の市町村別における米の産出額を1993年の対前年比で見ると（図4.6），下北から八戸，三戸郡までの南部地方と東津軽郡では10%未満や1%未満であり，ほとんど収穫が無い状況であった．これ以外の津軽地方についても前年を大きく下回っていたが，被害には相当の地域差があった．

この年の大凶作の原因と被害状況について，農林水産省『平成5年産 農業災害補償制度 農作物共済統計表』によると，「北日本及び東日本を中心に，7月上旬から8月中旬までと9月上旬の著しい低温，日照不足により，障害不稔もみが多発するとともに，出穂，開花の大幅な遅延，登熟期の積算温度不足などによる登熟不良及び天候不順により全国的にいもち病等が発生した」という．また，ヤマセの影響が明らかにされ（菅野, 1994），気象の変化に影響した要因として，フィリピンのピナトゥボ山の大噴火との関連が指摘されており，世界的な天候不順も報告されている（山

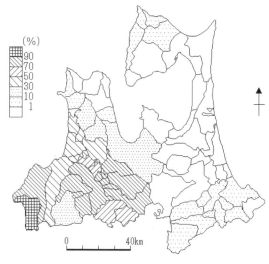

図4.5 都道府県別における1993年収穫期の水稲作況指数
農林水産省『作物統計調査』より筆者作成．

図4.6 青森県市町村別における米の産出額1993年対1992年比
農林水産省『生産農業所得統計』（各年版）より筆者作成．

川, 1994).

　これら被害の直接的な原因となった気象変化のほかに, 地域ごとの栽培品種への被害が異なり, 品種選択にも原因があったとされる (今村, 1993). 農産物は特定の品種への選択が進み, 消費部門における食の画一化が見られるが (高柳, 2006), 商品性や効率性を追求する過程で, 気象変化への対策や対応がどのように変化してきたのかを見逃すことはできない.

4.3.3 米流通への影響

　冷害によって米の国産供給量は減少したが, 米価は食糧管理法の下で政府買入価格が玄米60kgで16,392円に据え置かれ (図4.7), 同法制度の機能と役割が再認識された (今村, 1993). 政府売渡価格についても, 玄米60kgで18,123円に据え置かれた. また, 落札銘柄価格は前年比103.5%にとどまった. その一方で, 米の小売価格 (東京都区部) は, 1993年から94年にかけて117.6%へ上昇し, 消費者への実質的な影響は相対的に見て大きかった.

　被害の翌年には米が大幅な生産過剰になり, 落札銘柄価格が下落するなど, 被害の影響が年度を越えて波及した状況を見てとることができる (図4.4, 4.7). また, 大凶作を機に食生活が変化し, 米から麺やパンなどへ志向が変化してきたとされ, その後, 米の落札銘柄価格と小売価格は下落していくことになる. なお, 米の生産は2003年にも凶作となり, 落札銘柄価格の顕著な上昇が表れ, 小売価格も上昇した.

　これらには, 1995年に「食糧管理法」が廃止され, 「主要食糧の需給及び価格の安定に関する法律」(食糧法) が施行され, 政府が食糧の管理から市場原理の導入へと政策をシフトしてきたことも影響している. 被害の翌年における収穫量や単収の急増と流通・消費への影響は, 気象条件の好転に加えて, 以下のように復旧へ向けた諸対応が講じられた結果であった.

4.3.4 水稲作の回復とその要因

　水稲作の回復に向けて, 政府は緊急の対応策を打ち出した. 中西 (1994) によると, 冷害等関連対策事業, 天災資金および自作農維持資金の金利引き下げ, 土地改良負担金の償還条件の緩和, 就業機会の確保や就労斡旋などの特例的な措置を含む緊急対策が実施された. ここでは, 農業保険制度と品種転換に注目し, 水稲作の回復状況を把握する.

　水稲作の被害に対する保険制度として, 農業災害補償制度の農作物共済が運用されている. 現行の農作物共済は, 1947年に制定された農業災害補償法に基づき, 各地域を管轄する農業共済組合が運用し, 稲や麦を生産する農業者が加入する保険制度である. 作物に被害が発生した際に, 農業

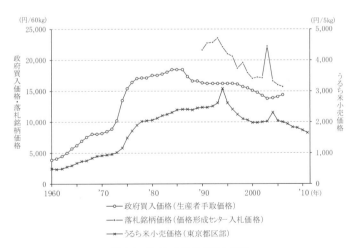

図4.7 日本における米価の推移
政府買入価格の2004年産以降は入札などの価格.
うるち米は国内産, 精米, 複数原料米の価格.
農林水産省『食糧統計年報』,『米価に関する資料』, 財団法人全国米穀取引・価格形成センター資料, 総務省『小売物価統計調査』より筆者作成.

者と国庫であらかじめ折半した掛金に応じて共済金（保険金）が支払われる仕組みとなっている．農作物共済は，一定の面積以上を耕作する農業者が加入する「当然加入」方式で運用され，面積加入率は93％（2014年）である．

1993年産における水稲に関わる共済では，組合などが支払う共済金の最高限度額である共済金額1兆8,471億円のうち4,394億円が共済金として支払われた（農林水産省『農業災害補償制度農作物共済統計表』）．共済金のうち政府による負担率は89.8％に及んだ．金額被害率（水稲引受計）は23.8％に達し，ほかの年の被害率0.2～11.9％（1955～2015年産）と比べても突出して高く，最も被害率が高かった青森県では73.5％に達した．

1993年から94年にかけての水稲作の回復状況を確認すると，共済の加入戸数が減少した一方で，加入面積は増加した．青森県では加入戸数の減少率が全国平均と比較して低く，加入面積は増加した．これは，後述する施設園芸や永年性作物の果樹生産と比べて，単年である程度復旧可能な水稲作の特徴を示している．各地域の被害状況に応じて主に減収分の一部を補填する共済が，被災を想定した事前の対策として機能した．

東北地方における1993年の品種構成上位5品種は，ササニシキ（29.1％），あきたこまち（18.5％），ひとめぼれ（10.6％），むつほまれ（10.5％），コシヒカリ（7.1％）であった（食糧庁『米穀の品種別作付状況（米麦の集荷等に関する基本調査結果）』）．これが翌年には，ひとめぼれ（20.4％），あきたこまち（20.2％），ササニシキ（19.3％），むつほまれ（10.3％），コシヒカリ（7.0％）へと変化した．ただし，東北地方各県ごとの主要品種の転換は異なり，青森県ではむつほまれが維持され，岩手県と宮城県ではササニシキからひとめぼれへ，秋田県ではあきたこまちを拡大し，山形県ではササニシキからはえぬきへ，福島県ではひとめぼれの割合が高まった．全体では冷害の被害が大きかったササニシキからひとめぼれへの転換が図られた．ひとめぼれは1981年に宮城県で開発され，耐冷性品種としての有効性が実証された品種である（佐野ほか，1994）．被害から1年足らずの間に品種転換が迅速に開始された．

これら農業者の対応に加え，被害の翌年は暑夏であったことも奏功し，1994年の水稲作況指数は，沖縄県を除く都道府県で100を超える大豊作となり，東北地方もほぼ同様の状況であった（図4.8）．青森県の市町村別における米の産出額を1994年の対1992年比で見ると（図4.9），下北から八戸，三戸郡までの南部地方と東津軽郡の一部で100％に満たない市町村が見られた．これ以外の津軽地方には130％以上に達する市町村があるなど，回復状況には地域差があった．

図4.8 都道府県別における1994年収穫期の水稲作況指数
農林水産省『作物統計調査』（各年版）より筆者作成．

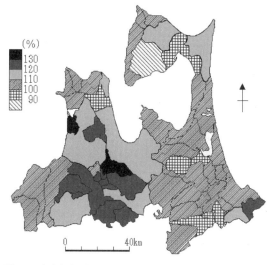

図4.9 青森県市町村別における米の産出額1994年対1992年比
農林水産省『生産農業所得統計』（各年版）より筆者作成．

1993年における大凶作を契機に，耐冷性，耐病性，良食味性などを備える新品種の開発や導入が進められてきた．2015年現在の品種構成を見ると，被害から四半世紀あまり経過してもなおその影響を確認できる．岩手県と宮城県では「ひとめぼれ」の作付割合が70%を超えており，秋田県と山形県でも上位に入っている（米穀安定供給確保支援機構「平成27年産 水稲の品種別作付動向について」）．青森県では2005年に奨励品種となった耐冷性と耐病性を備える「まっしぐら」の作付けが65%を占め，1996年に奨励品種となった「つがるロマン」が34%を占めるなど，主要品種が転換されてきた．

大凶作後に品種開発などの技術革新が行われてきたが，被害の翌年に収穫量と単収が顕著に増加した点は，緊急時における国内の米の生産と供給の潜在力を示した点でも重要であった．そこでは，被害を最小限にとどめるための事前の対策に加えて，被害翌年に発生する生産過剰の抑制など，適切な制度の設計を含めた総合的なリスク管理も求められる．これは，被害状況とそこからの回復には地域差が生じ，また被害の大きかった地域以外の地域でも，被害の翌年に収穫量や単収が大幅に上昇した点が注目されるからである．

4.4 施設園芸・青果物への被害とリスク管理：2014年2月の関東・甲信地方の雪害

4.4.1 青果物の需給状況

青果物の自給率の推移を確認すると（図4.3），野菜は1960年代には100%であったが，70年代に徐々に低下し始めた．80年代後半以降に顕著な低下が表れ，2000年代には80%前後で推移している．また，野菜の国内出荷量は，1970年代後半から80年代までほぼ横ばいであったが，現在の統計と品目が一致する90年代以降は，出荷量のピークであった1992年の1,426万tから2015年の1,161万tへと8割強に減少している（農林水産省『野菜生産出荷統計』）．

一方，果実の自給率は，1960年代から顕著な低下が表れ，以後，年度ごとに激しい増減を伴いながら，80年代後半以降に急低下し，2000年代には40%前後まで低下し輸入への依存が深まっている．果実は国内出荷量が急減しており，1970年代以降のピークであった1979年の6,123万tから2015年の2,306万tへと4割弱に減少している（農林水産省『果樹生産出荷統計』）．

これら青果物の自給率の低下は，国内向け出荷量自体が減少する一方で，1980年代以降，野菜加工品を含む青果物の輸入増加と，一部輸出量の増加によるものである．青果物の自給率が低下する傾向にある中では，その生産を維持し，安定的に供給することが求められる．以下，園芸施設・青果物への被害の事例から復旧までの実態を捉えたい．

4.4.2 園芸施設の被害状況

施設園芸は露地栽培に比べて農産物を安定的に供給できる可能性があるが，毎年，全国各地で園芸施設（ハウス）の破損や倒壊が発生している．全国の年平均（1979～2014年度）では最低でも約5万棟が何らかの原因によって被害を受けている（農林水産省『農業災害補償制度 園芸施設共済統計表』）．

事例として取り上げる2014年2月に関東・甲信地方を中心に発生した大雪による園芸施設への被害では，被害件数が36都道府県で85,094件に達し，被害額は1,224億円に上った（農林水産省「平成25年11月からの大雪による被害状況等について」，同「2013年11月～2014年7月被害調査結果」）．農林水産関係全体の被害額は1,842億円になり，各地に大きな被害をもたらした．この発生原因は，気象の変化と園芸施設の構造特性に加えて，地域的要因にもあったと考えられる（両角，2017）．園芸施設への被害は甚大であり，その様子が盛んに報じられたが，青果物の自給率（図4.3）や出荷量全体の変動にはその影響が明瞭に表れなかった点が注目される．

万一の被害に備えて，事前の対策として園芸施設を保有する農業者が任意に加入する保険制度が園芸施設共済であり，農業災害補償制度に基づき1979年度から本格的に実施されている．2014年2月における都道府県別の園芸施設共済の被害棟

数は，群馬県が最も多く4,523棟であり，以下，長野県3,583棟，埼玉県2,755棟などとなっている．

埼玉県では，雪害による農業被害総額が229億円に達し，このうち園芸施設被害が102億円，作物被害（野菜，花き，果樹）は95億円であった（埼玉県農林部農業支援課，2014a）．園芸施設被害ではパイプハウスだけでなく，大型の園芸施設も倒壊した（写真4.1）．また，作業効率や生産性を向上するために連棟構造にした園芸施設が多くの被害を受けた（埼玉県農林部農業支援課，2014b）．作物被害ではきゅうりの29.0億円が最も大きく，以下，トマト8.4億円，イチゴ7.7億，ブロッコリー6.2億円などであった．

2013年における埼玉県全体のきゅうり出荷量に占める割合が最も高かったのが深谷市であり，34%であった．その他のきゅうり生産地も，深谷市と同様に同県北部地域に広がっている（図4.10）．深谷市の2013年の冬春きゅうり出荷量は約1万tであり，以下，本庄市4.6千t，加須市3.3千tなどであった．これが，2014年には深谷市で対前年比46%へ減少し，周辺市町村の中で最も大きな被害を受けた．

深谷市における冬春きゅうりの生産状況を詳しく見ると（表4.1），作付面積は2013年まで100 ha強で推移してきたが，被害年の2014年に77 haへ急減し，収穫量と出荷量は半分以下に低下した．作付面積の減少率に比べて収穫量と出荷量の減少率が大きいのは，作付けした園芸施設が倒壊にまで至らなくても，冬春期の破損によって生産環境が影響を受けたからである．

写真4.1 降雪による園芸施設の倒壊（深谷市）
（2014年3月10日，筆者撮影）

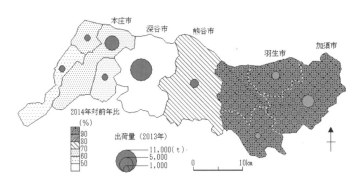

図4.10 埼玉北部地域市町村別における冬春きゅうりの出荷量
農林水産省『野菜生産出荷統計』（各年版）より筆者作成．

表4.1 深谷市における冬春きゅうりの生産状況

年	作付面積 (ha)	10 aあたり収量 (kg)	収穫量 (t)	出荷量 (t)	対前年産比 作付面積 (%)	10 aあたり収量 (%)	収穫量 (%)	出荷量 (%)
2010	103	10,777	11,100	10,000	100	96	96	98
2011	103	11,262	11,600	10,200	100	105	105	102
2012	102	10,588	10,800	9,950	99	94	93	98
2013	103	11,068	11,400	10,500	101	105	106	106
2014	77	6,805	5,240	4,820	75	61	46	46
2015	62	11,500	7,130	6,620	81	169	136	137

農林水産省『野菜生産出荷統計』（各年版）より筆者作成．

表4.2 京浜市場における埼玉県産きゅうりの卸売数量と平均価格

年	市場計		埼玉県産		埼玉県産対前年比	
	数量(t)	価格(円/kg)	数量(t)	価格(円/kg)	数量(%)	価格(%)
2010	157,045	296	27,459	303	97	118
2011	157,346	286	28,020	285	102	94
2012	154,411	281	25,628	283	91	99
2013	150,117	302	23,792	291	93	103
2014	145,515	319	17,478	313	73	108
2015	144,173	325	21,481	298	123	95

京浜市場は, さいたま・上尾・戸田・千葉・船橋・松戸・横浜・川崎・平塚の各市と東京都の卸売市場の合計を表す.
農林水産省『青果物卸売市場調査報告 (産地別)』(各年版) より筆者作成.

4.4.3 青果物流通への影響

園芸施設への被害が青果物流通に及ぼした影響の一端を確認してみよう. 表4.2によると, 京浜市場における埼玉県産きゅうりの卸売数量は, 2011年から減少傾向にあったが, 2014年には前年から6,000t以上減少し, 対前年比73%まで落ち込んだ. 市場全体でも卸売数量が減り, 一方で価格は上昇したため, 市場合計では売上高 (数量×価格) が前年を上回った. ところが, 埼玉県産は卸売数量の減少に見合うほど価格が上昇しなかったため, 売上高は全体として大幅に減少した.

さらに, 被害翌月となる2014年3月の京浜市場における都道府県別のきゅうりの卸売数量を, 前年同月と比較すると, 埼玉県産が72%まで落ち込むなど, 群馬県, 千葉県など関東地方の諸県からの入荷量が大幅に減少した. その一方で, 高知県や宮崎県などの四国・九州地方の諸県からの入荷量が増加したが, 市場への入荷量は前年対比87%にとどまり, 価格は135%へ上昇した. きゅうりの場合, 産地が全国に分散的に立地しており, 全国的な園芸施設の雪害には至らなかった. そのため, 価格の上昇を伴いながらも, 国内の地域間で需給が一部補完的に調整されたとみられる.

4.4.4 施設園芸の回復とその要因

園芸施設の破損や倒壊は, 農業者が生産手段を失うことから, 倒壊物の撤去・処分, 土壌の回復, 資材調達, 資金調達をはじめ, 被災や復旧における精神面の回復など, 再建に向けた様々な障壁がある. 施設園芸では生産環境を制御し, 生産物を安定的に供給していることによる流通・消費への影響も大きい.

表4.1によると, 深谷市における冬春きゅうりは, 2014年に対前年比で作付面積が75%, 10aあたり収量が61%, 収穫量・出荷量がともに46%まで減少した. これが, 2015年には作付面積は減少した一方で, 10aあたり収量は過去5ヵ年で最高となり, 収穫量・出荷量ともに増加したが, 被害前年の生産状態には戻らなかった. また, 2014年から15年にかけての京浜市場におけるきゅうりの需給動向を見ると (表4.2), 市場全体では卸売数量が減少し, 価格は上昇した. その一方で, 埼玉県産きゅうりは卸売数量が増加し, 卸売価格は低下したが, 被害前年の実績まで戻らなかった.

これら生産と供給の一部回復の要因として, 政府と地方公共団体による復旧支援策をあげることができる. 農林水産省は, 2014年2月の園芸施設被害の復旧に対し, 緊急支援策として2014年度補正予算に農業用施設災害復旧事業費補助96.2億円を編成した. これを受けて埼玉県では, 大雪による農作物・農業施設などの被害に対し, 一般会計に104億円を編成した (埼玉県「平成26年度補正予算案の概要」). 主な助成は, ①農業災害対策特別措置条例に基づく農業者への助成として次期作の種苗・肥料等の購入に要する経費の助成4.7億円 (県1/2, 市町村1/2), ②倒壊した農業用ハウス等の解体・撤去費用の助成8億円 (国1/2, 県1/4, 市町村1/4), ③農業生産施設の再建・修繕に要する経費の助成84.7億円 (国5/10, 県2/10まで) などであった. この中で特に②によって農業者は撤去費用を実質的に全額免除されることになった.

深谷市における 2014 年度の農林水産費は，当初予算額が 14.8 億円であったが，補正予算額 96.6 億円を編成し，予算現額計が 111.3 億円へ大幅に増額された（深谷市「平成 26 年度深谷市歳入歳出決算書」）．このうち農業施設などへの補助金額に相当する「負担金，補助及び交付金」は 96.6 億円となった．2014 年度に実際に支出された金額は 45.5 億円であり，残額は繰越明許費として翌年度に繰り越され，2015 年度に 43.2 億円が支出された．繰越明許費は，財政法に規定された経費で，年度内に予算支出が完了しないとあらかじめ見込まれる費用を議会で承認しておき翌年度に繰り越すものである．

これら緊急支援措置とは別に，農業災害補償法に基づく園芸施設共済事業によっても復旧が行われた．深谷市を含む埼玉県の北部から西部の地域を管轄する埼玉北部農業共済組合では，2013 年度に園芸施設の損害額が 19.5 億円に上り，共済金 15.6 億円が支払われた（埼玉北部農業共済組合「園芸施設共済関係資料」）．共済への加入棟数は，2013 年度が 3,163 棟であり，被害の翌年度の 2014 年度は 2,359 棟にとどまったが，2015 年には 3,505 棟まで増加した．

緊急支援と共済制度によって，深谷市の施設園芸は復旧が図られてきたが，被害が想定を遥かに超え，実際には解体・撤去業者の不足による復旧の遅れや多額の費用を要求する業者が現れるなど混乱が広がった．また，農業資材が国内では入手困難となり，一部の農業者は自ら海外で資材を調達し生産を軌道に乗せた例もあった．筆者による現地聞き取り調査では，大規模経営体が金属パイプの国内調達を困難と判断し，中国へ出向き直接買付けを行った例などが確認された．

このように政府や地方公共団体による施設園芸の復旧へ向けた再建支援として予算措置が取られたが，各地域や個々の経営体では事後対応が容易であったとは言えない．園芸施設を被災前の状態に戻し，生産を再開し，食料の安定供給を図ることは，短期間では多大な困難を伴う．施設型農業の復旧の遅延は，水稲作などの土地利用型農業とは異なる生産の継続を阻む異なる要因の存在を示

している．特に復旧に際して発生する莫大な費用負担は，食料の生産維持と安定供給において必要である一方で，農業気象災害に対するリスク管理をどの段階でいかに構築していくのか，その課題も浮き彫りにした．

2014 年 2 月の大雪による園芸施設への被害を契機に，2015 年 2 月に園芸施設共済制度が改正され，時価ベースの補償の拡充，復旧費用補償の追加，撤去費用補償の対象拡充などが行われた．ただ農業者の負担も増加し，共済加入者の減少も懸念されることから，各々の制度の設計とともに，食料の生産と供給に関わる全体としての新たなリスク管理の確立が求められる．

4.5 食料の生産と供給のサステイナビリティ

1993 年の米の大凶作も 2014 年の園芸施設の雪害も，各地域で過去に経験したことのない気象の変化に伴う大きな被害となった．西川（2008）が指摘する「農・畜・水産業が営利性，効率性の下に持続可能性を失っているという問題」は，グローバルな市場競争や国内産地間・生産者間の競争の中で，食料の生産と供給における効率性を追求せざるを得ない結果として，気象の変化の影響をより強く受けている可能性を示唆している．食料の生産と供給において，土地利用型農業と施設型農業ではそれぞれ異なる状況も表れている．

水稲作・米への冷害の例では，耐冷性の低い品種が多くの被害を受けた．流通段階では食糧管理法の下で価格は調整されたが，供給量が絶対的に不足し，その影響は日本全体の消費の末端にまで及ぶことになった．その一方で，水稲作の回復は早く，被害の翌年には空前の豊作となり，米の生産過剰がもたらされた．

施設園芸・青果物への雪害の例では，耐雪性の低い園芸施設が多くの被害を受けた．被害を受けた産地の出荷先市場でその影響が表れ，青果物の供給量の減少に対し，価格が上昇する市場原理が働いたが，日本全体の消費にまで影響は及ばなかった．これには被害そのものの規模と，産地の分散的な立地，産地と市場との間の調整が影響し

たと考えられるが，園芸施設の再建と青果物の流通の回復には時間を要した．

青果物は主食用の穀物とは異なり，特定の品目の生産と供給が滞ったとしても，相対的に見ればほかの品目で代替できる可能性がある．特定の需要に対応した特殊な品目や品種ではない限り，産地間で供給量が調整されることもあり，青果物と主食用の穀物とでは生産の維持と安定的な供給の持つ意味が異なる．

また，気象の変化がほぼ同様であっても，近隣の市町村や近接した圃場で被害状況に地域差が表れることがある．これはより高いレベルでのリスク管理の余地が残されていることと，地域および主体ごとに適合する対応策が異なることも表している．食料の生産と供給のサステイナビリティを高めるために，リスクに対する事前対策，発生対処，事後対応の各段階における管理体制を確立していくことが必要になる．

政策的な支援として，災害補償制度の運用をはじめ，緊急支援策や所得補償政策などがある．2017 年 3 月現在，農業災害補償制度の見直しと収入保険制度の導入が検討されており，農業者の経営を支える仕組みが変わろうとしている．ただ，これらは主として事後に関わる対応であり，事前の対策が課題となる．災害補償は費用負担も莫大になるため，これらを低減することも求められる．政策支援に対しては，国民がどの段階でどのような負担を許容するのか，リスクの軽減や回避に向けてコンセンサスを形成していくことになる．

食料問題は，大凶作時における米の緊急輸入に象徴されるように，国民・消費者への直接的な影響にとどまらず，諸外国・国民にも波及する可能性がある．食料の生産維持と安定供給に関わる各段階におけるリスク管理によって，食料の確保に向けたサステイナビリティを高めるためには，グローバルな視点と国・地域の視点，自然地理と人文地理を統合した視点と分析方法（マシューズ・ハーバート，2015）を活かすことが鍵になる．

〔両角政彦〕

引 用 文 献

浅川芳裕（2010）：日本は世界 5 位の農業大国―大嘘だらけの食料自給率．講談社．

荒木一視（2014）：食料の安定供給と地理学―その海外依存の史学的検討．*E-journal GEO*，**9**（2），239-267．

飯國芳明（2011）：食料・農業・農村基本法の成立．小池恒男・新山陽子・秋津元輝編著：キーワードで読みとく現代農業と食料・環境．pp.86-87，昭和堂．

今村奈良臣（1993）：大凶作の原因は異常気象だけではない．エコノミスト，**71**（48），24-27．

菅野洋光（1994）：北日本（東北日本）の冷害．地理，**39**（6），45-50．

国際食糧農業協会編（2003）：FAO 世界農業予測：2015-2030 年　前編：世界の農業と食料確保．国際食糧農業協会．

埼玉県：平成 26 年度補正予算案の概要．

埼玉県農林部農業支援課（2014a）：大雪による農業被害の状況について．

埼玉県農林部農業支援課（2014b）：ハウス再建のポイント（大雪被害からの教訓）．

埼玉北部農業共済組合：園芸施設共済関係資料．

財務省：貿易統計．

佐野幸一・加藤清一・及川　勉・高橋浩明・田中　良（1994）：平成 5 年冷害における水稲品種「ひとめぼれ」の耐冷性．日本作物学会東北支部会報，**37**，109-110．

スーザン・ジョージ，小南祐一郎・谷口真里子訳（1984）：なぜ世界の半分が飢えるのか―食糧危機の構造．朝日新聞社．[George, S.（1977）：*How the other half dies : the real reasons for world hunger*. Penguin Books.]

鈴木宣弘・木下順丸（2011）：各国の食料安全保障と日本．小池恒男・新山陽子・秋津元輝編著：キーワードで読みとく現代農業と食料・環境．pp.8-9，昭和堂．

高柳長直（2006）：フードシステムの空間構造論―グローバル化の中の農産物産地振興．筑波書房．

田代洋一（2012）：農業・食料問題入門．大月書店．

中西憲雄（1994）：平成 5 年冷害の実態と政府の対応．農業土木学会誌，**62**（8），749-754．

西川　潤（2008）：データブック　食料．岩波書店．

農林水産省：果樹生産出荷統計．

農林水産省：作物統計調査．

農林水産省：食料需給表．

農林水産省：農業災害補償制度　園芸施設共済統計表．

農林水産省：野菜生産出荷統計．

農林水産省：穀物等の国際価格の動向．

農林水産省：平成 25 年 11 月からの大雪による被害状況等について．

農林水産省：2013 年 11 月〜2014 年 7 月被害調査結果．

米穀安定供給確保支援機構：平成 27 年産　水稲の品種別作付動向について．

深谷市：平成 26 年度深谷市歳入歳出決算書．

松本祥子（1996）：わが国の米の大凶作年（1993 年）における主婦の輸入米に対する反応―秋田県の場合．聖霊女

子短期大学紀要, **24**, 40-48.
T.R.マルサス, 斉藤悦則訳（2011）：人口論. 光文社. [Malthus, T.R. (1798): *An essay on the principle of population*.]
盛田清秀（2016）：世界の食料問題. 髙橋正郎監修・清水みゆき編著：食料経済（第5版）-フードシステムからみた食料問題, pp.158-179, オーム社.
両角政彦（2017）：2014年2月の降雪による関東甲信地方の園芸施設被害と発生原因. 地理学評論, **90**(4), 324-347.
山川修治（1994）：1993年異常気象の歴史的意味. 日本農業気象学会編（1994）：平成の大凶作. 農林統計協会, 30-52.
J.A.マシューズ・D.T.ハーバート, 森島 済・赤坂郁美・羽田麻美・両角政彦訳（2015）：マシューズ＆ハーバート 地理学のすすめ. 丸善出版. [Matthews, J.A. and Herbert, D.T. (2008): *Geography：A very short introduction*. Oxford University Press.]
Olson, K.D. (2010): *Economics of farm management in a global setting*. Wiley.
United Nations (2001): World population prospects.
United Nations (2015): World population prospects.

【食料生産の現場：群馬県板倉町M農家の経営（2016年）】

労働力：経営主（60代）, 配偶者（50代）, 後継者（30代）
作付面積：26 ha（米8 ha, 小麦8 ha, そば6 ha, 大豆4 ha）

　M農家は経営発展に向けて地域内では一般的ではない取り組みを果敢に試みている. 米の直播栽培, 小麦と大豆の二毛作, 新品目・新品種の導入, 畔の撤去による大圃場化, 大型の農業機械の利用, 農薬散布用のラジコンヘリコプターの導入, GPS機能付き自動運転収穫機の試行, 販売チャネルの多様化（市場出荷, 直売所運営, 小口販売対応）, 農産加工・商品化による六次産業化, 産業人との情報交換, 勉強会・研究会への参加などである. これらは土地, 資本, 労働力, 情報, 技術といった生産要素の各段階の革新に集約される.

　後継者は就農を目指し, 専門的な知識を身に付けるため, 大学, 大学院へと進学し, 他産業のノウハウを習得するため, IT企業に5年間就業して, その後に就農した計画性をもっている. 消費者・地域住民・母校などとの人的ネットワークやコミュニティを重視し, 日常業務の合間を見つけて社会活動を継続的に試みる確固たる方針がある. 企業や地元小中学校の農業体験を受け入れて食農教育と連携したり, 経営上有利とは言えない耕作放棄地をあえて受け入れたりして地域貢献も果たしている. 常識にとらわれず貪欲に学ぶ姿勢と高い経営意識を持ち, 農家経営体として厳しい市場環境の下でも目標を定めて活路を見出そうとしている. 近年, 耕作地の分散的な確保に伴い経営が非効率化してきたため, 新技術の導入による労力削減を模索している.

　食料の生産と供給におけるサステイナビリティは, こうした農業者の長期的な展望と不断の努力と積極果敢な活動によって高められていく.

写真4.2 米「あさひの夢」の直播栽培
労力を削減しつつも, 収量は540〜550 kg/10 aに達し, 慣行栽培と比べても遜色がない.
（2016年8月, 筆者撮影）

5
超高齢化社会の福祉・介護システム

　超高齢化するわが国において，今後のさらなる高齢化に備え，持続可能な福祉・介護システムの構築に必要な条件は何だろうか．日本では，介護保険制度という制度自体は国が設計・統括しているが，地方分権化の中で運用自体は都道府県や市区町村に委ねられている．特に，近年市区町村の役割が強化されており，介護サービス供給，および国が構築を推奨している地域包括ケアシステムの構築状況に地域差が生じている．これについては，各地域の特性が考慮された結果でもあり，地域独自の取り組みが効果をあげている事例も存在する．本章では，持続可能な福祉・介護システムについて，地域差，地域特性，地域ネットワークという視点から考えていきたい．

5.1 先進国における高齢化の状況と各国の社会保障システムの地域差

　わが国は，高度経済成長期以降に急速な高齢化を経験し，2015年現在，総人口における65歳以上の割合を示す高齢化率が26.6%（国勢調査）と世界有数の高齢化した国家である．図5.1から分かるように，1990年代までは欧米先進諸国より高齢化率が低かったものの，それ以降は日本が上回っている．この要因としては，第1にわが国の人口構造において団塊の世代の割合が高く，この世代が2012年以降に65歳を迎えた一方で，出生率の低下による少子化が生じていること，第2に欧米諸国においては移民による若年層の増加がみられることが考えられる．

　また，今後も，わが国は韓国などとともに世界でも有数の高齢化国家として，2040年以降は高齢化率が35%前後で推移することが予想される．

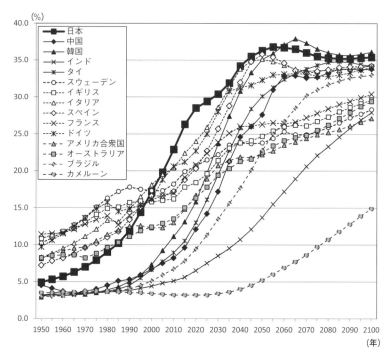

図 5.1　国別の高齢化率の推移
UN. World Population Prospects, the 2015 Revision より筆者作成.

このように，現在では国民の4分の1以上，今後は3分の1以上が高齢者となることが予想される中で，国民が安心して生活していくためには，どのようなシステムが必要であろうか．

わが国では，2000年に介護保険制度が導入されて以降，高齢者を対象とした福祉・介護に関するサービスの供給体制が大きく変化した．この制度は，介護サービスの供給に関する財源を，税金だけではなく，40歳以上の国民による社会保険方式とし，社会全体で高齢者を支えていくという趣旨である．また，サービス事業者に民間事業者の参入を促進した結果，営利法人やNPO法人など，多様な事業者によりサービスが供給されるようになった．その後，さらなる高齢化による保険給付の増加やそれに伴う財源の不足から，サービス利用料として事業者に支払われる介護報酬単価の変更や，高齢者が要介護となることを防ぐための介護予防給付の創設など，制度の改定がたびたび行われてきた．

以上のような，わが国の福祉・介護システムは他国と比較すると国際的にどのような位置付けにあるのか．福祉国家に関する体制（レジーム）について，各国の政治システム，政治文化，歴史などの分析から分類したG・エスピン・アンデルセンは，1990年に発行された著書『The three world of welfare capitalism』の中で，福祉サービスに関して公的指向が強い「社民主義レジーム」（北欧諸国など），公的サービスは最低限のものに限られ民間指向が強い「自由主義レジーム」（イギリスやアメリカ合衆国など），両者の中間として社会保険原理を基礎とした社会保障制度を持つ「保守主義レジーム」（ドイツやオランダなど）の3レジームに分類した（斉藤, 2005; 2006）．

日本がどのレジームに属するかについては議論が分かれている．①介護保険制度や医療保険制度，年金制度などにおいて社会保険方式を採用していることから「保守主義レジーム」に属するという見方，②介護保険制度において民間事業者の市場参入を促進したことから「自由主義レジーム」に属するという見方，③日本の福祉・介護については北欧の影響をこれまで受けており，介護にお

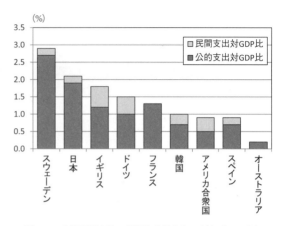

図5.2　介護費用支出の規模と公民支出の割合（2013年）
公的支出には，社会保険方式によるものも含まれている．
OECD Health Statistics より筆者作成．

いては社会保険方式を採用しているものの，公的役割が大きいことから「社民主義レジーム」に属するという見方，④福祉国家の後発国として各レジームの影響をそれぞれ受けている「東アジアレジーム」という別のレジームが存在するという見方，が指摘されている（斉藤, 2006）．

日本の介護保険制度については度重なる改正が行われ，前述の分析とは異なる状況となっていることも考えられる．そこで，介護支出の特徴を公的・民間の割合から明らかにするために，国際比較が可能なOECDの統計を用いて，介護費用支出の対GDP比の2013年のデータを図5.2で示した．これを見ると，日本はOECD加盟国の中でも介護費用支出が2.1％と比較的高い部類に入り，なおかつ公的支出の割合が1.9％と民間支出の0.2％に比べてかなり高いことが分かる．なお，2000年時には全体で0.83％であったことから10年あまりで約2.5倍に増加しており，公・民別にも公的支出が0.76％，民間支出が0.07％からそれぞれ，約2.5倍，約2.9倍となり，民間支出が増加したといえる．

エスピン・アンデルセンの福祉レジーム分類は，介護だけに限らない福祉全般に関する分類であるが，介護だけに限ると，日本では介護保険制度という社会保険方式を採用していることから，保守主義レジームに属しているとも言えるが，その割合は公的性格が強いため社民主義レジームとも言える．しかし，2000年当時に比べると民間支出

が増加してきていることから，自由主義レジームにも近付いているとも解釈できる．

また，地域福祉援助の総体として重要視されるソーシャルワークの特徴を明らかにした上野谷ほか（2015）は，地域差が見られることを指摘している．すなわち，ソーシャルワーカーが地域福祉を実践する上での価値観について，イギリスやノルウェーなどのヨーロッパ諸国では法律や行政に対する意識が強い一方で，日本や韓国などの東アジア諸国では地域や住民，社会福祉協議会に対する意識が強い．アメリカ合衆国ではそれとも異なる次元でのソーシャルワークが展開されている．

わが国の高齢化は世界でも有数の速度で進展しており，なおかつ今後のさらなる高齢化も確実であるため，国民が安心して生活することを可能とするための，上記のような日本の特性を考慮した持続的な制度設計が求められている．このため介護保険制度が導入された2000年以降でも，度重なる改定が行われてきた．

5.2 超高齢化社会における介護保険制度と地域包括ケアシステム

5.2.1 介護保険制度の開始と介護保険サービスの地域差

急速な高齢化を踏まえ，1980年代以降，急増する高齢者を社会全体で支える動きが展開される．1989年の「高齢者保健福祉推進十か年戦略（ゴールドプラン）」では，高齢社会に対応するための高齢者福祉の目標が示された（杉浦，2005）．また，1990年における老人福祉法等福祉関係八法の改正により，在宅福祉の拡充や市町村の役割重視と権限移譲，それに伴う都道府県，市区町村における老人保健福祉計画の策定義務付けが行われ，住民に一番身近な市町村を中心として高齢者福祉が展開されるようになった．さらに，1994年には「高齢者保健福祉推進十か年戦略の見直しについて（新ゴールドプラン）」が発表され，サービス整備目標の上方修正が行われた．

そして，さらなる高齢化を受け，税金による公費だけで高齢者福祉を持続的に支えていくことが困難となるという想定を踏まえ，社会全体で高齢者を支えるという理念の下，社会保険方式による介護保険制度が2000年に導入された．同制度の財源は，50%が税金（国，都道府県，市区町村），50%が40歳以上により支払われる介護保険料から構成される．また，サービス利用者は，サービス利用料の9割が介護保険から支払われ，残り1割（2015年8月から一定以上の所得者は2割負担）を自己負担することとなっている．

また，介護保険制度においては，サービス事業者への民間事業者の参入が促進された結果，営利法人やNPO法人を中心に多くの事業者が参入し，通所介護や訪問介護を中心とした在宅サービスにおいて，介護保険サービス事業所が急増した（図5.3）．それに伴い利用者数が増加した結果，介護保険給付費も急増し，40歳以上が納付する介護保険料が高騰している（図5.4）．

さらに，介護保険制度においては，介護保険料の設定，サービスの利用の可否を判断する要介護認定，サービス基盤整備目標を示す介護保険事業計画の策定などが介護保険者（市区町村もしくは広域連合など）に求められている．しかし，地域密着型サービス（認知症対応型共同生活介護，夜間訪問介護，小規模通所介護など）を除く多くの介護保険サービスでは，都道府県に事業者の指定権限があることから，市区町村の整備目標とは異

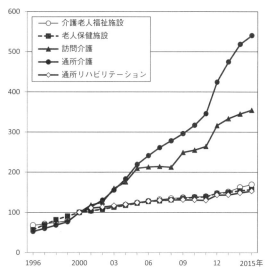

図5.3 主な介護保険サービス事業所の推移（2000年を100とした指数）
介護サービス施設・事業所統計より筆者作成．

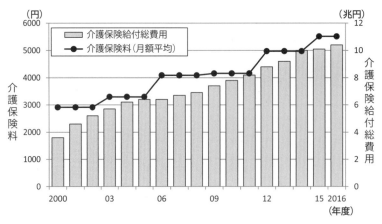

図 5.4 介護保険給付総費用と介護保険料の推移
介護保険給付費総費用について，2013年度までは実績であり，2014年度以降は当初予算（案）である．介護保険料は，各保険者の月額料金基本額の加重平均により算出されている．
厚生労働省「公的介護保険制度の現状と今後の役割」より筆者作成．

なり，事業者の参入行動が事業者数に大きく影響する（宮澤，2005，畠山，2009）．その結果，介護保険サービス事業所の増加に大きな地域差が生じている．図 5.5 は，主な介護保険サービスの事業所について，2000年を100とした2015年の指数を都道府県別に示している．これを見ると，サービスのタイプによって多少差はあるものの，全体的に 3 大都市圏に位置する都府県を中心に，顕著な増加傾向を見せていることが分かる．また，市区町村整備目標以上の事業所が立地し，想定以上のサービス利用が行われ介護保険給付費を増額した結果，介護保険料が高騰した地域が存在し，サービスの増加傾向と同様に地域差が生じている（図 5.6）．ただし，介護保険料については，必ずしも大都市圏に属する都府県において高いわけではなく，大阪府を除けば，過疎化が進む県において高いことが分かる．これは，少ない高齢者に対する必要以上の介護サービス（特に入所サービス）が整備された結果であると考えられる（杉浦，2007，山本・沼尾，2002）．

5.2.2 地域包括ケアシステムの構築と地域差

2000年に介護保険制度が導入され，社会全体で高齢者を支えていくシステムが構築された．前述したように，介護保険給付費の増額や，それに伴う介護保険料の高騰という国民負担が増加する中で，今後のさらなる高齢化や認知症高齢者の増加を踏まえ，持続的な制度となるよう度重なる制度改正が行われてきた．2006年度には，高齢者が要介護状態となることを防ぐための予防給付（要支援者が利用），さらに要支援者となることを防ぐための地域支援事業が創設された．これらは，介護予防体操や口腔ケア，栄養改善を目的とした配食など，高齢者の心身機能の向上や生きがい創出を目的としている．

このような中で，2003年の高齢者介護研究会による「2015年の高齢者介護」において，「介護サービスを中核に，医療サービスをはじめとする様々な支援が継続的かつ包括的に提供される仕組みが必要」との指摘を踏まえ（佐藤，2008），厚生労働省により「地域包括ケアシステム」の構築が重点化されるようになった．このシステムは同省によると，団塊の世代が 75 歳以上となる2025年を目途に，重度な要介護状態となっても住み慣れた地域で自分らしい暮らしを人生の最後まで続けることができるよう，住まい・医療・介護・予防・生活支援が一体的に提供されるものである．このため介護保険者である市区町村や，都道府県が地域の自主性や主体性に基づき，地域の特性に応じて作り上げていくことが必要とされている．その結果，地域包括ケアシステムを構築している市区町村は，2015 年 11 月に実施したアンケート調査から分析した畠山・宮澤（2016）によると，全国の 25.4% に限られており，72.4% と多くの市区町村はシステムの構築過程にある．また，小規模

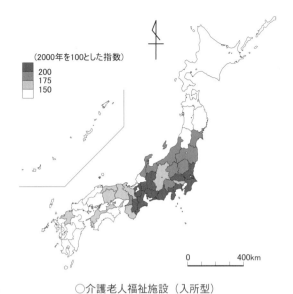
○介護老人福祉施設（入所型）

○通所介護（通所型）

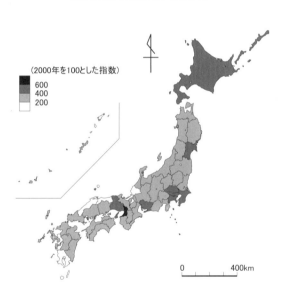
○訪問介護（訪問型）

図 5.5　主な介護保険サービスの増加の地域差（2015年）
介護サービス施設・事業所統計より筆者作成．

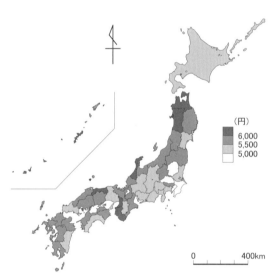
図 5.6　第 6 期（2015～2017 年度）における都道府県別介護保険料の平均（月額）
保険者別の介護保険料基準額の平均値である．
厚生労働省「第 6 期計画期間・平成 37 年度等における介護保険の第 1 号保険料及びサービス見込み量等について」より筆者作成．

な市区町村ほど構築している割合が低く，市区町村の規模によって，地域包括ケアシステムの構築状況に地域差が生じている．

　その背景としては，地域包括ケアシステムの中核機関として 2006 年に市区町村に設置が義務付けられた地域包括支援センターの設置状況に，地域差が見られることがあげられる．地域包括支援センターについては，厚生労働省が 65 歳以上人口 3,000～6,000 人に 1 施設と基準を設けており，その最低水準の 6,000 人あたりのセンター設置数については，大規模自治体ほど基準値以下の設置数が多いといった地域差が生じている（畠山・宮澤，2016）．

5.3 地域包括ケアシステムの構築と地域ネットワークの活用

5.3.1 地域包括ケアシステムにおける地域ネットワークの活用状況

地域包括ケアシステムの理念の背景には，自助・互助・共助・公助という4つの支援と役割分担，さらには協働・連携を重視する思想が存在している（田中，2012）．今後の高齢化に向けた持続的なシステムとしていくためには，行政が提供する公的サービスとしての公助だけでなく，介護保険制度などの共助，NPOや住民団体などが提供するインフォーマルサービス，また地縁・血縁関係も含めた互助による地域全体でのネットワーク化が重要とされている（白澤，2013）．地域包括ケアシステムにおける地域ネットワークにおいては，地域包括支援センターが中心となって，地域に居住する個人や地域全体の実態把握・課題解決などについて議論する地域ケア会議を中心に構築していくことが望ましい（畠山，2016）．また，地域包括ケアシステムの構築のためには，これらのネットワークを構成する諸団体間によるローカルガバナンス（協治）の構築が重要であり，地域包括ケアシステムにおける最もミクロな空間的単位である日常生活圏域内と，市区町村内という異なる空間的単位による重層的なローカルガバナンスを構築する必要性が指摘されている（畠山，2017）．

日常生活圏域は，地域包括ケアシステムを実施する最もミクロな空間スケールとして重視され，厚生労働省によると，30分以内に駆け付けられる地域として中学校区単位を基準としている．畠山・宮澤（2016）によると，市区町村内に複数圏域を設定している市区町村が55.1%存在するため，過半数の市区町村で重層的なローカルガバナンスの構築が必要である．日常生活圏域内でのネットワークの構築のためには，圏域の空間的枠組みと地域の諸団体との空間的枠組みが一致していない場合には，効果的なネットワークを構築することが難しい（畠山，2009）．このため，日常生活圏と圏域内の諸団体の空間的枠組みを一致させることが，地域ネットワーク構築のための大前提となる．しかし，日常生活圏域と圏域内の諸団体の空間的枠組みが一致している事例はそれほど多くない．畠山・宮澤（2016）によると，日常生活圏域と完全一致している区域割は，中学校や合併前の旧市町村で多くみられるが，いずれも30%前後である．部分一致している区域割は中学校区や小学校区，民生委員の区域割などがあるものの，いずれも過半数以下である．その一方で，5割近い市区町村において日常生活圏域と諸団体の空間的枠組みがまったく一致していない．これらの市区町村では，地域ネットワークの構築に課題が生じているものと考えられる．

また，地域ネットワークを構築するための核となる地域ケア会議については，設置している自治体が84.1%とほとんどの市区町村で設置されている．しかし，市区町村単位での設置（76.0%），日常生活圏域単位での設置（37.7%），日常生活圏域より小さい単位での設置（26.3%）と，空間スケールは様々である（畠山・宮澤，2016）．地域ケア会議の構成員については，地域包括支援センター職員や民生委員・児童委員，ケアマネジャー，介護サービス事業者，市区町村職員（介護関連），社会福祉協議会職員など多くの自治体（市区町村単位，日常生活圏域単位とも）で参加している一方，自治会・町内会関係者，市区町村職員（障害者福祉関連，保健関連），医療機関の医師・看護師など，警察署職員など30〜60%程度の参加率に留まるものある．このように，地域ケア会議による地域ネットワークの構築・活用状況には地域差が生じている．

5.3.2 地域包括ケアシステムにおける地域ネットワーク活用の地域差

前述したように，地域包括ケアシステムにおける地域ネットワークの構築・活用状況にも地域差が生じている．例えば，大阪府豊中市では，38の小学校区単位で36ヵ所設置された「福祉なんでも相談窓口」において，民生委員と校区福祉委員が相談を受け，地域包括支援センターや社会福祉協議会のコミュニティーソーシャルワーカーにつなぎながら，それらを行政がバックアップする

方式を取っている（田中，2014）．また，インフラ業者や新聞配達，生協，宅配業者などの企業23業種553店舗の協力による地域での見守り体制が整っている．さらに，日常生活圏域7圏域別に「地域福祉ネットワーク会議」が存在し，高齢者だけではなく子どもや障害者部門も含めた情報共有や，課題解決に向けた検討が行われている．これらの情報を全市的に実施する「ライフセーフティネット総合調整会議」で集約・検討をするという重層的な構造となっている．

兵庫県朝来市では，行政が中心となって民生委員や近隣住民，郵便局，配達業者，金融機関などをネットワーク化しながら高齢者の見守り事業を実施し，異変があった場合に地域包括支援センターに連絡をして地域ケア会議において対応策を議論している（足立，2016；2017）．この地域ケア会議には，地域住民や関係機関が中心となり高齢者の個別課題解決をする「向こう三軒両隣会議」，主任ケアマネジャーによるケアマネジメント支援を通じた高齢者の個別課題解決をする「ケアマネジメント支援会議」，関係機関の代表者により認知症支援策の検討を行う「脳耕会」，医療・介護専門職により介護・医療の連携に関する仕組みづくりをする「在宅医療連携会議」がある．それぞれの会議の検討内容を「地域包括ケアシステム推進会議」で取りまとめ，介護保険事業計画策定委員会に上げて次期事業計画に反映させていくこととなっている．

徳島県鳴門市では，日常生活圏域ごとに配置した地域包括支援センターが中心となって自治会や婦人会などの地域の特性に応じたネットワークを構築している（畠山，2017）．地域ケア会議については，日常生活圏域別に地域包括支援センターが中心となって実施していた．しかし，センター間の意識差による地域ケア会議の実施状況の差や行政における人材不足により，地域課題の政策反映が困難となったため，従来の地域包括支援センターを統括する基幹型地域包括支援センターを設置し，社会福祉協議会に委託した．これにより，基幹型地域包括支援センターが中心となり，要支援者の自立支援を目指したケアマネジメントの多

職種連携によるレベルアップを目的とした「自立支援会議」や，各地域包括支援センターからあげられた課題を政策化する目的の「地域ネットワーク会議」を実施することとなった．

以上，一部ではあるが，大都市圏・非大都市圏に関わらず，地域の特性に合わせる形で，様々な種類やスケールによる地域ネットワークが構築されていることが分かる．

以下では，日常生活圏域と地域包括支援センターの担当圏域が一致していなかったことから地域ネットワークが機能していなかったものの，その後，地域包括支援センターを増設し，担当圏域を日常生活圏域に合わせて地域ネットワークによる高齢者の見守り事業を実践した神奈川県藤沢市を事例に，地域包括ケアシステムにおける地域ネットワークの構築・活用状況を考察する．

5.3.3 藤沢市における地域包括ケアシステムにおける地域ネットワークの活用

a. 藤沢市の概要と地域包括ケアシステム

藤沢市は，神奈川県南部に位置する 423,894 人（2015 年国勢調査）の首都圏郊外の都市である．高齢化率は 23.4％（同上）と全国平均よりは低いものの，団塊の世代が多く居住していることから，今後のさらなる高齢化が予想される．

藤沢市では 1980 年代以降，市内の地区を基盤とした地域内分権を行うとともに，まちづくりを進めてきている（大水，2005）．1981 年に始まった「地区市民会議」では，14 地区別にまちづくりを行ったが，1997 年に始まった「くらしまちづくり会議」からは 13 地区別に市民参加型のまちづくりが行われ，それ以降，公民館を中心とした 13 地区によるまちづくりが定着した．2016 年現在では「郷土づくり推進会議」という名称により，市民参加型のまちづくりが行われ，地域組織の代表者や公募住民などによる定例の会議のほか，各地区の課題や特性に合わせた取り組みが行われている．

藤沢市の地域包括ケアシステムにおいても，日常生活圏域が前述の 13 地区に設定され，圏域ごとのネットワークの構築を目指した．この日常生活圏域については，地域包括ケアシステムにおけ

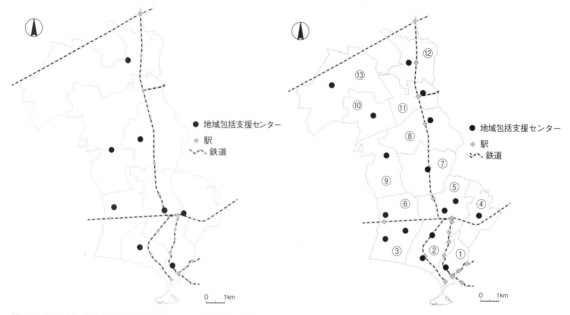

図5.7 藤沢市における地域包括支援センターと担当圏域（2008年）
藤沢市介護保険課資料より筆者作成．

図5.8 藤沢市における地域包括支援センター（2016年）と日常生活圏域
藤沢市介護保険課資料より筆者作成．

る地域ネットワークの主要アクターとなる民生委員や社会福祉協議会，町内会，老人クラブ連合会などの地区割りも概ね一致しており，効率的な地域ネットワークの構築および活用が可能になると思われた．しかし，同システムの中核となる地域包括支援センターが設置された2006年当時には，介護保険特別会計上の理由によりセンターを8施設しか設置できず，センターの担当圏域（図5.7）と日常生活圏域（図5.8）にズレが生じた（畠山，2009）．その結果，地域の高齢者の情報を収集する役割の民生委員が複数のセンターに報告することによる混乱などが生じ，効率的なネットワークの構築・活用が困難な状況となった．

そこで，2011年に6施設，2016年に2施設の地域包括支援センターを増設し，センターの担当圏域を日常生活圏域に近付けた（図5.8）．実際には，センターの担当圏域は民生委員の担当圏域に合わせたため，日常生活圏域とはわずかにズレがあるが，概ね一致している．また，人口の多い⑤圏域，②圏域，③圏域については，圏域内に2ヵ所の地域包括支援センターを設置し，圏域内を分担している．

b. 地域包括支援センター増設後の地域ネットワークの形成と活用

2011年度以降，地域包括支援センターが増設され，日常生活圏域と地域包括支援センターの担当圏域が概ね一致したことにより，地域包括支援センターにおける地域ネットワークの構築や活用がされやすくなった．具体的には，民生委員の担当区域とセンターの担当圏域が一致したことにより，民生委員による地域の課題の集約が一元化され，効率化された．

また，藤沢市の地域包括支援センターは，地域の社会福祉法人や医療法人などに委託されており，センターの場所は公共施設とその他とで半数ずつであった．特に公共施設以外では法人が運営する介護施設に併設しているケースが多く，施設の利用者以外は立ち寄らない認知度の低い施設であった（畠山，2009）．しかし，その後センターの新設や移動により，2016年度においては地区センターなどの公共施設への併設が増えたほか，それ以外のセンターでも駅近くのアクセスの良い場所への立地が増えた（図5.8）．これにより，高齢者以外からの認知度も上昇した．このような地域住民からの認知度上昇は，地域包括ケアにお

ける情報の収集や提供の効率性を高めることに寄与する．

さらに，地域ネットワーク構築の核となり，地域の高齢者に関する課題集約や解決に向けた議論を行う地域ケア会議については，2015年度から行政内に設置された基幹型地域包括支援センター（それ以前は行政）が中心となり，藤沢市を東西南北に分けた4地区で実施するブロック会議と，各地域包括支援センターが中心となり日常生活圏域単位で実施する小地域ケア会議が存在する．2016年度からは，ブロック会議を市全体におけるテーマ別地域ケア会議（認知症関連，介護・医療連携，生活支援，個別ケース）に再編して実施し，各圏域からあげられた課題を専門的に検討し，圏域にフィードバックするような形式とした（図5.9）．日常生活圏域単位の小地域ケア会議については，市の意向により圏域内の高齢者の見守りを中心に議論をしているが，センターが増設され担当圏域と日常生活圏域が概ね一致したことにより，圏域内の各アクターが連携しながら議論できる会議となった．

表5.1において小地域ケア会議の構成員を見る

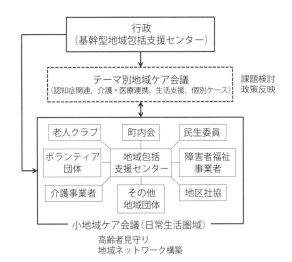

図5.9 藤沢市の地域ケア会議を中心とした地域包括ケアの概念図
藤沢市高齢者支援課，各地域包括支援センターへの聞き取り調査より筆者作成．

と，町内会連合会や民生委員・児童委員協議会，老人クラブ連合会，介護事業者，地域包括支援センター，地区社協はほとんどの圏域で構成員となっている．これらの機関は，日常生活圏域がベースとなって地区割りがされているため，圏域ごとに開催される小地域ケア会議での連携が図りやすい．しかし，③圏域では町内会連合会や老人クラ

表5.1 藤沢市の主な小地域ケア会議の構成員

圏域名	小地域ケア会議構成員
①	**町内会連合会，民生委員・児童委員協議会**，市社協，**地区社協，老人クラブ連合会**，福祉ボランティア，介護事業者，行政（市民センター，高齢者支援課），地域包括支援センター
②	**町内会連合会，民生委員・児童委員協議会**，市社協，**地区社協，老人クラブ連合会**，介護事業者，行政（市民センター，高齢者支援課），地域包括支援センター
③	民生委員・児童委員協議会，市社協，行政（市民センター，高齢者支援課），地域包括支援センター
④	**町内会連合会，民生委員・児童委員協議会**，市社協，**地区社協，老人クラブ連合会**，福祉ボランティア，介護事業者，行政（市民センター，高齢者支援課），地域包括支援センター
⑥	**町内会連合会，民生委員・児童委員協議会**，市社協，行政（市民センター，高齢者支援課），地域包括支援センター
⑦	**町内会連合会，民生委員・児童委員協議会**，市社協，**地区社協，老人クラブ連合会**，福祉ボランティア，**介護事業者**，地域交流サロン，行政（市民センター，高齢者支援課，老人福祉センター），地域包括支援センター
⑧	**町内会連合会，民生委員・児童委員協議会**，市社協，**地区社協，老人クラブ連合会**，福祉ボランティア，介護事業者，障害者福祉事業者，商業者，行政（市民センター，高齢者支援課），地域包括支援センター
⑨	町内会連合会，民生委員・児童委員協議会，地区社協，老人クラブ連合会，介護事業者，郷土づくり推進会議福祉部会，行政（市民センター，高齢者支援課），地域包括支援センター
⑬	**町内会連合会，民生委員・児童委員協議会**，市社協，**地区社協，老人クラブ連合会，介護事業者**，地域交流サロン，行政（市民センター，高齢者支援課），地域包括支援センター

太字：郷土づくり推進会議との重複
⑨圏域については，郷土づくり推進会議の構成員が不明のため，重複を示していない．
小地域ケア会議資料，地域包括支援センターへの聞き取り調査より筆者作成．

ブ連合会は構成員となっていないなど例外も見られる．また，⑦圏域では福祉ボランティアや地域交流サロンが，⑧圏域では福祉ボランティア，障害者福祉事業者，商業者が，⑨圏域では郷土づくり推進会議福祉部会が構成員となっており，圏域によって独自性が見られる．これは，小地域ケア会議の事務局となっている地域包括支援センターが中心となって選定を行っており，各圏域の地域性を考慮した結果であると言える．

また，①圏域を事例に，圏域内のネットワークの構築状況を考察すると，住民（市民）および家族を中心に，地域包括支援センターがコーディネーターおよびつなぎ役となりつつ，公助としてサポートを期待できる藤沢市（行政）や基幹型地域包括支援センター，市民センター，共助としてサービスや相談を受けることができる介護事業者や医療機関，互助として相談や見守りを期待できる藤沢市社会福祉協議会（市社協）や地区住民，地域団体等がネットワークを構築していることが分かる（図5.9，5.10）．ネットワークの核となるのは前述した小地域ケア会議であり，各団体の情報交換を行っている．また，会議に至らない日常的な生活の中でも，ネットワークの中で相談や紹介を行いつつ，緊急時の発見・応対，恒常的な生活支援を行うことが可能となっている．例えば，

①圏域では町内会加入率が約90％と市内最高であり，町内会における声かけ・見守りが機能している．このため，民生委員や町内会班長により，定期的に介護予防の啓発チラシなどを配布しつつ，窓が閉まりっぱなしなど不審な点があった際に地域包括支援センターへ連絡をすることとなっている．

そして①圏域は，相模湾に面していることから町内会を中心に津波に対する防災対策に力を入れており，有事の際の避難経路の確保や自ら避難できないよう援助者の名簿を作成し，援助する方法や担当を取り決めるなどの取り組みを実践している．このように防災のネットワークを平常時のネットワークとして活用できるよう，地域包括支援センターを中心としながら連携強化を図っている．

これらは，日常生活圏域内で完結する互助や公助（地域団体や市民センターなど）をベースとしつつ，市全域をフォローできる行政や基幹型地域包括支援センター，市社協のバックアップがある結果であり，それらをコーディネートする地域包括支援センターの担当圏域と日常生活圏域の枠組みの整合性を図った効果と言える．

その一方で，課題も生じている．各地区において実施されている小地域ケア会議と郷土づくり推

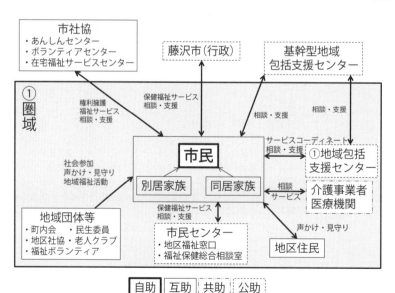

図5.10 藤沢市①圏域における地域ネットワークの構築状況
地域包括支援センターへの聞き取り調査より筆者作成．

進会議の構成員が重複していることである．小地域ケア会議は福祉関連の部署，郷土づくり推進会議は市民自治関連の部署が担当しており，そこの連携ができていない．郷土づくり推進会議では，地区によって差はあるものの，概ね福祉部会が存在しており，その福祉部会の構成員と小地域ケア会議の構成員が重複している．表5-1における太字・下線部分が重複を示しており，多くの圏域で町内会連合会，民生委員・児童委員，地区社協，老人クラブ連合会などが重複している．聞き取り調査によると，会議の内容も高齢者の見守りなどが中心で重複があり，委員から統合すべきとの声も上がっている．⑨圏域で小地域ケア会議に郷土づくり推進会議の福祉部会が参加しており，⑥圏域では郷土づくり推進会議に地域包括支援センターが参加しているように，連携を考慮している圏域もあるが，担当部署が中心となってさらに連携を図る必要があろう．

c. 藤沢型地域包括ケアシステムの構築に向けて

藤沢市では，団塊の世代が多く居住していることから，それらの世代が後期高齢者となる2025年を中期的な目標として，「誰もが住み慣れた地域でその人らしく安心して暮らし続けることができるまち」を目指す「藤沢型地域包括ケアシステム」の構築を進めている．基本理念としては，(1)全世代・全対象型地域包括ケア，(2)地域の特性や課題・ニーズに応じたまちづくり，(3)地域を拠点とした相談支援体制の3つをあげ，特に(1)の高齢者だけに限らない全世代・全対象型の地域包括ケアということが，「藤沢型」の核となっている．5.3.1で述べたように，地域ケア会議の構成員は高齢者福祉分野に偏っており，藤沢型の地域包括ケアが達成されることは望ましい．2015年8月から「藤沢型地域包括ケアシステム推進会議」を実施し，高齢者福祉分野だけに限らず，医療，子育て，障害者福祉，学校，住民団体など様々な分野の連携を図っており，今後の展開が注目される．

また，(2)，(3)についても，前述したように日常生活圏域をベースにしたネットワークの構築が図られており，郷土づくり推進会議との連携がな

されれば，さらに目標達成に近付くものと考えられる．

5.4 持続可能な地域社会を構築するための地域包括ケアシステムのあり方

わが国では，今後のさらなる高齢化を控え，持続可能な福祉・介護システムの構築が急がれている．現在の介護システムの核となっている介護保険制度についても，40歳以上が納める介護保険料も度重なる増額をしており，また，介護保険サービスの利用者負担も高所得者を中心に増額の動きとなっている．このように，国民の負担が増加している制度は果たして持続的なのであろうか．

このような中で注目されているのが，地域包括ケアシステムである．国や地方自治体によるサービス・支援（公助），介護保険制度や医療制度，年金制度などの社会保険方式によるサービス・支援（共助），地域団体やNPOなどによるインフォーマルサービス・支援（互助）をネットワーク化させながら住民が主体的に生活していける（自助）ように，地域全体で包括的にケアをしていくことが求められている．これにより，必要以上の公的支出を抑えることで，国民の最低限度の生活（ナショナルミニマム）は必ず保障できるように財源を確保する動きである．

藤沢市においては，地域包括支援センターの担当圏域と日常生活圏域の整合性を図ることで，日常生活圏域ごとにネットワーク化を図り，各圏域の地域特性に応じた自助・公助・共助・互助を必要に応じて活用できるように連携化し，高齢者の見守りや地域課題の解決を図っていた．小地域ケア会議と郷土づくり推進会議の構成員や会議内容の重複という行政の縦割りによる弊害は見られたものの，藤沢型地域包括ケアシステムの構築においてさらなる連携化を図り，課題を解決することで，より良い地域づくりができるものと考えられる．また紙幅の都合上，詳細な説明をすることはできなかったが，豊中市や朝来市，鳴門市においても，地域の特性に応じた地域ネットワークの形成とそれを活用するための地域包括ケアシステムを構築している．

このように，持続可能な地域社会を構築するための地域包括ケアシステムを考える上で，地域ネットワークの構築・活用は重要な要素である．第1に，日常生活圏域を地域包括支援センターの担当圏域や各種地域団体の枠組みと合致させることは大前提であり，それらの核となるべき地域包括支援センターの強化（人員，専門性など）を図る必要がある．第2に，その上で各地域の特性に合わせた諸アクターの連携を図る必要がある．第3に，その一方で全国的に町内会や老人クラブなどの地域団体が弱体化してきており，ネットワークの中で機能しないケースも散見される（畠山，2016）．このため，地域包括ケアシステムにおいては，介護や高齢者福祉部門中心ではなく，医療や障害者福祉部門も含め住民自治部門の強化も図りつつ，相互の連携をしながら地域全体の持続的なまちづくりにつなげていくことが必要である．その意味では，藤沢型地域包括ケアシステムの理念は理想的であり，実践が待たれるところである．

以上のように，持続可能な福祉・介護システムを考える際には，グローバル，国家（ナショナル），都道府県，市区町村，コミュニティなどの様々なスケールで現状や課題を把握し，それぞれのスケール間の関係を踏まえながら対策を検討していくことが重要である．　　　　〔畠山輝雄〕

引 用 文 献

足立里江（2016）：兵庫・朝来市発地域ケア会議サクセスガイド．メディカ出版．

足立里江（2017）：朝来式ケアマネジメント支援サクセスガイド．メディカ出版．

上野谷加代子・斉藤弥生・所めぐみ（2015）：日本型福祉ガバナンス形成とその研究における課題と展望．上野谷加代子・斉藤弥生編著：福祉ガバナンスとソーシャルワークビネット調査による国際比較，pp.227-249，ミネルヴァ書房．

大水康秀（2005）：くらし・まちづくり会議ー市民参加から市民自治へ．青木宗明監修・藤沢市市政調査担当編集：藤沢市の市民参画・協働，pp.19-51，ぎょうせい．

斉藤弥生（2005）：介護システムの国際比較研究ーサービスの質の管理を中心に．都市問題研究，57(10)，54-70．

斉藤弥生（2006）：改正介護保険法と日本の介護保障ー国際比較の視点で考える．自治総研，32(11)，30-54．

佐藤卓利（2008）：介護サービス市場の管理と調整．ミネルヴァ書房．

白澤政和（2013）：地域のネットワークづくりの方法　地域包括ケアの具体的な展開．中央法規．

杉浦真一郎（2005）：地域と高齢者福祉ー介護サービスの需給空間．古今書院．

杉浦真一郎（2007）：介護保険の広域的運営による給付と負担に関する構成市町村間の不均衡．経済地理学年報，53(3)，237-264．

田中　滋（2012）：2025年に備える地域包括ケアシステムの構築．都市問題，103(6)，50-58．

田中　滋監修（2014）：地域包括ケアサクセスガイド．メディカ出版．

畠山輝雄（2009）：介護保険制度改正に伴う市町村の権限拡大と地域への影響ー神奈川県藤沢市の事例．人文地理，61(5)，409-426．

畠山輝雄（2016）：地方都市における地域特性を考慮した地域包括ケアシステムの構築へ向けた取組み．地学雑誌，125(4)，567-581．

畠山輝雄（2017）：地方都市における地域特性を考慮した地域包括ケアシステムの構築と行政の役割．佐藤正志・前田洋介編著：ローカルガバナンスと地域，pp.153-174，ナカニシヤ書店．

畠山輝雄・宮澤　仁（2016）：地域包括ケアシステムの構築の現状ー地理学における自治体アンケート調査の結果から．地域ケアリング，18(14)，65-68．

宮澤　仁（2005）：地域と福祉の分析法ー地図・GISの応用と実例．古今書院．

山本健兒・沼尾波子（2002）：介護保険制度をめぐる地域格差．神野直彦・金子勝編著：住民による介護・医療のセーフティネット，pp.203-246，東洋経済新報社．

【持続可能な介護・医療のための高齢者移住は可能なのか】

2015年6月に，日本創生会議・首都圏問題検討分科会「東京圏高齢化危機回避戦略」において，人口の一極集中が生じている首都圏における今後のさらなる高齢化を踏まえた介護や医療施設の受け皿不足が指摘された．同戦略では，その一方で地方においては今後人口減少がさらに進むことで介護・医療施設に空きが生じることを指摘し，首都圏から地方への高齢者の移住の促進を提言した．

また，まち・ひと・しごと創生本部の日本版CCRC構想有識者会議においても，アクティブなシニア層が地方へ移住し，移住先において医療や介護予防・介護サービスの提供が確保されることにより，地域コミュニティと関わりながら生きがいを持って安心して暮らせることを目標とした「生涯活躍のまち（日本版CCRC）構想」を2015年12月に発表した．

これを受けて，全国の自治体では高齢者の移住受け入れをすべく，「生涯活躍のまち構想・基本計画」を策定しており，2017年3月現在で13自治体が内閣府の地域再生計画として認定されている．以下では，過疎化・高齢化の進展が顕著な徳島県三好市の計画を紹介する．

三好市の計画では，市の中心部の池田地域と市東部の山間斜面地に位置する箸蔵地域の2ヵ所を対象地域としており，特に箸蔵地域において地元の社会福祉法人が核となった福祉タウン構想を進めている．移住対象は高齢者に限らず就労意欲のある40～50代もターゲットとしており，2020年末までに100人の受け入れを目指している．また三好市は，徳島県西部の中心として県立病院が立地しており，また介護施設の整備状況も県内トップクラスであることなども踏まえ，地域包括ケアとの連携をアピールしつつ移住促進を図っている．

その一方で，地域包括ケアシステムにおいて，域外からの移住者が地域ネットワークにおける各種地域団体との交流が図れるかなど課題はあり，行政主導ではなく地域全体での取り組みが必要である．

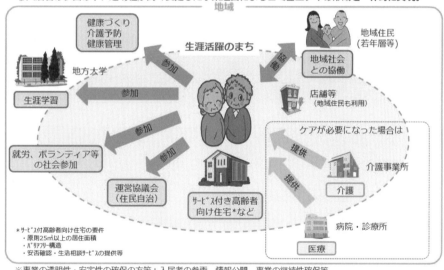

図5.10 「生涯活躍のまち」における高齢者の生活（イメージ）
まち・ひと・しごと創生本部（2015）『「生涯活躍のまち」構想に関する手引き（第2版）』より．
http://www.kantei.go.jp/jp/singi/sousei/meeting/ccrc/h27-12-11-ccrc-tebiki-2.pdf

6

多民族・多文化共生の困難に向き合う

　地理学は，世界の多様性と，地域ごとのその多層的な表れについて研究してきた．地誌学が追究してきたのも，世界が気候や地形，文化によって異なるからこそ得られる知の豊かさであると言ってよい．しかし，多様であるということは，いつも人々に喜びをもって迎えられるわけではない．対立や衝突，ときには違いを強調した末に，ある集団が他の集団を殲滅しようとする動きにまでつながることもある．それでも，現代社会の構造においては，多様な属性を持つ人々と1つの社会の中で共に生きることは必然でもある．近代以降，人々は衝突を回避し，違いを乗り越える方策を模索しながら，他方でまた対立を極限まで推し進めても来た．この章では，多民族・多文化共生とまとめられる動きについて，今，何を考えるべきであるのかを示していきたい．

6.1 多民族が共に生きるということ

6.1.1 多民族国家とは何か

　多民族国家という表現から想像するのはどのような国だろうか．アメリカ合衆国やインドなどがすぐにあがるかもしれない．しかし，多民族が1つの国家で生活している状況というのは，それほど珍しいものではない．まずはそこを押さえておきたい．

　現代世界は，国境で囲まれた国家を単位に相互関係が構築されており，国際連合をはじめとする国際機関によって管理・調整がなされている．それは近代になってつくられたものであり，自然にあったものではない．前近代においては，国家と国家とを分ける国境線は，現在想像するほどはっきりしたものではなかった（江戸時代の北海道などを想像するとわかりやすいかもしれない）．その状態の国境をフロンティア（それぞれの集団の

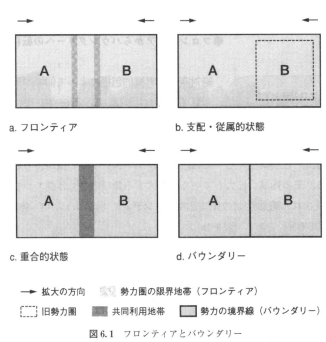

図6.1　フロンティアとバウンダリー
水岡編（2002）より引用．

権益が交わるところ）と見るなら，現在の国境は相互に排他的な空間に分ける「バウンダリー」として機能している（水岡，2002）．（図6.1）

バウンダリーとしての国境をつくり出した起源として，一般にはウェストファリア条約（1648年）があげられる．ヨーロッパにおいて，宗教戦争として起こりながら，各国の利害が衝突した三十年戦争を終結させる際に，それぞれの国家の排他的な統治権を認めることにしたのである．以降，西ヨーロッパでは次第に現代的な意味での国境線が確定し始める．

とはいえ，個々の人々の生活に国境が関わりを持ち始めるのは19世紀のことである．パスポートの研究を行ったトーピーを引けば，以前には「年季奉公人が移動する権利はその主人の支配下にあった．農奴制のもとでは，農奴が移動する法律上の権利は，農奴に対して支配権を持つ領主の手に握られていた．奴隷制では，たとえ実際の手かせ・足かせがなくても，奴隷所有者がその奴隷に移動する権利を認める権力を握っていた」（トーピー，2008）．つまり，国の外に出る出ない以前に，支配関係によって人々の自由な移動は制限されていたのである．都市の周囲に設けられていた市壁も，都市の防御という軍事的な意味とともに，人や物の行き来を管理する役割を持っていた．それが，産業革命によって工業化が進み，前近代的な制度が崩壊していく中で，国内における移動が自由になる一方，国境は自由な行き来を許さない唯一の障壁となった．国境を越えるためのパスポートは，次第に国家が一元管理するものとなる（トーピー，2008）．

19世紀には，西ヨーロッパの外においても，多くの国が近代化を進める中で同様の排他的な国境線を引き始めた．しかし，そのように引かれた国境の向こうとこちらの人々の生活は，それまでは必ずしも断絶していたわけではなかった．国境によってひとつの民族が分断された事例は少なくない．トルコ・イラク・シリア国境地域で生活するクルドは，国境線によって分断され，現在もトルコにおいて民族的な権利が認められていない．広範囲に居住していたロマは，総数の多さにも関わらず，ヨーロッパ各国で少数民族となった（加賀美，2005）．排他的な国境を持った国家体制が整備されていく中で，多くの民族が支配的な民族への同化を求められたのである．

アフリカ諸国で顕著なように，植民地支配の中で現地の事情を考慮せずに決められた国境もある．それらは独立後，民族を分断したり，複数の民族の権益争いのもとになったりしている．（ルワンダにおけるフツとツチの争いなど，アフリカ諸国における分断と内戦についてはカプシチンスキのルポルタージュ『黒檀』などを参照（カプシチンスキ，2010））現在の国際社会を構成している国家群は，多かれ少なかれ複数の民族の争いや，少数民族の抑圧によって建設されたのである．日本も多民族国家であることにおいて例外ではない．代表的な例として，明治以降，アイヌや琉球の人々の民族的な権利が阻害されてきたことをあげておく．

6.1.2　マイノリティの権利保護

19世紀から20世紀はじめには，民族間の争いを避けるためには，1つの民族が1つの国家を持つことが必要だと考えられた．しかし，どのように線を引こうとも民族の分断や抑圧は生まれてくる．東西ドイツの統一，チェコとスロヴァキアの分離など，民族国家の建設を企図しながら武力衝突なしに新しい国家が生まれた例もあるが，第二次世界大戦後から現在まで続くイスラエルとパレスティナの争いや，ユーゴスラヴィアの崩壊後に起こった「民族浄化」（他民族を追放・弾圧・虐殺した行為）を想起すれば，民族性の強調は対立の基となると言える．自国に多様な民族が住んでいることを積極的に認め，一方の制度を押し付けるのではなく，それぞれの権利を保護するように努めることが求められている．

他民族に対する抑圧や対立を回避するために，国家の中に複数の民族が共存していることを前提とした方針を取った国もある．複数の公用語を採用するなどは，その例の1つと言えよう．インドの公用語はヒンディーだが，憲法で認められている言語は21ある（外務省ウェブページ，インド一般事情参照）．カナダでは，フランス系住民の

6.1　多民族が共に生きるということ　　63

多いケベック州でフランス語が公用語になっているほか，連邦レベルのサーヴィスは英語かフランス語のどちらかを選べるようになっている（大石，2017）.

　民族ではなく，宗教や思想をベースにした集団の共生を考えた国もある．オランダは，「柱状化」と呼ばれる制度の中で，1960年代半ばまではカトリック，カルヴィニスト，社会主義者，リベラル主義者の4つの柱で国が構成されるという考えのもとに，政治から日常生活まで住み分けを行い，問題があればそれぞれの代表者の協議で解決されていた．現在も，小中学校や放送局などにおいて宗教・文化的な差異を保護する政策が残っている（久保（川上），1998；久保，2016）.

　他方，そのように国の中が集団に分かれていると考えることは分断を生み出すとする立場もある．フランスは，国を複数の集団の集合としてではなく，そのような背景を取り去った個人の集合であるという考え（共和国モデル）を取っている．特権階級を否定した革命の精神から，教会や職能団体，民族集団などの何らかの中間団体が国家と個人の間にあるという考えを排したのである（中野，2009）．その考えは，抑圧されてきたユダヤ教徒に自由を認め，また奴隷制度を廃止することにもつながった．現在の憲法においても，第1条で「フランスは一にして不可分の共和国」と表現されている．他方，同じ考え方によって，フランスは長い間，ブルトン語やオック語などの地域固有の言語を認めてこなかった歴史もあり，地域語をフランスの遺産とした現在でも保護の制度については議論が残っている（佐野，2010）.

　日本には少数民族を支配的な民族と切り離して考え，権利を保護するための制度が整っていない（アイヌの問題の例については小野（2013）を参照）．しかし，日本の政治史において，多様な民族が共生する国家という発想が過去にまったくなかったわけでもない．1932年，満州国を建設した関東軍は，その建国理念の1つとして，日・朝・漢・満・蒙の5つの民族が一体となって国をつくっていくという「五族協和」を掲げた．とはいえ，それは統治の都合によってつくられた場当たり的

な発想にすぎず，民族間の平等を意味したわけでもなければ，日本国内における少数民族の権利保護について考慮することにつながることもなかった（山田，2011）.

6.2　国民・外国人・移民

6.2.1　多文化共生とは何か

　「多文化共生」という表現は，比較的新しく，日本では1990年代から一般に用いられるようになった．2005年に設置された総務省の「多文化共生の推進に関する研究会」の2006年3月報告書は，次の文章から始まる.

　「近年，日本の外国人住民の数は急増し，およそ200万人に達している．（中略）今後，日本は人口減少時代を迎え，また，経済のグローバル化によって人の国際移動がさらに活発化すること等を勘案すると，外国人住民にかかわる課題は，近い将来において全国の地方自治体に共通のものとなることが予想される.」

　ここから読み取れるのは，この「多文化共生」という表現では，国家の形成過程で不利益な状況に置かれたマイノリティではなく，外国人が主な対象になっていることである．後者との共生を考える中で，先住民の権利保護をも検討するようになった国もあるが，日本ではそのような方向性を持たず，新しい状況への対処という形で捉えられてきた．まずは外国人とは何かというところから整理していきたい.

　それぞれの国家において，誰が国籍を持つかは法律で決められている．国民（ネイション）という言葉には，「生まれ」という意味が含まれており，血統主義と出生地主義という2つの考え方が主になっている（鵜飼，2008）．簡単に言えば，血統主義は日本人の子どもは日本人という考え方であり，出生地主義は日本で生まれた子どもは日本人という考え方である．どの国も血統主義と出生地主義の両方の考え方を国籍法に取り入れているが，前者が強いと民族主義的な国民観，後者が強いと多民族を前提とした国民観が関与している

傾向がある.

誰が国民であるかについては，国民国家の成立以降も揺れ動いている．例えばフランスは，現在は出生地主義的な考え方が強い国である．しかし，最初に「国民」が規定されたとき，重視されたのは血統主義の方であった．外国から来た貴族などが王政によって恣意的にフランスでの権利を得てきた旧体制への批判が背景にあったからである．しかし，19世紀の後半になると，兵役への要請と労働力の確保のために，親がフランス生まれでその子もフランスで生まれた場合，強制的に国籍を与えるように方針転換を行った（宮島，2006）．この考え方は二重化された出生地主義と呼ばれる．なお現在は強制ではない．現在は親が外国生まれであっても，子どもがフランスで生まれ，11歳以降5年間以上フランスに滞在していれば，成人した時点でフランス国籍を得るという規定がある．イギリスやオランダも出生地主義的な考え方が強い国籍法を持っている．重国籍を認める国も多い．

ドイツは1999年まで，血統主義的な考え方の強い国籍法を持っていた．そこには東欧などで抑圧されているドイツ人の保護という考え方があり，また戦後の東西分断にも関わらず民族的な一体性があるという主張にもつながっていた（ブルーベイカー・キム，2016）．しかし東西ドイツ統一以降，外国人の社会統合を重視するようになるなかで，1999年の国籍法では出生地主義が大きく取り入れられている．また，当初は23歳時点で国籍の選択が義務化されていたが，現在は一定の条件を満たせば重国籍が認められている．

国籍は，出生と同時に得るほかに，帰化によっても得られる．これもどの国の国籍法にも規定されているが，実態的には帰化を積極的に認める国とあまり認めない国が存在している．そこには，19世紀以降の国民国家形成において，移民を前提としてきたかどうかが影響している．

自分の国籍とは異なる国で生活するためには，国籍保持国でパスポートを得るほかに，滞在国でヴィザや滞在許可を得る必要がある．国境が現在，自由な移動の最大の障壁となっているのはこの点

表 6.1　OECD 諸国の人口に占める外国人の率（%，2013年）

オーストリア	12.59
ベルギー	10.92
デンマーク	7.08
フィンランド	3.82
ドイツ	9.30
ハンガリー	1.42
イタリア	8.11
日本	1.62
韓国	1.96
ルクセンブルク	45.81
オランダ	4.86
ノルウェー	9.51
ポルトガル	3.74
スロヴァキア	1.09
スウェーデン	7.24
スイス	23.32
イギリス	7.71
アメリカ	6.96
スロヴェニア	5.39
チェコ	4.18
スペイン	10.73
ギリシャ	6.21
エストニア	16.06
イスラエル	7.03

OECD (2017), Foreign population (indicator) より作成.
DOI：10.1787/16a914e3-en（最終閲覧日 2017年4月26日）

においてである．他方，輸送技術や情報技術の進歩によって，国境を越えた移動は非常に多くなっており，制度と人の動きの間に齟齬も生まれてきている（表6.1）．

6.2.2　移民とは誰なのか

国境を越え，自らの国籍とは異なる国で生活する人々を特に「（国際）移民」と表現することがある．細かい定義は国によっても，発信者によっても少しずつ異なり，また実態的には同じでも制度的には移民という言葉を用いない国もあるが，国際的な人の移動への社会的・政策的関心は高まっている．まずは移民とはどのような人々であるのかを考えてみたい．

国際的な移動の契機は1つではない．西ヨーロッパ諸国では，第二次大戦後，労働力不足のためにヨーロッパ域外からの移民を多く受け入れる政策を取った．受け入れ国の経済界の要望が人の移動を促したのである．ドイツのようにトルコをはじめとする多くの国と労働者の移動に関する二国間協定を結んで受け入れた国もあれば，フランスやイギリスのように旧植民地から多く受け入れた国もあった．

6.2　国民・外国人・移民　　*65*

1970年代になって不景気になると，受け入れ各国はそのような労働者の受け入れを停止し，帰国奨励政策を打ち出すようになった．しかし，それは彼らが就いている仕事がすぐになくなることを意味したわけではなく，いったん帰国すれば戻ってくることが難しい状況であえて帰国を選ぶ人は多くはなかった．ヨーロッパ諸国は，移民に欧州人権条約などで保障されている家族の再統合を認め，移民労働者は家族を呼び寄せてヨーロッパで定住化した．現在はその子孫もヨーロッパで生活している．出生地主義の考え方が強い国籍法により，第二世代，第三世代の多くはヨーロッパ国籍となっている．

　新規の受け入れが停止された後も，移民労働者が担ってきた仕事に就く人々は非正規に移動してきた．フランスでは，独立したアフリカ諸国からの移動も多く，彼らは非正規であるためにより厳しい労働・生活条件に耐えざるを得なかった．フランス社会に必要とされる仕事を引き受け，生活実態を持ちながら，声を上げることができなかった彼らは，1990年代からサンパピエ（「（ヴィザ・滞在許可といった）書類を持たないもの」の意）の正規化運動の中で可視化され，実態が明らかになってきた（稲葉，2001）．

　欧米諸国においては，難民申請による移民も少なくない．難民の地位に関する条約により，「人種，宗教，国籍もしくは特定の社会的集団の構成員であることまたは政治的意見を理由に迫害を受けるおそれがあるという十分に理由のある恐怖を有するために，国籍国の外にいる者であって，その国籍国の保護を受けられない者またはそのような恐怖を有するためにその国籍国の保護を受けることを望まない者」（UNHCR日本公式サイトより引用）はヴィザなどの書類を持たずに移動することが保障されている．その後，申請を受けた各国がそれぞれの基準によって審査し，難民として認定するか，ほかの条件で滞在を許可するか，却下する．欧米各国は毎年数百人から数万人の難民を受け入れてきた．

　その他，留学する人も，留学先の学校を卒業した後にその地で仕事を見つける人も，国籍保有国で所属している会社に派遣されて外国で仕事をする人々も，国境を越えて移動した先で生活する移民である．EU諸国では，EU市民（加盟国の国籍保持者）であれば域内の移動は自由であるため，域内移民の割合は全体の30～35％を占めている（2013～15年．Eurostatより）．理解しておきたいのは，統計上も実態上も，貧しい国から豊かな国に移動する人だけが移民ではないということである．

　日本は外国人労働者を非常に制限しており，難民認定にも積極的ではない．しかし，実態的には移民として考えるべき人々が暮らしている（図6.2, 6.3）．在留外国人238万人（2016年12月末現在，法務省在留外国人統計より）のうち，まずは戦前・戦中において植民地支配をしていた台湾

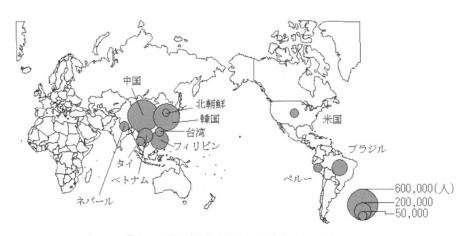

図6.2　日本に滞在する外国人の出身地（2015年末）
法務省『国籍・地域別　在留資格（在留目的）別　在留外国人』より朝倉書店編集部作成．

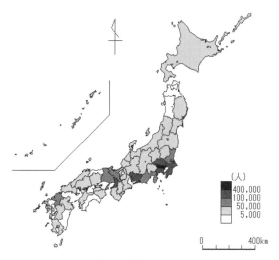

図 6.3 都道府県別在留外国人数（2015 年末）
法務省『都道府県別　年齢・男女別　在留外国人（総数）』より朝倉書店編集部作成.

や朝鮮半島などから移動した在日外国人がおり，その歴史に由来する在留区分の特別永住者はおよそ 34 万人である（同上．ただし近年は帰化も進んでおり，その歴史につながる人々はもっと多い）．また世界的に見ればわずかながら，インドシナ難民を約 1 万人受け入れた経験もある．1990 年代からは，日系人の滞在を容易にする出入国管理及び難民認定法の改正にも関わって，ブラジルなど南米諸国から製造業などで働くために数十万人もの人々が日本に移動した（片岡，2014）．また，1980 年代から 2004 年までは興業ヴィザを用いて，いわゆるフィリピンパブで働いた女性たちの移動があり，人身売買であると国際的な非難を浴びたこともある（阿部，2011）．近年は技能実習生という名目で実質的には安い労働力として働かせている事例が報告されているほか，非正規で滞在している人々も相当数いると考えられている．

先の総務省の報告書にもあったように，人口減少の局面において労働力を確保するために移民が必要だという議論をしばしば聞く．特に介護や家事労働において，具体的に受け入れを目指す動きも見られる．そこで重要なのは，労働力が足りなければ外国人を受け入れ，余れば戻ってもらうというような都合の良い発想は捨てることである．ヨーロッパでは「労働力を受け入れたつもりが，来たのは人間だった」という表現がある．移動し

て働く人々の一人一人に人生があり，家族がある．移動した人の労働環境や生活環境を整えることはもちろん，働きながら言語を勉強できる環境も必要である．保育所や託児所の整備のみではなく，多様な背景を持つ子どもたちへの教育の問題もある．移民の受け入れのためには包括的な法制度が必要であり，そうでなければ悪質な業者によって劣悪な条件で生活する人々が出ることになり，不満が鬱積することにもなりかねない．今すべきことは，既に日本で生活する外国籍の人々に対する政策の不備を検証し，必要な社会制度を整えていくことである．

6.3　多文化社会の実態を捉える

6.3.1　社会問題の中の移民

宮島（2016）は，国家がつくられていく中で生まれたマイノリティをナショナル・マイノリティと呼び，彼らと比べて移民への配慮はヨーロッパでも不十分であることを指摘している．移民の受け入れとの関係で，主にフランスで顕在化した社会問題について見ていきたい．

最初に問題として表れたのは，住宅不足である．急激な流入であったために住宅の供給が間に合わず，家賃が低く住宅の質も低い地域に多くの人々が流入したり，そこにも入りきれずにスラムが形成されたりした．フランスではビドンヴィルと呼ばれるスラムの解消に 1980 年代までかかっている．現在でも，仮設の建物や「家具付きホテル」と呼ばれる簡易宿泊所には北アフリカやサハラ以南のアフリカからの移民が多く居住しており，住宅の確保という意味で脆弱な立場に置かれやすいことが明らかになっている（荒又，2009）．

不景気になると，失業の問題が前面に出てくる．表 6.2 に見るように，移民の失業率は全体として非移民を大きく上回っている．背後には，産業構造の転換，教育水準，人種差別が関わっていると考えられる．まず，移民労働者が就いてきた工場労働の仕事の量が脱工業化によって縮小したということがある．安定した職業に就くためには教育を受けることが必要だが，移民自身もその子どもたちも低い学歴にとどまっている率が高い．さら

には雇用主の差別により，名前や住所が就職の障害になるケースもあると見られている（表6.2）（宮島，2016）．

差別は仕事の上での問題もあるが，より直接的な暴力の形で現れる場合もある．差別主義的な団体の標的になることもあれば，警察など公権力の監視のもとに置かれることもある．フランスで1980年代から起きるようになった移民の多い地域での暴動は，しばしば警察の行き過ぎによって仲間が傷つけられた，ときには殺されたということが基となっていた．そして，それが逆に住所地の差別を助長するという悪循環に陥ったことも否定しきれない．

不利益を解消するためには政治参加は欠かせな

表6.2 OECD諸国の移民と非移民の失業率とその差（%，2015年）

	滞在国生まれ 失業率	外国生まれ 失業率
オーストラリア	6.2	6.2
オーストリア	4.6	10.7
ベルギー	6.8	17.0
カナダ	6.9	7.4
チェコ	5.1	6.8
デンマーク	5.4	12.2
フィンランド	9.1	17.5
フランス	9.5	17.4
ドイツ	4.1	7.7
ギリシャ	24.4	32.0
ハンガリー	6.8	6.8
アイスランド	3.9	7.0
アイルランド	9.1	11.4
イタリア	11.5	15.7
ルクセンブルク	4.4	8.1
メキシコ	4.5	5.4
オランダ	6.2	12.0
ニュージーランド	6.0	6.0
ノルウェー	3.4	10.4
ポーランド	7.6	10.6
ポルトガル	12.7	14.8
スロヴァキア	11.5	13.6
スペイン	20.7	29.8
スウェーデン	5.5	16.2
スイス	3.2	7.9
トルコ	10.4	12.8
イギリス	5.2	6.4
アメリカ	5.6	5.0
エストニア	6.1	7.8
イスラエル	5.5	4.3
スロヴェニア	8.8	11.9

OECD（2017），"Employment and unemployment rates by gender and place of birth"，OECD International Migration Statistics（database）より作成．
DOI：http://dx.doi.org/10.1787/data-00722-en
（最終閲覧日2017年5月3日）

いが，地方選挙であっても外国人参政権を認めている国はデンマーク，スウェーデン，オランダなどの北欧諸国に限定されている．フランスやドイツは憲法上，参政権は国籍と不可分であると考えられており，地域的には認める動きがあっても中央政府によって否定されてきた．日本でも外国人の地方参政権は認められていないが，川崎市の外国人代表者会議のように，市政参加の仕組みをつくった自治体もある（中野，2001；宮島，2016）．国籍と切り離した市民権をどこまで保障できるのかは，検討すべき課題と言える．

1960〜70年代から，国家の中に多様な背景を持つ人々がいることを積極的に認め，権利の付与を行う考え方として，多文化主義という表現が用いられるようになってきた．イギリスやオーストラリアでは，移民に向けた福祉サーヴィスを行い，宗教に根差した衣服の着用を認めるなどして，その思想を政策的に具現化してきた．他方，あるコミュニティの権利を認めることがほかのコミュニティの不満につながることもあれば，マイノリティに配慮するように見えて実際には多数派への同化主義的な政策が行われているという見方もあり，模索は続いている（塩原，2010；宮島，2016）．

以上のような問題を考える上では，受け入れ側の議論がフォーカスされがちであり，移民の側に立つ視点を持つのは難しい．その状況を乗り越える手掛かりとしては，多くの国が労働移民の送り出し国であった歴史があることを学ぶのも1つの方策であろう．例えば『日本国語大辞典』（小学館）を引くと，移民という言葉の説明としては明治時代に日本からブラジルなどに移り住んだ人々に用いられたことが出ており，議論としては移出が先にあったことが読み取れる．ヨーロッパも20世紀初頭まではアメリカ大陸への移民送り出し国であったところが多く，少し長期で見るだけでどちらの立場に立つこともあり得るのだということがすぐに理解できる．

また現在でも，日本から移民することは決して珍しいことではない．在外日本人の数は，外務省の統計では2015年10月1日現在132万人弱で，

年々増え続けている（海外在留邦人数調査統計平成28年版）．学生として留学したり，会社に派遣されたり，海外に住む人と結婚したりするだけでなく，賃金の安い国にコールセンターなどの部門を置き，日本から移民する労働者を募っている会社もあれば，海外で在外日本人，さらにはその国や地域の人々に向けたサーヴィスを提供する仕事を始める人々もいる．移民であることは，決して他人事ではない．どこで暮らしていても基本的人権が守られることを求めるのは当然であり，外国人は福祉の対象外とするなどは想像力の欠如と言えるだろう．

6.3.2 空間への表れ

以上のように見てきたが，地誌学の中では多民族・多文化共生をどのように捉えられるのだろうか．統計上の人口移動を捉えることは，すでに地理学的な研究手法の1つである．どこからどこへ移動しているのか，集中しているのはどこなのか，また，その歴史的な変遷を地図上に起こすことにより，新たな気付きがもたらされることも少なくない．

移民・外国人が多く住む街についてフィールド調査を行うことは，地誌学的な取り組みとして多くの実績がある．移民・外国人の居住者数は統計的に捉えることができても，その表れ方は一様ではない．例えば東京では，新宿区に外国人居住者が多く，JR新大久保駅周辺のようにエスニック・タウンとして知られたエリアもある．他方，同じ新宿区でも，統計上は明らかにフランス人が集住している地区には外に表れた特徴は見られない．これらがどのような背景を持っているのかを探ることには意味がある．

新大久保については，新規の来住者を受け入れてきた地区という歴史的な背景もあり，多くのアジア系外国人の居住地となっている（奥田・田嶋, 1993）．また，彼ら自身が必要とする食料品や衣類，電化製品などの店舗が集まっており，フリーペーパーなども置かれている．表示されている言語や販売されている商品から，誰に向けた店舗であるのかをある程度読み取ることができる（写真6.1）．それらは日本に暮らす移民・外国人の人々の生活基盤になっている．一方，韓国の歌手や俳優の人気が高まった「韓流ブーム」以降は日本人観光客も増え，レストランや化粧品，アイドルグッズ販売店によって商業化の進んだエリアもある．

このような地区が形成される背後には，先に入った人々の伝手をたどって次に来た人々が，ほかの地域では家賃が高い，所有者が受け入れてくれないなどの理由により，その周辺で住居を確保する傾向によっている（写真6.2）．近くにいることは情報交換の役に立ち，また相互に必要なサーヴィスの提供がなされていく．それが次第にエスニック・タウンの形成につながっていくのである．

他方，統計上フランス人が多いはずの地区に特徴が見られないのは，彼らが比較的高学歴・高所得者であり，差別を受けることがほとんどないために相互のネットワークがそれほど求められてい

写真6.1 新大久保の食料品店
（2015年12月，筆者撮影）

写真6.2 不動産店の宣伝
（2015年12月，筆者撮影）

ないからである．同様に，IT 業界の人々が多いと言われる東京都江戸川区のインド人集住地区にも外見上の特徴はない．その意味では，エスニック・タウンが外見から見て取れることには，社会階層やライフスタイルが関わっている．

あるエスニック集団が集住しているときに，それが社会階層や差別を主な理由としている場合，セグリゲーション（居住分離）が起きているという．非移民の側で，移民が多くなってくると敬遠するようになったり，また，子どもの教育の場で学習進度が遅れるのを恐れ，より高度な教育がなされる地区に転居したりする場合もある．他方，同じようにエスニック集団が集住していることを指していても，エスニック・エンクレイブといったときには，その内部でのネットワークや相互扶助の役割に力点が置かれた見方がなされている．山下（2016）は世界各地のチャイナタウンにおける同胞組織の役割の強さを示し，同郷者とのつながりも指摘している．福本（2006）も，大阪市，東大阪市における在日朝鮮人の集住地区において就業・居住における同胞ネットワークの役割を示している．エスニック・タウンの形成は困難の中を生き抜く手段でもある．

近年，そのようなエスニック集団の集住状況を解消しようとするソーシャル・ミックスと呼ばれる政策が世界的に現れている．1 つの建物や地域に意図的に社会階層や文化的背景の異なる人を住まわせることで，多様な人が混ざり合った状態を物理的に作り出そうとする政策である．それによって住民同士に交流が生まれることが期待されているのだが，現実にはそのような動きにはつながりにくいことも既に報告されている．社会問題を解決せずにエスニック集団内のネットワークを破壊してしまう可能性を考えなくてはならない（荒又，2016）．

その他のテーマとしては，エスニック集団を示す建造物，例えばミナレットを持つイスラムのモスクなどの建物も研究対象となる（写真 6.3）．加賀美（2011）はそのような民家や店舗，宗教施設や墓地などの「エスニック景観」がエスニック集団の帰属意識を強め，また，ほかの人々に存在

写真 6.3 ロンドンにあるイスラミックセンター
（2015 年 3 月，筆者撮影）

をアピールする戦略として用いられることがあるとしており，地域の文脈に即して意味を検討する必要がある．他方，このような建造物は差別主義者の攻撃の対象ともなりやすく，しばしば落書きや破壊の対象となったり，ときには中にいる人々が暴力を振るわれたりすることも視野に入れなければならない．

6.4 「今世紀最大の人道危機」に際して

最後に世界的な人の動きに目を移してみたい．現在，最大の人の移動が起きているのはシリア周辺である．2011 年にアラブ諸国で起きた一連の既存体制への抗議行動に関連しながら，シリアは政府側も反政府側も欧米諸国やロシアが支援するなどして，泥沼の内戦となっている（内藤，2015）．またイラク戦争に端を発すると言われる過激派の IS も同地域で活動を展開しており，安全に暮らせる地を求めて国外に避難している人々が 2017 年 5 月現在 500 万人に迫っており（UNHCR ホームページより），今世紀最大の人道危機と表現されることもある．

シリア難民の最大の受け入れ国は隣国のトルコであり，また，レバノンやヨルダンなど隣接諸国に移動している人も多い．2015 年はヨーロッパでの庇護を求める人々も 100 万人を超え，ドイツのメルケル首相が受け入れを表明したことから，ヨーロッパではドイツが最大の受け入れ国となった．しかし難民申請者の中から犯罪が起きたこともあり，国内での反発は小さくない．EU 諸国で

受け入れを配分しようという議論もあったが，強硬な反対論が出た．

難民の受け入れは反発を受けやすいが，その実態は知られていないところもある．難民収容施設は，しばしば大都市から離れた地，ときには離島などに設置されており，一般の目が届きにくいところにある．それは現在の国境管理体制において，最も人権侵害が起きやすい場所である．チュニジアやリビアをはじめとするアフリカ諸国からは，最も近いイタリアのランペドゥーザ島に多くの人々が渡っているが，必要な情報が与えられないままに長期間拘束されるケースが少なくないという（北川，2012）．オーストラリアは年間1万人を超える難民を受け入れているが，中東からボートでたどり着く人々については難民とは認めず，ナウル共和国，パプアニューギニアなどと協定を結んで送り出している（吉田，2002）．日本も難民申請者を不法移民の収容施設に拘束しており，難民条約の趣旨から見て非難されるべき状況にある．

その背後には，難民であるかどうかを決めるのがあくまで受入国だという問題がある．難民申請者本人がどのような人であれ，国同士の関係もそこには関与する．また，元いた国の政情の不安定さに拠っていても，ときに「経済難民」として庇護の対象外となる事例もある．世界の不均衡は構造的なものである．十分に食べられない状況から逃れて，少しでも生きられる可能性にかけようとするのは，人間の行動として当然でもある．にもかかわらず，個人に責任を負わせているのが現状なのである．

国内の人々にも十分にいきわたっていない福祉を後から来た人々に適用することには常に反発がある．しかし，難民は永遠に援助を受ける存在ではない．受け入れ国で生活を立てられるように望んでおり，また逃れてきた国が安定すれば戻りたいと考える人々も多い．すでに十分な教育を受けてきた人々も少なくない．現在，世界各国の人々に求められているのは，そのような冷静な認識であると言えよう．

2017年1月，アメリカでドナルド・トランプが大統領に就任し，すぐに難民の受け入れを停止し，中東7ヵ国のヴィザを制限する大統領令を出した．その決断は，国民の半数近い人々によって支持された（2017年2月1日，朝日新聞）．第二次大戦後から積み上げられてきた制度が現在，危機に瀕している．時代の移り変わりの中で変化が求められることはあるだろう．しかし，大国が世界的なルールを無視すれば，混乱が訪れることは疑いない．

移民・難民・外国人に対する拒否反応のなかでも，ムスリム（イスラム教徒）が多数を占める国々からの人の移動には過剰反応をする人々が増えている．9.11以降，マスメディアにおいて，銃乱射などの重大な事件があるとすべてイスラム教徒のテロであるかのように取り上げられがちであり，人々の意識に影響を与えている．ISが世界各地で起きる事件の犯行声明を出す状況で，イスラム組織によるグローバルテロが起きているとする論者もいる．

イスラムの名を冠した組織が現在，世界的に問題になっていることは確かである．しかし，その被害者にもムスリムが多数いることや，そのような組織が活動する地域の実情も認識しなければならない．欧米のテロ事件に対し，中東やアフリカで起きていることはあまり報道されないため，欧米対イスラムのような見方がされがちであるが，必ずしもそうではない．また欧米で起きる事件は，欧米育ち，多くは欧米の国籍保持者によるものであることから，グローバルな問題というよりは国内格差が問題であることも多い．それにもかかわらず，移動する人々を敵視し，排斥することは，より大きな対立や衝突を生み出す可能性がある．

多民族・多文化共生は，目指すところが明らかである一方，たやすい課題ではない．成功している事例もあるものの，失敗も繰り返されている．移民・外国人の増加を治安の悪化と結び付ける議論は世界的に見られ，近年はそのような議論を前面に押し出す政治家が選挙で支持される傾向もある．まず必要なのは，国レベル・世界レベルの政策課題を考える前に，身近な地域で起きているこ

とに意識的になることである．川崎の外国人代表者会議のように，国レベルの基準にはしづらいことが，自治体レベルでは目の前で解決すべき課題として合意を得られやすいこともある．移民排斥を訴えながら，目の前にいる外国人とは友達であるという人も多い．自分の手の届く範囲で考えられること，考えなければならないことを考え，一人一人の理解を深め，1つ1つの誤解を解いていくことが，最後には共生の思想を導き出していく．「政治的正しさ」を放棄し始めた世界において決定的な暴力を避けるために希望となるのは，結局は個人の良識ではないだろうか． 〔荒又美陽〕

引用文献

阿部亮吾（2011）：エスニシティの地理学—移民エスニック空間を問う．古今書院．

荒又美陽（2009）：フランスにおける移民の住宅問題—パリ市の現状と課題．科学研究費補助金課題番号2080014研究成果中間報告書「フランスの移民問題の現状及び社会統合政策上の課題に関する調査研究」平成21年5月（研究代表者宮島 喬），pp. 15-28.

荒又美陽（2016）：ソーシャル・ミックス（社会的混合）．山下清海編：世界と日本の移民エスニック集団とホスト社会—日本社会の多文化化に向けたエスニック・コンフリクト研究，pp. 21-26，明石書店．

稲葉奈々子（2001）：サンパピエと市民権．三浦信孝編：普遍性か差異か—共和主義の臨界，フランス，pp. 49-71，藤原書店．

鵜飼 哲（2008）：主権のかなたで．岩波書店．

大石太郎（2017）：カナダにおける二言語主義の現状と課題．*E-journal GEO*, **12**(1)：12-29.

奥田道大・田嶋淳子編著（1993）：新宿のアジア系外国人—社会学的実態報告．めこん．

小野有五（2013）：大地は誰のものか？—自然と環境をめぐる日本のポリティクス．淺野敏久・中島弘二編：自然の社会地理（ネイチャー・アンド・ソサエティ研究第5巻），pp. 41-68，海青社．

外務省：外務省インド基礎データ一般事情．http://www.mofa.go.jp/mofaj/area/india/data.html#section1（最終閲覧日 2017年4月5日）

加賀美雅弘編著（2005）：「ジプシー」と呼ばれた人々—東ヨーロッパ・ロマ民族の過去と現在．学文社．

加賀美雅弘（2011）：記憶と戦略としてのエスニック景観．山下清海編著：現代のエスニック社会を探る—理論からフィールドへ，pp. 10-18，学文社．

片岡博美（2014）：ブラジル人は「顔の見えない」存在なのか？—2000年以降における滞日ブラジル人の生活活動の分析から．地理学評論，**87**(5)：367-385.

リシャルト・カプシチンスキ，工藤幸雄，阿部優子，武井摩利訳（2010）：黒檀．河出書房新社．［Kapuściński, R. (1998)：*Heban*. Czytelnik］

北川眞也（2012）：ヨーロッパ・地中海を揺れ動くポストコロニアルな境界—イタリア・ランペドゥーザ島における移民の「閉じ込め」の諸形態．境界研究，**3**：15-44.

久保（川上）幸恵（1998）：ムスリム移民の統合と柱状化．日蘭学会会誌，**23**(1)：107-125

久保幸恵（2016）：リベラル・コミュニタリアン論争の視座から見たオランダの多文化主義—ムスリム移民問題に焦点を当てて．イスラム世界，**85**：1-31.

ロジャース・ブルーベイカー，キム，J.，佐藤成基ほか編訳（2016）：ドイツと朝鮮における越境的メンバーシップの政治—国境外の民族同胞問題の再編成．ロジャース・ブルーベイカー，佐藤成基・高橋誠一・岩城邦義・吉田公記編訳：グローバル化する世界と「帰属の政治」，pp. 117-199，明石書店．［Brubaker, R. and Kim, J. (2011)：Transborder membership politics in Germany and Korea. *European Jounal of Sociology*, **52**(1)：21-75.］

佐野直子（2010）：地域言語—多言語国家フランスの諸相．三浦信孝・西山教行編著：現代フランス社会を知るための62章（エリアスタディーズ84），pp. 132-136，明石書店．

塩原良和（2010）：変革する多文化主義—オーストラリアからの展望．法政大学出版局．

杉山正（2017）：入国禁止，賛成49％ ロイター全米調査．朝日新聞，2017年2月1日．

総務省（2006）：多文化共生の推進に関する研究会報告書〜地域における多文化共生の推進に向けて．総務省．

ジョン・C・トーピー，藤川隆男監訳（2008）：パスポートの発明—監視・シティズンシップ・国家．法政大学出版局．［Torpey, J.C. (2000)：*The invention of the passport：surveillance, citizenship and the state*. Cambridge University Press.］

内藤正典（2015）：イスラム戦争—中東崩壊と欧米の敗北．集英社．

中野裕二（2001）：国民国家における定住外国人の市政参加—日仏の事例から．駒澤大学法学部研究紀要，**59**：51-82.

中野裕二（2009）：移民の統合の「共和国モデル」とその変容．宮島 喬編：移民の社会的統合と排除—問われるフランス的平等，pp. 15-29，東京大学出版会．

福本 拓（2006）：在日朝鮮人の居住・就業に関わる社会的ネットワークの変遷—エスニック・エンクレイブ論の視点から．人文地理学会大会研究発表要旨：174-175.

水岡不二雄編（2002）：経済・社会の地理学—グローバルに，ローカルに，考えそして行動しよう．有斐閣．

宮島 喬（2006）：移民社会フランスの危機．岩波書店．

宮島 喬（2016）：現代ヨーロッパと移民問題の原点—1970，80年代，開かれたシティズンシップの生成と試練．明石書店．

山下清海（2016）：新・中華街—世界各地で＜華人社会＞

は変貌する．講談社．
山田　朗（2011）：満州事変と「満州国」の実態—「五族協和」と治安維持．歴史地理教育，778：10-17．
吉田道代（2002）：オーストラリアの中東難民問題．地理，47(10)：15-22．
EUROSTAT（2017）：Immigration by age group, sex and citizenship. http://ec.europa.eu/eurostat/en/web/products-datasets/-/MIGR_IMM1CTZ（最終閲覧日 2017年5月1日）
UNHCR：難民条約について．http://www.unhcr.org/jp/refugee-treaty（最終閲覧日 2017年5月28日）
UNHCR：Syria emergency. http://www.unhcr.org/syria-emergency.html（最終閲覧日 2017年5月28日）

【フランスの多文化共生：パリ，グット・ドール地区】

　パリの北の観光地，都市の広がりが一望できるモンマルトルの丘から東側に降りると，アラブ系やアフリカ系の人々が多く行き交う地区に出る．昔はワインを生産していたことから，グット・ドール（金のしずく）と呼ばれるその地は，現在は移民地区（quartier d'immigration）として知られている．19世紀初頭に鉄道を建設する労働者の住む地区となり，1860年にパリの市域に組み込まれ，その後はベルギーなどからの移民を受け入れてきた．第二次大戦後に北アフリカ移民がその地に入り，現在はサハラ以南アフリカの人々の必要を満たす店舗も多く立ち並んでいる．（写真 6.4）

写真 6.4　グッド・ドール地区の街並み
（2015年2月，筆者撮影）

写真 6.5　イスラム文化協会（中央の建物）
（2017年3月，筆者撮影）

　1980年代から，パリ市当局は移民が多く集まっている状況を問題とみなし，グット・ドールで大々的な都市計画事業を始めた．住民や支援団体との話し合いを通じて，事業の内容や目的は多少改善されたところもあるが，現在まで同地区は常に工事現場という不安定さの中にある．工事の中でムスリム移民が祈りの場所を失ったために，一時は路上で集合的な礼拝が行われ，フランス社会に衝撃を与えたこともあった．極右政党がナチスドイツによるフランスの占領になぞらえて物議をかもしたこともある．
　パリ市は，古い兵舎を祈りの場として提供し，また「イスラム文化協会」を建設して建物の一部をムスリムが自分たちの資金で礼拝室にすることを認めた（写真 6.5）．アラビア語講座やムスリムのアーティストの作品展示，講演会の実施などを通じて，イスラムに対する偏見を解く試みも行っている．住民との話し合いによって現実的な解決法を探っていくという意味で，パリ市の試みは共生の1つの形と言えるだろう．

7

先住民族と資源開発

　　国際連合によれば，世界各地の 70 ヵ国以上に存在する 5,000 にのぼる先住民族
の総人口は 3 億 7,000 万人を超え，彼らは世界でもっとも不利な立場にある集団の
1 つに考えられている（国連広報センター，n.d.a）．植民地主義の歴史を背負いながら
生き抜いてきた先住民が，グローバル化した資本主義経済に牽引される各種の開発計画
に関わるとき，それぞれの社会に内在する差別や矛盾が剥き出しになる一方で，革新
的な改革に向けた希望の萌芽が見られることもある．本章ではまず，1980 年代以降，
国際機関による開発計画で主流を占めてきた「持続可能な開発」の概念と，先住民族の
生存に向けた取り組みとの接点について解説する．さらに，アメリカ先住民族とエネル
ギー資源開発との関係に着目し，具体的な事例をあげながら，格差や差別を生み出す制
度や構造について認識し，持続可能な将来を紡いでいくための糸口を探求してみたい．

7.1　持続可能な開発と先住民族

　1984 年に国際連合（以下，国連）が設置した「環
境と開発に関する世界委員会」による，1987 年
版報告書が提唱した「持続可能な開発」は，将来
の世代が自分たちのニーズを満たすことのできる
力を損なわないように，現代の世代のニーズを満
たすような開発を意味する．また，国連広報セン
ターはこれについて，次のような説明を加えてい
る．「国連にとっては，経済社会活動と環境の保
全は表裏一体である．持続可能な開発を達成する
には，あらゆるレベルで経済，環境，社会の関心
事の一体化を図らなければならない」（国連広報
センター，n.d.b）．つまり，持続可能な開発とは，
環境破壊や資源の枯渇といった問題を将来の世代
に残さないようなかたちで，経済や社会の発展を
目指すことを意味している．

　地球温暖化や熱帯雨林破壊に関する報道が多く
なされるようになっていた 1980 年代末から 1990
年代初頭にかけて，世代を超える環境問題に配慮
した上で開発計画を実施しようとする方針は高く
評価され，1992 年にブラジルのリオデジャネイ
ロで開催された国連環境開発会議（地球サミッ
ト）でも，持続可能な開発は重要なテーマの 1 つ
に据えられた．これは，経済，環境，社会の営み
の相互作用を認識したうえで，長期的なスパンで

開発事業に取り組もうとする問題意識を反映して
いた．

　持続可能な開発は，世界各国の先住民族にとっ
ては自らの存続に関わる問題である．所属する国
家の国際・国内政治における立ち位置，経済，歴
史，地理，文化などによって，築かれる生活環境
は多様だが，先住民族の大半は，ジェノサイド，
土地の収奪，同化政策をはじめとする弾圧を受け，
社会の周縁に追われてきた．先祖から受け継いだ
土地に対する権利を確保しながら差別を克服し，
貧困からの脱却を目指すにあたり，多くの先住民
は各種の開発計画に様々なかたちで向き合ってい
る．グローバル化した資本主義経済のプロセスと
の関わり方や伝統文化の継承について，多岐にわ
たる主張が交錯する中で，土地に根ざした生活環
境の確保は，文化的なアイデンティティにも関わ
る大切な課題である．

　地球サミットに出席した先住民族の代表者たち
は，彼らを取り巻く環境の悪化に直面し，開発計
画において将来を見据えた持続可能性を考慮す
る重要性を訴えた．その一方で国連は，地球サ
ミットの翌年を国際先住民年と定め，1995 年か
ら 2004 年を世界の先住民族の 10 年と指定し，彼
らの権利保護に関する意識の向上に努めた．

　こうした意識改革の流れを背景に，2000 年 9
月にニューヨークで開催された国際ミレニアムサ

74　　7. 先住民族と資源開発

ミットの参加者は，グローバル化による恩恵とコストの配分が不均等であることを認めた．この際に採択されたミレニアム宣言などをもとに，2015年までの達成を目指して定められたミレニアム開発目標には，極度の貧困や飢餓の撲滅，初等教育の普及，ジェンダー間の平等と女性の地位の向上などと並び，環境面における持続可能性の確保が掲げられた．2015年には，ミレニアム開発目標は一定の成果をあげたとしつつ，これを引き継ぐかたちで，持続可能な開発のための2030アジェンダが明らかにされた．ここでは，発展途上国と先進国がともに，誰一人取り残されることのないように，持続可能な開発を経済，社会，環境の分野においてバランス良く推進するための17の目標が示された．すべての人々の人権を保障し，人類，および地球が，将来にわたり存続していけるようにという願いが込められている（外務省，n.d.）．

2015年に示された国連の指針は，持続可能な開発の実現に向けて，これに不可欠な，貧困撲滅，人権や生態系の保護の重要性を強調した上で，弱い立場にある人々の救済から着手しようとする意欲的な内容である．ただし，多方向への配慮がなされている一方で，大風呂敷を広げすぎていて現実的な戦略に欠けているのではないかという疑念は拭えない．また，先住民族に関する記述が10ヵ所ほどあるが，いずれも女性，子ども，高齢者，障がい者，難民，移民や，牧畜民，漁業民，または政府，国会，市民社会，ビジネス・民間セクターなどとともに列挙されており，その扱いはあまりに大雑把である．

2014年8月14日付の英国の新聞『ガーディアン』は，国際開発・協力の専門家であるジョナサン・グレニーによる，2030アジェンダに対する痛烈な批判を，「なぜ，先住民族は持続可能な開発の目標から取り残されているのか」という見出しで掲載した．この記事でグレニーは，先住民族を対象とした具体的な政策目標の欠落を厳しく批判した．彼によれば，世界人口の約5%である先住民は，最貧困層の10%（世界銀行による推計），もしくは30%（国連による推計）を占めているが，

21世紀はじめに掲げられたミレニアム開発目標による恩恵を受けることが最も少なかった上に，2030アジェンダでもその存在感は薄い．ミレニアム開発目標から2030アジェンダへの移行に伴い，先住民族の指導者は貧困撲滅よりも，自らの土地や領土に対する権利の保護を訴えていたが，彼らは政治的，地理的なアウトサイダーの立場に終わってしまったという（Glennie, 2014）．グレニーが指摘するように，国連先住民部会は同年6月の会議の時点で，先住民族に関する指標が持続可能な開発計画においてより明確に，実質的なかたちで言及されなければ，ミレニアム開発目標においてそうであったのとと同様に，自分たちは相変わらず不可視にされたままに終わるだろうと訴えていた．

本来なら環境保護や人権の尊重といった理念に支えられているはずの，持続可能な開発のプロセスからさえも取り残されるのではないかという危機感は，先住民族の歴史と現状を反映している．現に，世界各地の先住民の多くは，植民地主義の歴史と政治経済的な格差を背景に，それぞれが所属する国家で周縁化された辺境地帯での暮らしを強いられているということもあり，各種の開発計画から恩恵を被るよりは，これに伴う環境破壊の最前線に置かれるケースが多発している．

もちろん，すべての先住民が常に各種開発計画の被害者であるという単純な構図は存在しない．先住民族による開発計画への関与の方法や経験は，所属する国の政治経済力，先住民族の法的地位，国内事情，地域文化などによっても大きく異なる．アラスカ先住民社会に関する文化人類学研究を行ってきた岸上伸啓によれば，世界各地の先住民族は，「①開発被害者として，②自国の政府や国内外の援助機関から援助を受ける人々として，もしくは，③主体的に開発を押し進める人々として」，各種の開発プロセスとの関係を築いてきた（岸上，2009）．つまり，グローバル経済に根ざした開発計画による受益と受苦の配分の不平等が繰り返される中，先住民族が被害を受けるリスクは高い反面，自ら援助を求め，開発を推進する主体として取り組んでいるケースもある．

7.1 持続可能な開発と先住民族　　75

いずれにせよ，先祖伝来の土地と深いつながりを育んできた先住民族にとって，環境保全・保護にも目を向けた持続可能な開発は，文化的，および，政治経済的な生活基盤を維持するためにも必要である．逆に，社会的に弱い立場に置かれた先住民族の生活環境を整備し，彼らの人権と，彼らが守り続けてきた土地に対する権利を守っていくことこそが，長期的，そして普遍的な観点からも持続可能な開発につながる可能性を秘めているとも言えよう．以下に，アメリカ合衆国（以下，アメリカ）が20世紀から21世紀にかけて推進してきたエネルギー資源開発において，同国の先住民族がどのような経験をしてきたのか，その概観を示した上で，石油パイプラインの建設計画に翻弄されるスタンディング・ロック・スー族の事例を紹介したい．

7.2 セトラー・コロニアリズムの歴史とアメリカ先住民族

アメリカには2017年1月現在，連邦政府によって承認された567の部族が存在し，それぞれが自治権を有する先住民族のネーションとして機能している．地域環境によって歴史，言語，生活文化は異なるものの，ヨーロッパ人がアメリカ大陸に到達した15世紀末以降，身体的，および文化的ジェノサイドの苦難を強いられた経験は共通している．植民地時代から1776年の建国にかけて，そしてそれ以降も，アメリカ連邦政府は先住民族からその生命線ともいえる土地を奪いながら国土を着実に拡大し，アフリカ大陸出身の黒人奴隷の労働力を酷使しながら政治経済力を強化した．

19世紀初頭に始まる大規模な西部開拓は，自由，平等，民主主義の象徴として捉えられ，アメリカ人のアイデンティティの形成にも重要な役割を果たしたが，実のところ，それは先住民族の領土への侵略を意味していた．美徳とされるフロンティア・スピリッツ，すなわち開拓者精神とは，他者化された先住民族の迫害を正当化する差別思想でもある．そもそも，先住民族の身体と土地の征服なくしては，ヨーロッパ系移民による入植はもとより，数百年のうちに超大国へと成長を遂げ

るアメリカの建国自体もありえなかった．また，19世紀半ばの1846年から48年にかけての米墨戦争に勝利したアメリカが，現在のカリフォルニア州，ネバダ州，ユタ州全域，および，アリゾナ州，コロラド州，ニュー・メキシコ州，ワイオミング州の一部，すなわち当時のメキシコ領土の約3分の1を獲得したことも付記しておきたい．ドナルド・トランプ大統領は2017年1月の就任直後，メキシコとの国境に壁を建設する行政命令を出したが，メキシコ人からすれば，19世紀半ばにアメリカ人に土地を奪われたという理解が一般的である．領土拡大と経済発展のかげには，暴力を伴う土地の強奪という負の側面があるのだ．

先住民族は直接的な虐殺行為のみならず，ヨーロッパ大陸から到来した天然痘，インフルエンザ，麻疹，コレラなどの疾病によって命を落とした．さらに彼らは，政治経済的基盤であり，文化的アイデンティティの要でもある土地の大半を失い，ヨーロッパ人が農業，牧畜，林業には適さないと見なした地域に追いやられた．先住民人口の変遷に関しては諸説あるが，人類学者ラッセル・ソーントンは以下のように説明した．アラスカ州を除く現在のアメリカには500万人，これに現在のカナダ，アラスカ，グリーンランドの先住民を加えると700万人が住んでいたが，1900年にはアメリカ先住民の総人口は約37万5,000人に激減していた（Thornton, 1998）．生活基盤である土地の喪失が，先住民族の生命，文化，政治経済の維持に壊滅的な打撃を与えたことは間違いない．

このように，入植者が新天地に留まり，植民地支配，ジェノサイド，熾烈な同化政策の末に新しい国家を設立するパターンを遂げたアメリカは，セトラー・コロニアリズム（入植者植民地主義）の歴史をたどってきた国家と言える．イスラエル，オーストラリア，カナダ，ニュージーランドなどと並び，セトラー・コロニアリズムの思想を歴史的基点とするアメリカでは，先住民族の存在そのものを否定する暴力が常に繰り返され，身体的，文化的な生存をかけた闘いは日々続いている．セトラー・コロニアリズムの先駆的研究者であるパトリック・ウルフは，これを歴史上の単発的な

事象ではなく，社会を根深く支配する構造として捉える必要性を唱えた（Wolfe, 2006）．たしかに，セトラー・コロニアリズムに支えられた国家においては，植民地主義による抑圧と差別は，時代によって形を変えながらも現在進行形で語られるべき事象である．本章のテーマであるエネルギー資源開発問題も例外ではなく，国家や産業界による現場の土地や，先住民族との関わり方の根底に，セトラー・コロニアリズムの思想と実践の営みが垣間見られる．

それではセトラー・コロニアリズムの歴史的産物である現代アメリカの地理空間において，先住民族の居住区域は，どこに，どの程度確保されているのだろうか．過去を振り返れば，ヨーロッパ系移民，植民地政府，後には連邦政府との交渉，対立，戦争，さらには条約の締結などを経て，先祖から受け継いだ土地に住み続けている部族もあれば，植民地時代から19世紀にかけて施行された強制移住政策によって，故郷を追われた部族も多い．連邦インディアン局のホームページによれば，全米各地の25州に設置された326の居留地を含む，先住民族の居住指定区域は5,620万エーカーで，これはアメリカ総面積の約2.4%に過ぎない．アメリカ先住民族は，元々の領土の97%以上を奪われたままの状態を強いられているということになる．

居留地の多くがアメリカ西部に集中しているのは，アンドリュー・ジャクソン政権下の1830年に成立したインディアン強制移住法により，ミシシッピー川以東の部族が移住を強いられたからである．南東部に暮らしていたチェロキー族が，オクラホマ州に設けられたインディアン・テリトリーまでの移動中に，1万5,000人中4,000人余りが亡くなったという「涙の旅路」の悲劇は特に有名だ．故郷の大半を喪失したことによる物質的欠乏，身体的打撃，心的トラウマは，現代の先住民族にも受け継がれている．

セトラー・コロニアリズムの文脈から生まれた政治経済構造において，先住民族は貧困・格差大国アメリカの底辺に位置付けられる．国勢調査局が2016年11月2日に発表した統計によれば，先住民人口の26.6%が貧困層に属し，国全体の割合の14.7%を大きく上回っており，人種別では最悪の数字を示している．平均年収は3万8,530ドルで，国全体の5万5,755ドルよりも大幅に低い（United States Census Bureau, 2016）．

連邦エネルギー省インディアン・エネルギー部局によれば，特に居留地の居住環境は劣悪なケースが目立ち，先住民は全米平均の3倍の割合で過密状態の住宅に，11倍の割合でガスや水道などの配管施設が整備されていない住宅に住んでいる（Deschene, 2016）．世界で最も裕福な先進国であるはずのアメリカに，インフラ整備がなされず，ガスや水道，さらには電気も使用できない状況にある先住民が多数存在するという現状は，同国が抱える社会矛盾を象徴している．

7.3 アメリカ先住民族とエネルギー資源開発

ヨーロッパ系移民の経済利益にはつながらないと見なされ，歴史的に軽視されてきた居留地であるが，連邦政府が20世紀から21世紀にかけて推進してきたエネルギー資源開発の最前線に置かれてきたという側面もある．農耕や牧畜には不適な土地には，石炭，石油，ウラン，天然ガスの宝庫が含まれていたからである．2010年にアメリカで出版された研究書『インディアンとエネルギー：アメリカ南西部における搾取と機会』は，先住民族が資源開発に様々なかたちで関与してきたことを明らかにしている．同書によれば，先住民の居住指定区域にはアメリカの石炭の約30%が存在し，部族はその他にも37%のウラン，3%の石油とガス，10%の地上天然ガスを所有している．人口の1%に過ぎない先住民を代表する部族政府が，アメリカのエネルギー資源の10%を所有しているという統計もある．開発計画に先住民が果たしてきた役割は，資源の所有者や賃借人から，エネルギー産業で働く労働者，電気やガソリンの消費者，エネルギー事業の担い手，エネルギー事業に反対の立場を取る環境運動家に至るまで多様である（Smith and Frehner, 2010）．どの人種・民族集団にも言えることだが，先住民族も一枚岩

ではなく，エネルギー資源開発に関しても様々な欲望と希望，葛藤と対立の交差が見られる．

1891年に連邦議会で，部族の土地にある資源のリース契約に関する法律が成立して以降，エネルギー資源開発の問題にいかに向き合い，対処すべきなのか，連邦政府と部族政府などによる試行錯誤が始まった．20世紀初頭から冷戦期にかけては，エネルギー資源を国内で確保することによって国外への依存を減らし，国家安全保障と経済発展につなげようとする連邦政府が，持続可能な環境づくりや，先住民族の諸権利に配慮することなく，資源の乱開発を進める，または，エネルギー産業を積極的に支援するケースが多発した．連邦政府と部族政府の間の力関係は圧倒的に不平等で，開発の利益を部族側が享受できる環境は整っておらず，共同体の崩壊に至ることもあった．

公民権運動を経た1970年代，先住民族の権利を追求したレッド・パワー運動を背景に，エネルギー資源開発の分野で部族側が一方的に搾取されることのないように，連邦政府と部族政府は環境，エネルギー政策の分野で改革に着手した．関係各機関は，連邦政府と部族政府との政府間関係を前提とする部族自治権を認識し，部族政府による環境意思決定権を保障する方針が繰り返し強調されるようになった．

1992年に成立したエネルギー政策法に含まれたインディアン・エネルギー資源法は，エネルギー開発における部族の役割を強化し，これを通じて経済的な自立を促し，部族の土地におけるエネルギー関連のインフラ整備を行う指針を示した．その後も，2005年に成立したインディアン部族エネルギー・開発・自立法に至るまで，同様の政策を補強する流れがつくられた（Voggesser, 2010）．エネルギー政策においても，土地使用をめぐる部族自治権の遵守が強化される方向に舵取りがなされようとしている．

ただし，政策の具体的な実践については遅れが目立つ．連邦議会の付属調査機関による2015年の実態調査報告書は，各種の資源開発計画への対応が遅々として進まず，部族政府への利益還元もスムーズに行われていないことについて，内務省

インディアン局の怠慢を厳しく批判した（United States Government Accountability Office, 2015）．この調査が示したように，資源開発の分野で先住民族が，正当な利益を充分に享受することなく取り残されているという根源的な問題は未解決だ．

エネルギー資源開発によって，国家安全保障と経済発展を実現しようとする際に生じる難題が，環境保全・保護とのバランスである．持続可能な開発をどのように進めるべきなのかという課題に関して，アメリカ先住民族の間にもコンセンサスはない．中には，開発計画に異議を唱え，国内外の環境団体や市民団体と連携を図り，草の根の社会運動の担い手として活躍する個人や団体もある．

例えば，ミネソタ州に本部を持つ先住民環境ネットワークは，環境保護と社会正義の実現を究極の目標に掲げ，1990年代から主に有色人種の運動家が牽引してきた環境正義運動の草分け的存在である．その一方で，コロラド州デンバーに拠点を置く先住民団体，エネルギー資源部族評議会のように，経済発展のために資源開発を効率的に利用し，部族政府の政治経済力の強化を目指す動きもある．また，個人レベルでは，居留地内の私有地を開発業者に貸すことによって，現金収入を得たいと希望する先住民もいる．したがって，資源開発をめぐり，共同体の軋轢（あつれき）が激化した例が多数ある点に留意する必要がある．

持続可能性の観点に鑑み，連邦エネルギー省が現在注目しているのが，居留地における再生エネルギー開発の可能性である．同省は，持続可能な開発計画の目玉ともなりえる太陽光や風力による発電事業を受け入れる部族政府に対して，経済，雇用，教育支援などを行っている．エネルギー省インディアン・エネルギー部局が2016年に発表した翌年度の予算案報告書は，先住民族の土地について，全米の再生エネルギー生産の約5%を占める可能性を秘めていると指摘した．適切な予算配分を行えば，先住民族の土地で2,100 MWもの電力を生産することができるというのだ（Deschene, 2016）．

連邦政府としては，持続可能な開発を実践する

ために，先住民族の土地で進められる再生エネルギーの生産を支援する方針を固めており，既に多くの部族が恩恵を受けている．資源開発において歴史的に繰り返されてきた不正義を正すためにも，再生エネルギー事業の支援が必要だという考え方もある（Voggesser, 2010）．これは将来性と経済利益に富んだ事業で，連邦政府による「支援」については，「投資」と言い換えることができ，部族政府が掲げる，自治権，持続可能性，経済的安定の強化という長期的な目標とも合致している．

アメリカのエネルギー資源開発政策の歴史において，先住民族は現場で生活する当事者として，多種多様な経験を積み重ねてきた．豊富な資源を有する部族の大半は，20世紀から21世紀にかけて，乱開発の被害を経験しつつ，自治権をはじめとする諸権利を維持しながら，主体的に持続可能な開発計画に関わる方法を問い続けてきた．部族政府や先住民団体によるエネルギー資源政策は，開発推進，もしくは反対の立場を超え，セトラー・コロニアリズムの歴史的文脈，軍事大国アメリカの安全保障，グローバルな資本主義経済のプロセスに翻弄されながらも，先住民族としての生き残りを図る営みでもある．最後に，油田開発事業，州政府による雇用推進政策，連邦政府による環境・エネルギー政策の狭間に置かれながら，生活基盤でもある水源と，文化的アイデンティティとも言える土地を守るために立ち上がった，スタンディング・ロック・スー族の事例を紹介したい．

7.4 スタンディング・ロック・スー族と石油パイプラインの建設

2016年から2017年にかけて，石油パイプライン建設による地域雇用と経済開発，環境保全・保護，そして先住民族の権利をめぐる論争が，アメリカの国内外で注目を集めている．総工費38億ドルのパイプラインの建設計画の開始，2016年の冬にオバマ政権が下した計画中止の決断，年明けのトランプ大統領就任直後の政府方針の大転換を経て，現場近くのスタンディング・ロック・スー・インディアン居留地の先住民は，水源と，土地に根ざした生活文化を守るべく今も闘い続けている．彼らは，グローバルに展開する油田開発事業の利権，雇用機会の確保を最優先事項とする州や郡レベルの地方自治体の思惑，連邦レベルでの政策転換に翻弄されながらも，先祖から受け継いだ土地，生きとし生けるもの，さらには将来の世代に対して，いかにして責任を負うべきなのか，我々も共有すべき重要な問題提起を行ってきた．以下に，経緯を説明したい．

アメリカ西部のノースダコタ州とサウスダコタ州の州境に位置し，約9,300 km^{2}の総面積を誇る同居留地は，1889年に連邦政府によって設置された．居留地の先住民は，ダコタ，もしくはラコタの出自であるという民族アイデンティティを有しているが，一般的にはスー族として知られている．1849年にヨーロッパ系移民がカリフォルニアで金鉱を発見して以降，19世紀末の居留地設置に至るまで，ダコタ系，ラコタ系スー族の人々は，ほかの多くの部族と同様に，連邦政府との条約の締結，連邦政府による条約の反故，土地の収奪，ジェノサイドを基点とする，セトラー・コロニアリズムの歴史をたどった．2017年現在，これら2つの州に存在する先住民居留地は，この地域に居住していたダコタ，ラコタ，アラパホ先住民と連邦政府が1868年に結んだ，フォート・ララミー条約が定めた先住民族の領土のごく一部にすぎない．

大半の土地基盤を失ったままの現在に至るまで，スタンディング・ロック・スー・インディアン居留地の貧困，仕事不足，過疎化は深刻である．2010年の国勢調査によれば，居留地人口は8,217人で，その内の6,414人が先住民，もしくは先住民との混血であると申請した．居留地人口の40%が，連邦政府が定めた貧困ラインに届かず，これは国内平均の13.8%を大きく上回っている．さらに，2013年の失業率は86%に達している．居留地には農業，牧畜，賭博産業以外に主な経済活動がなく，部族内の総収入の30%を占めるのは，生活保護を含む連邦政府の福祉予算であるため，この部族は経済的な自立からはほど遠い状況にある（Hall and Wilkerson, 2012）．また，電気，水道，

台所のない家庭も多い．巨大企業による油田開発事業に巻き込まれている一方で，居留地の先住民はエネルギー資源がもたらす利便性や経済利益を享受していない．むしろ，その多くが，基本的なインフラストラクチャーさえも整わない住環境に置かれている．

以上のような経済的，社会的な難題を抱える部族のリーダーたちが，パイプライン建設計画の存在を知ったのは，2014年のことだった．石油パイプライン会社，エナジー・トランスファー・パートナーズは，ノースダコタ州のバッケン油田からサウスダコタ州とアイオワ州を通ってイリノイ州にまで続く，全長1,886 kmのパイプラインの建設を予定していた．1日47万バレルの石油を輸送するパイプラインは，居留地内を通るわけではないが，その水源であるミズーリ川と，ダム建設によってできたオアヒ湖の下を横断することになっていた（図7.1，7.2）．

部族政府は，水源や，聖地や墓地などの文化遺産への悪影響を理由に，建設反対の意思を表明した．若干の雇用機会の増加よりも，将来にわたる環境保全・保護の重要性，および，伝統的な聖地を含む，先祖伝来の土地に関わる諸政策に関して，部族の発言権を保障してほしいと訴えたのである．また，現在は連邦政府の管轄下にある現場の土地も，連邦政府が一方的に違反し続けてきた1868年の条約によれば，自分たちの領土であると主張している．環境保護庁，内務省，歴史保護諮問委員会などの連邦機関も，計画に懸念を示した上で見直しを提案したが，陸軍工兵司令部は2016年4月，工事の実施を許可した．

これを機に，全米各地の先住民族や環境・市民団体がスタンディング・ロック・スー族に加わり，大規模な反対運動が始まった．部族の呼びかけに応え，全米各地，さらには全世界から数千人にものぼる先住民，環境運動家，ブラック・ライブズ・マター（黒人の命も大切だ）運動の参加者を含む市民運動家，ジャーナリストなどが，現場近くに設置された宿営地に集結した．また12月初旬には，約2,000人の退役軍人が，現地に足を運び，人間の盾として支援する意思を表明した．

連邦公有地に設けられた宿営地付近では約5ヵ月間，建設反対派と地元警察，および会社が雇っていた警備員の対立が激化した．ノースダコタ州知事は，反対運動を押さえ込むために，州兵の出動を命じた．9月初旬に，ニューヨークに本拠地を置く独立系放送局デモクラシー・ナウのキャスターであるエイミー・グッドマンが報道した現場の映像は衝撃的だった．前日に撮影され，SNSなどを通じて多くの人々が視聴したクリップには，舌から真っ赤な血を滴らせる大型犬を連れた

図7.1　スタンディング・ロック・スー・インディアン居留地　　図7.2　ダコタ・パイプラインの経路

写真 7.1 オレゴン州ポートランドのダウンタウンでのパイプライン建設反対デモの様子.
2016年9月撮影. Diego G Diaz/Shutterstock.com より.

写真 7.2 建設反対派が現場近くに設けた宿営地.
2017年1月撮影. Photo Image/Shutterstock.com より.

警備員や，催眠スプレーの攻撃を受けて目をこする先住民男性，放たれた犬から逃げ惑う女性や子どもたちの姿が映っていた（Democracy Now, 2016a）．映像が公開されてから5日後，地元のモートン郡はグッドマンに逮捕状を発行した．当初の罪状は不法侵入だったが，証拠不十分との判断が下り，ノースダコタ州検察は結局，彼女を騒乱罪で起訴した（Democracy Now, 2016b）．結局裁判所はこれを却下したが，反対運動への取り締まりはますます厳しく，暴力的なものになった．

その後，この運動は都市部にも拡大し，各地でデモが行われるようになった（写真 7.1）．大手テレビ局や新聞などの主流メディアも重い腰を上げ，パイプライン建設反対運動に関する報道は急速に増加した．

11月23日付の『ロサンゼルス・タイムズ』によれば，現場付近における逮捕者数は500人以上に達した（Tolan, 2016）．また，同日付の『ハフィントン・ポスト』は，感謝祭の週末に起きた反対派と警察の衝突によって，約300人が負傷したと報じた（Bassett, 2016）．自らを「水の守り人」と呼ぶ市民たちは挫けることなく，遠く離れたテキサス州に本拠地を置く巨大企業による建設計画を食い止めるために，厳しい寒さのなか，建設予定現場の連邦公有地に張り巡らされたテント生活を続けた（写真 7.2）．彼らの運動には，様々な支援が国内外から寄せられた．

ただし，居留地の先住民が全員同じ方向を向いているかといえば，必ずしもそうではない．2016年11月3日，CNNは抵抗運動に積極的に参加しない居留地の住民の存在を報じた．全米，そして世界中から集まる社会運動家のせいで，居留地の日常がかき乱されている．パイプラインが通ってもかまわないという彼らの声にも耳を傾ける必要があるだろう（Ravitz, 2016）．先住民だからといって，皆が環境保全・保護や持続可能な開発を同じように望むわけではないのだ．しかし，居留地の先住民の代表である，スタンディング・ロック・スー族の部族政府が，一貫して反対運動の中核を担っていたことに変わりはない．

12月4日，反対運動を取り巻く状況が大きく変化した．建設予定地を管理している陸軍工兵司令部が，パイプラインのルート変更を含む，計画の見直しを決めたからである．その翌日，スタンディング・ロック・スー族の部族長は，座り込みを続けていた人々に，故郷に戻るように促す動画を配信した．部族政府のホームページに掲載された，部族長デイブ・アーチャムボルトによる声明は，この「歴史的な決断」を下したオバマ政権，反対運動で中心的な役割を果たした部族の若者たち，連帯を示した他の部族，世界中から集まった支援に感謝を伝えている（Stand with Standing Rock, 2016）．

石油開発事業と強い結び付きを有する，ドナルド・トランプが大統領に就任した2017年の初頭，状況は一変した．トランプ大統領は1月24日，カナダから原油を輸送するキーストーンXL・パイプラインとともに，ダコタ・アクセス・パイプラインの建設を推進する大統領令に署名した（写

7.4 スタンディング・ロック・スー族と石油パイプラインの建設　　81

写真 7.3 大統領令に署名するトランプ大統領

真 7.3）．大統領は署名の際に集まった報道陣に対して，開発事業は多くの雇用を生むとアピールした．彼はこのほかにも，ホワイトハウスが設置した，気候変動に関するホームページを削除し，地球温暖化への対策である二酸化炭素排出規制を非難する急先鋒の一人だった，オクラホマ州司法長官スコット・プルイットを環境保護庁長官に指名するなど，環境保全・保護とはかけ離れた開発政策を取る方針を明確にしている．また，気候変動に関するホームページが消滅したのと同じ日に，ホワイトハウスは先住民族関連のページもすべて削除したため，多くのアメリカ先住民は危機感を強めている．

スタンディング・ロック・スー部族長は，トランプ大統領への 1 月 25 日付の公開書簡において次のように述べた．「私たちはエネルギーの自給，国家安全保障，雇用創出，経済開発に反対しているわけではありません．ダコタ・アクセス・パイプラインが問題なのは，開発を推進しているからではないのです．そうではなく，部族政府に相談しないまま，計画を故意に，強引に押し進めていることこそが問題です」(Archambault, II, 2017). 部族長は，先住民族が開発計画に反対しているという短絡的な解釈を否定し，大統領に対して，自治権を有する先住民のネーションとの直接対話を求めた．

部族政府は，セトラー・コロニアリズムの文脈から生まれた一方的で，抑圧的なパイプライン建設計画に抵抗してきた．そして，自分たちの生活，文化，政治経済に関わる各種の政策決定に主体的に関与する権利を主張している．過疎化が進む僻地で，財政的に難しい状況に置かれながらも，部族関係者は居留地を基点に広がる社会運動を牽引し，多文化間の連帯に根ざした構造的な変革と，持続可能な将来に向けた第一歩にしたいという意志を堅持している．国連が提唱する持続可能な開発のための経済，環境，社会政策の一本化は，スタンディング・ロック・スー族にとっては，日常的な生活基盤である土地，さらには条約違反によって奪われた土地に対する権利を主張し，脱植民地化と社会正義を追求する運動というかたちに集約されている．

7.5 持続可能な社会の実現に向けて

スタンディング・ロック・スー族が中心となって進めてきた座り込み運動では，油田開発を推進する巨大企業に対して，故郷の土地と水を守ろうとする先住民族が異議を唱えた．これを取り巻く連邦政府や地元自治体，パイプライン建設労働者，環境運動家，市民運動家などによる主張は，それぞれが複雑に絡み合いながら変化を遂げており，政治的な妥協点を見つけるのは極めて難しい．この事象は，経済・資源開発計画，自然環境，過疎化した地元の雇用，将来の世代に対する責任，先住民族の権利について，連邦・州・郡・部族政府や，市民がいかに受け止め，対応していくべきなのかという，現代社会が直面する困難な課題を浮き彫りにしている．

本章が紹介した，アメリカ先住民族と資源開発をめぐる葛藤が，他の場所で生じる問題にそのまま当てはまるわけではない．世界各地で起きている様々な事象は複雑，かつ，多様である．しかし，グローバルに展開する資本主義経済の下で進められる開発事業と，植民地主義の歴史的文脈において「開発」途上であると見なされ，差別の対象になってきた先住民族の営みが交差するとき，それぞれの社会や共同体に内在する諸問題が明らかになるという事象は共通している．すなわち，開発という視座が内包する「未開」対「文明」という歪んだ構図，グローバルに展開する巨大資本による開発計画の地理的フロンティアでの受益と受苦の不平等，先住民族を現在も周縁化する社会のあ

り方，現代社会に深く根付いた植民地主義や人種差別のイデオロギーに関わる問題である．

　雇用機会と経済発展と環境保全・保護を対立軸と定め，科学者による温暖化の現実さえも否定するトランプ政権下において，パイプライン建設は恐らく実行される方向に進むであろう．長い時間をかけて大地との深いつながりを育んできた先住民族のイニシアティブによる草の根の抵抗運動の広がりは，セトラー・コロニアリズムへの異議申し立てであり，持続可能な将来に向けた社会変革の可能性を示している．これを逆の方向から考えてみるならば，持続可能な生活や社会を実現するには，社会に深く根を張った差別構造を解体する必要があるという発想が見えてくるのではないだろうか．　　　　　　　　　　〔石山徳子〕

引用文献

外務省（n.d.）：我々の世界を変革する：持続可能な開発のための2030アジェンダ（2015年9月25日第70回国連総会で採択）（仮訳）（国連文書A/70/L.1を基に外務省で作成）．
　http://www.mofa.go.jp/mofaj/files/000101402.pdf（最終閲覧日：2017年1月30日）

岸上伸啓編（2009）：開発と先住民．明石書店．

国連広報センター（n.d.a）：先住民族．
　http://www.unic.or.jp/activities/humanrights/discrimination/indigenous_people/（最終閲覧日：2017年1月30日）

国連広報センター（n.d.b）：持続可能な開発．
　http://www.unic.or.jp/activities/economic_social_development/sustainable_development/（最終閲覧日：2017年1月30日）

Archambault, II, D.（2017）：Letter to President Donald J. Trump. January 25.
　http://standwithstandingrock.net/letter-president-trump/（最終閲覧日：2017年1月30日）

Bassett, L.（2016）：On thanksgiving week, Native Americans are being tear-gassed in North Dakota. *The Huffington Post*. November 23.
　http://wwwhuffingtonpost.com/entry/standing-rock-sioux-tear-gas-thanksgiving_us_583496a3e4b000af95ece35d（最終閲覧日：2017年1月30日）

Democracy Now（2016a）：Canine expert decries 'Egregious' & 'Horrific' dog attacks on Native Americans defending burial site. September 6.
　https://www.democracynow.org/2016/9/6/canine_expert_decries_egregious_horrific_dog（最終閲覧日：2017年1月30日）

Democracy Now（2016b）：Press freedom victory：Riot charges dropped against Amy Goodman over Dakota pipeline coverage. October 18.
　https://www.democracynow.org/2016/10/18/victory_for_press_freedom_amy_goodman（最終閲覧日：2017年1月30日）

Deschene, C.C.（2016）：DOE office of Indian Energy, 2017 budget rollout presentation. February 10.
　https://energy.gov/sites/prod/files/2016/02/f29/OIEPP%20FY2017%20Budget%20Rollout%20021116_revised2.pdf（最終閲覧日：2017年1月30日）

Glennie, J.（2014）：Why are indigenous people left out of the sustainable development goals? *Guardian*. August 14.
　https://www.theguardian.com/global-development/poverty-matters/2014/aug/14/indigenous-people-sustainable-development-goals（最終閲覧日：2017年1月30日）

Hall, R. and Brian E.W.（2012）：Standing Rock Sioux Tribe：2013–2017 comprehensive economic development strategy. Standing Rock Sioux Tribe.
　http://standingrock.org/data/upfiles/files/SRST%20CEDS%20For%20Community%20Review%2012%207%2012.pdf（最終閲覧日：2017年1月30日）

Ravitz, J.（2016）：Not all Standing Rock Sioux are protesting the pipeline. CNN. November 3.
　http://edition.cnn.com/2016/10/29/us/dakota-pipeline-standing-rock-sioux/（最終閲覧日：2017年1月30日）

Smith, S.L. and Frehner B.（2010）：Introduction. In Smith, S.L. and Frehner B.（Eds.）*Indians & energy：exploitation and opportunity in the American Southwest*. Santa Fe：School for Advanced Research Press, pp. 3-20.

Stand with Standing Rock（2016）：Standing Rock Sioux Tribe's statement on U.S. Army corps of engineers decision to not grant easement. December 4.
　http://standwithstandingrock.net/standing-rock-sioux-tribes-statement-u-s-army-corps-engineers-decision-not-grant-easement/（最終閲覧日：2017年1月30日）

The United States Department of Justice, Office of Public Affairs（2017）：Justice Department, EPA and The Navajo Nation announce settlement for cleanup of 94 abandoned uranium mines on the Navajo Nation. January 17.
　https://www.justice.gov/opa/pr/justice-department-epa-and-navajo-nation-announce-settlement-cleanup-94-abandoned-uranium（最終閲覧日：2017年1月30日）

Thornton, R.（1998）：*Studying Native America：Problems and prospects*. Madison and London：University of Wisconsin Press.

Tolan, S.（2016）：Dakota access pipeline protesters vow

to continue, despite threat of more dousing with hoses. *Los Angeles Times*. November 23.

United States Census Bureau (2016)：American Indian and Alaska Native heritage. November 2. CB16-FF. 22. https://www.census.gov/content/dam/Census/newsroom/facts-for-features/2016/cb26-ff22_aian.pdf（最終閲覧日：2017 年 1 月 30 日）

United States Government Accountability Office (2015)：Indian energy development：Poor management by BIA has hindered energy development on Indian lands. Report to the Chairman, committee on Indian affairs, U.S. Senate. June.

http://www.gao.gov/assets/680/670701.pdf（最終閲覧日：2017 年 1 月 30 日）

Voggesser, G. (2010)：The evolution of federal energy policy for tribal lands and the renewable energy future. In Smith, S.L. and Brian F. (Eds.)：*Indians & energy：exploitation and opportunity in the American Southwest*. Santa Fe：School for Advanced Research Press, pp. 55-88.

Wolfe, P. (2006)：Settler colonialism and the elimination of the Native." *Journal of Genocide Research*, 8(4), 387-409.

【ナバホ・ネーションのウラン開発】

　ナバホ・ネーションは全米最大の居留地で，その大部分がアリゾナ州の北東に位置し，さらにニューメキシコ州の西北とユタ州の南東の一部を占め，コロラド州の南西端に接している．同居留地では，1944 年から 86 年にかけて，約 400 万 t ものウラン鉱石が採掘された．連邦政府による冷戦期の核兵器開発，および，民間企業による核エネルギー生産は，ナバホ・ネーションをはじめとするコロラド高原のウラン採掘・精錬の現場と，労働者によって支えられていた．

　ナバホ鉱夫の大半は，環境リスクについて知識を持たぬまま，防護服も身に付けずに換気設備のない鉱山で働いた．また，連邦政府はウラン開発のリスクについて把握していたにも関わらず，情報を開示せずに放置した．結果的に，多くの先住民が呼吸器系の疾患，内臓疾患，癌を患うに至った．

　ナバホ先住民は 1979 年，資源開発会社と連邦政府の責任を問う訴訟を起こすが，核実験で風下に置かれた人々に加え，ウラン鉱夫とウラン精製工場の労働者に対する補償を定めた放射能汚染被曝法が成立したのは 1990 年，運搬夫も補償の対象とした改正法の成立は 2000 年にまで持ち越された．

　さらに注目すべきなのが，除染作業の遅れである．2014 年に環境保護庁が発表した計画書は，建物，水源，ウラン廃鉱のアセスメントと除染，廃棄物処分場の整備，ウラン精錬場跡における健康と環境の保護，健康調査などに関して，重大な課題が残されていることを示した．2017 年現在も作業終了の目処は立っていない（The United States Department of Justice, Office of Public Affairs, 2017）．

　第二次世界大戦から冷戦期にかけて，国家安全保障の美旗を掲げて進められたウラン開発が，貧困に喘ぐ僻地の先住民居留地に残した爪痕はあまりにも深い．補償や，除染作業の極端な遅れは，セトラー・コロニアリズムの歴史空間において見えにくい存在に追いやられ，放置されてきた先住民族のアメリカ社会における位置付けを物語るものだ．

8
地域間格差と貧困

格差や貧困はどのような状態を指す概念であり，どのような基準で判断されるものなのだろうか．ある地域で生まれ育った人と，別の地域で生まれ育った人の間で格差や貧困の有り様が異なるのはなぜだろうか．そして，私たちの社会は，こうした状態をどのように捉え，対応していくべきなのだろうか．本章では，様々なデータや図版を参照し，多くの事例を引き合いに出しながら，格差と貧困，そして地域がどのように関係しているのかを多面的に考えていきたい．

8.1 格差と貧困

格差と貧困の問題を考えていくのに先立って，この2つの概念の定義について整理しておきたい．

貧困にはいくつかの異なった考え方があるが，大きく絶対的貧困と相対的貧困の2つの考え方がある（庄司ほか編，1997）．絶対的貧困とは文字通り，「生きていく」ために必要な所得が得られているかどうかを問題とする．そのため，衣食住の確保に最低限必要なコストを計算し，これを貧困線として，貧困線以下の所得しか得られていない人々を貧困状態にあるものと考える．

しかし，金銭的な所得だけで，貧困を理解できるだろうか．もしそうであるならば，例えば所得水準と平均寿命は比例しているはずである．図 8.1 は，2015 年における国別の人口あたりの GDP と平均寿命の散布図である．確かに，両者には強い相関関係が認められるものの，中所得国以下ではかなりの幅がみられる．例えば，ベトナム（人口あたりの GDP = 2,088 米ドル／平均寿命 = 76.0 歳）とナイジェリア（2,743 米ドル／54.5 歳）は，人口あたりの GDP はナイジェリアの方が高いにも関わらず，平均寿命は 20 歳以上もベトナムの方が長い．内戦や HIV 感染などに苦しんでいる国が多いアフリカ諸国の平均寿命は総じて短い．その一方で，低所得であるにも関わらず，平均寿命の長い地域も存在する．インドの

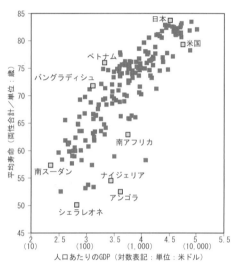

図 8.1 国別に見た人口あたりの GDP と平均寿命の関係 (2015 年) 国際通貨基金（人口あたりの GDP）／世界保健機構（平均寿命）資料より作成．

ケララ州は，所得水準の低さにも関わらず平均寿命は同国の中でも長い．インド出身の厚生経済学者のアマルティア・センは，その理由を女性の識字率の高さをはじめとした教育水準の高さ，適切な公共政策の実施，行動的な大衆の存在，女性の社会的地位の相対的な高さなどに求めている（セン，2000）．

一方で，相対的貧困という考え方も存在する．相対的貧困は，対象となる個人が置かれている社会的・地域的な文脈に即して考えたときに「恥ずかしくない生活」が送れるかどうかを貧困の基準とする．例えば，先進国において，近隣の人々と

「恥ずかしくない」付き合いをしていこうとすれば，しかるべき住宅での生活や身繕いが必要になる．こうした貧困の考え方が提起されたのは，高い水準の持続的な経済成長を背景に，国家の責任において高い水準の福祉を保証すべきである，という考え方が支配的であった1970年代初頭までの福祉国家の時代である．しかし，その後の不況期には，福祉国家は国の競争力の障害となる「贅沢品」であると見なされ，すべての人に最低限の生活を保証することを目的に設置された生活保護の受給者は「怠け者」として非難の対象となった．

人道的・倫理的観点より，絶対的貧困の問題を否定する者はほとんどいないだろう．しかし，物価水準の違いのため衣食住の財を購入するのに必要なコストは国ごとに異なる．世界銀行が示している国際貧困線（international poverty line）は2016年現在，1日1.90ドルとされているが，先進国においてこの収入で生きていくことは不可能に近い．また，相対的貧困の有り様は，そのときどきの経済的・社会的文脈にも左右される．

格差とは，似て非なる概念として差異がある．例えば，ある人の給与が10万円，別の人の給与が20万円であるとする．しかし，前者は必要最小限の収入だけを得てあとは自分の趣味のために時間を費やしたい，という価値観を持っており，週に3日しか働いていない．一方，後者は，できるだけ高い所得を得たい，と考え，週6日働いているとする．このような場合に両者の給与差は格差と言えるだろうか．むしろ，労働やライフスタイルに対する価値観の違いによる差異として扱うべきであろう．

では同じ労働に対して，ある地域では30万円，別の地域では15万円の給与が払われている状態はどうだろうか．現在，日本では正規労働者と非正規労働者の間で同一労働に対する賃金が大きく異なっている点が問題視されており，議論の余地のない格差であるように思われるかもしれない．しかし，前者は非常に生活環境が悪い地域で，後者はとても快適な生活環境であるとする．このような環境差が給与差を相殺しており，両者に同じだけの効用をもたらしていると考えるならば，給与差も差異として扱うこともできる．大都市圏から農山村や離島など，決して給与の面で就業条件に恵まれているとは言えない地域への移住者は，これらの地域に給与以外の価値を見出しているからにほかならない．

格差は，こうした個人の選好の問題を超えた構造的な問題によって，不利な状況に置かれている人々が存在し，社会的にその解消が望まれる場合に用いられるが，両者の線引きもまた様々な文脈に左右され，絶対的なものとは言えない．

地域的な格差を測定する際に，その指標として用いられるのは地域的な形で集計された値である．国家間の比較であれば，人口あたりのGDPなどが使われ，都道府県間での比較であれば人口あたりの県民所得が用いられる．しかし，ここで注意しなければならないのは，これらはあくまでも集計量であり，低所得地域とされた地域にも

写真8.1　途上国の富裕層と先進国の貧困層
ラオス北部のルアンパバーン（世界遺産の町）で道路建設で財をなした富豪の邸宅（2017年6月，横山　智撮影）と大阪・釜ヶ崎のドヤ街（2007年4月，梶田　真撮影）．

86　　8．地域間格差と貧困

高所得者はいるし，逆に高所得地域とされた地域の中にも低所得者が存在する．例えば，戦後，人口あたりの県民所得の1位は常に東京都であったが，その内部には多数のホームレスの人々や生活保護受給者の人々が存在する．逆に，一般に所得水準が低いとされる過疎山村の中にも大規模な山林の所有者や建設業の経営者のような高所得者が存在している．このように，地域的な格差を議論する際には，地域内の格差についても留意しなければならない（写真8.1）．

8.2 貧困の発生と地域

では次に，貧困が生じる理由について考えていきたい．

貧困を引き起こす要因は多岐にわたる．例えば，お金を稼ぐためには何らかの仕事につく必要がある．それぞれの産業では，固有のスキルや教育を必要としており，これらを持たない労働力が安定した雇用を勝ち取ることは難しい．近年は，企業が労働力の量的・質的調整を容易にするためにパートタイムや派遣労働者などの非正規雇用の利用を拡大させていることで，ますます安定した雇用を確保することが難しくなっている．また，技術進歩に伴うスキルの陳腐化という問題も存在する．近年の情報化・インターネットの普及の中で，様々な書類の作成・申請がウェブ上でなされるようになっているが，その結果，こうした書類の作成・代行業務に従事していた労働者のスキルは経済的な価値を失っている．

また，貧困は必要な知識にアクセスできないことによっても生じる．家族計画が浸透しておらず多産の国々では，貧困が発生しやすい．さらに，こうした国々において，自分たちの世代を支える働き手として子どもが捉えられていることが問題をより深刻なものとしている．所得が少ない中で多くの子どもを産めば，子どもの教育に投資することは難しくなる．また，避妊をはじめとした公衆衛生に関する知識の欠如によってアフリカ諸国におけるHIV感染者の比率は非常に高い．

前節で述べたように，地域的な格差は必ずしも個人間の格差に直結している訳ではない．けれど

も，地域の有り様は貧困を引き起こす重要な変数の1つとなっている．暮らしている国や地域の中に，安定的で十分な所得を与えてくれる雇用の機会が少なければ，こうした雇用を勝ち取ることができなかった多くの人々は，自分で稼ぐ方法を探さなければならない．同じ能力を持った人々でも，雇用機会が潤沢にある国や地域で暮らしていれば，そうした問題はあまり深刻なものとはならないだろう．

教育やスキルの獲得においても地域は重要な変数となる．高所得者はその経済力によって自由に居住地を選択することができる．それゆえに，治安がよく，同じような経済的・社会的状況にある人たちが多く住む地域に集まるようになり，郊外などに高級住宅地を形成していく．他方，低所得者は，こうした地域に住めるだけの経済力を持っていないため，インナーシティの不良住宅地区などに集住するようになる．前者の地域では，親の経済力や学校・同級生などの近隣環境に影響を受け高学歴，そして高所得の人々が再生産される．一方，後者では，その多くが治安が悪く犯罪率の高い地域であり，逆の形で近隣環境に影響され，貧困層が再生産される．先にあげたアフリカにおけるHIV感染の問題も，公衆衛生に関する教育機会，換言すれば必要な知識に対するアクセスの欠如に強い影響を受けている．

一方で，地域内における富の分配が歪んでいるために生じている貧困もある．例えば，人口あたりのGDPで見た場合には非常に貧しい国であっても，その中の一握りの人々が富を独占し，彼ら／彼女らが，豊かな国の富裕層以上の所得を得ている場合もある．図8.2は，ジニ係数を用いて所得分配の不平等の度合いを示したものである．ジニ係数は0から1までの間の値を取り，値が大きいほど集団内の不平等の度合いが大きい状態であることを意味する．

データの制約から中東諸国や北アフリカ諸国のデータが欠損しているものの，この図より所得分配の不平等度には大きな地域差があることが読み取れる．西欧諸国や日本では総じてジニ係数の値は低い．ただし，8兆円以上の資産を持つマイ

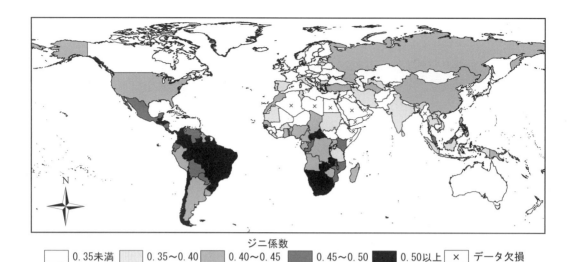

図 8.2 国別に見た所得分配におけるジニ係数（2011〜12 年頃）
国によって測定年に違いがある.
世界銀行資料より作成.

クロソフト社のビル・ゲイツ氏を筆頭に，フォーブス誌の 2016 年世界億万長者ランキングの上位 30 人中の 20 人を占めているアメリカは，先進国でも貧富の差が大きいことで知られ，ジニ係数は 0.40 を超えている．また，南アフリカ (0.63)，ブラジル (0.53)，チリ (0.51) などの国々は，非常に大きなジニ係数を記録している．南アフリカの場合，所得の上位 10% の人々が全体の所得の半分以上 (51.3%) を得ている一方で，下位 10% の人々の所得のシェアはわずか 0.9% にすぎない．

資源に恵まれた地域であれば，これらの資源を売却することで豊かな生活を享受することができるだろう．しかし，こうした資源が一握りの人々によって独占されているならば，あるいは，他国の企業が利用権を持っているのであれば，貧困からの脱却に寄与することができない．肥沃で広大な農地があったとしても，少数の地主が支配し，多額の小作料を要求されれば，その生活は厳しいものとなろう．1962 年に国連が，資源を自国の発展と福祉のために用いることができるようにすることを定めた「天然資源に対する恒久主権の権利」を宣言し，産油国が OPEC（石油輸出国機構）を結成して，自国資源を諸外国との交渉カードとして用いるようになった背景には，自国の資源を外国の企業などに支配され，自国民の福祉のために活用することができなかった，過去の苦い経験が存在している．こうした一連の動きは，資源ナショナリズムと呼ばれている．

8.3 貧困の再生産

では，貧しい地域が貧困状態を脱却して豊かな地域へと発展していくためにはどうしたらよいだろうか．残念ながら，それは容易なことではない．

かつて植民地であった国々の多くは，現在も低い所得水準に苦しんでいる．宗主国にとって，植民地は必要な原材料を生産・調達する場所であり，効率的な供給のために特定産物の生産に特化した経済構造（モノカルチャー経済）が形づくられていった．こうした国々は，気候の変化などによる収量の変化や市場価格の変動によって，非常に不安定な経済状況の下に置かれることになる．植民地は宗主国で生産した製品の市場でもあり，両者の間で不均等かつ搾取的な取引がなされてきたことで，宗主国に莫大な利益がもたらされるとともに，植民地は貧困に苦しめられた．第二次世界大戦後，植民地は相次いで独立を果たしたが，経済発展を遂げるための開発を行うために必要な資本がなく，資本を獲得するためには，従来通りの生産活動を維持せざるをえなかった．フェアトレード（公正取引）運動のように，こうした関係を改め，市場メカニズムとは独立した形で，生産者に

安定した生活を保証できる価格での取引を通じて，これらの国々の生活の改善や自立，ひいてはモノカルチャー経済からの脱却を支援しようとする動きも見られる．しかし，市場主義経済の下で，できるだけ安く，安定的した調達を図ろうとするグローバルな産業資本と，より良いものをより安く購入しようとする消費者の巨大な力の下で，旧植民地の国々がこのような構造から脱却することは困難であると言わざるを得ない．

また，貧しい地域の貧しい家庭に生まれた子どもは家計を助けるために，早い段階で仕事をすることが求められる．一方で，豊かな地域の富裕な家庭に生まれた子どもは，そのような必要性がなく，親は教育に投資するだけの十分な経済力を持っている．その結果，貧しい家庭の子どもは十分な教育を受けることができず，将来的に所得水準が低くなる可能性が高く，豊かな家庭の子どもは，高い所得を得る可能性が高い．こうして貧困は世代的，そして地域的に再生産されていく．

かつて，日本の地方圏の貧しい地域では，経済的そして地理的な理由から進学することが困難な状況が存在していた．本人が勉強したいという意欲と能力を持っていたとしても，経済的な理由から親は早い段階での就労を求めた．高校に進学する場合でも定時制で仕事との両立が求められ，卒業までたどりつくことのできた者は少数であった．また，人口が希薄であった地方圏の周辺部では近隣に高校が少なく，進学するためには高額で長時間を要する公共交通での移動か，下宿生活が必要となった．教育機会は，上級で高度なものになっていくほど大都市圏に集中していくため，低所得の地域の住民は，学費に加えて，高額の費用を要する大都市圏での生活費も負担しなければならない．貧しい地域の子弟が，豊かな地域の子弟に伍して学歴やスキルを獲得するためには，こうした大きな壁を乗り越えなければならないのである．

8.4　人口移動は貧困地域を解決するか

こうした地域間格差の存在の中で，貧しい地域から豊かな地域に移動することによって貧困から脱却しようとする動きが生じる．移民は，こうした動機によって生み出されている．言葉や教育という大きな障壁が存在する中で，自分の子どもあるいは孫世代に希望を託す形で先進国に移住し，低賃金労働に従事する移民たちも多い．少子高齢化が進む先進国の側でも，移民労働力を活用することで必要な労働力，そして経済的競争力を維持しようとする動きが広く見られる．しかし，問題はそう簡単には解消されない．例えば，EU に加盟すると，加盟国同士の労働力移動は自由となる．21 世紀に入ると，EU の東方拡大によって，経済水準の低い東欧諸国から多くの労働力が西欧諸国に移住していった．その結果，西欧諸国では，仕事を巡る競争が激しくなり，福祉サービスなどの社会的コストが重くのしかかっていった．次第に国民の不満が高まっていき，移民排斥運動も顕在化していく．そうした一連の流れの中，イギリスでは，2016 年の国民投票の結果を踏まえて EU 離脱の決定を下すに至っている．それゆえに，外国人労働力の受け入れを，自国で不足しているスキルを持った高度人材に限定しようとする動きも見られる．

日本国内でも同様のメカニズム，そして問題が存在する．図 8.3 は，先に用いたジニ係数を利用して，人口あたりの県民所得の格差の動きと，地方圏からの転出者数の動きを示したものであるが，両者の形状は非常に良く似ており，経済格差が拡大すると人口流出が増加し，縮小すると沈静化する，という動きを繰り返してきた．戦後最大のジニ係数を記録した 1960 年代初頭の時期には，地方圏からの転出者数が年間 60 万人を超えている．このような人口流出に対して，当時一部の研究者は「最適な人口分布に至るための過渡期な現象である」と主張した．けれども実際にはそうはならなかった．居住地を移動することによって安定した雇用を期待することができたのは若く，学歴やスキルを備えた人々だけであり，彼ら／彼女らが大挙して流出する一方で，そうでない人々の多くは地域に滞留する，という選択的な形で人口移動が生じたためである．その結果，人口が流出した地方圏からは地域の将来を担っていく若くて

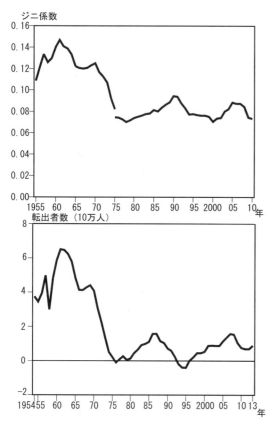

図8.3 人口あたりの県民所得のジニ係数と地方圏からの転出者数の推移
1965年と1975年の2時点で県民所得の推計方法が変更されているため、両年度では2つのジニ係数を示している。
『県民経済計算年報』、『住民基本台帳人口要覧』、『住民基本台帳人口移動報告年報』より作成。

有能な人々がいなくなり、さらに衰退が進んでいく、という負のスパイラルが生じることになった。

8.5 貧困地域からの脱却に向けて

このように見ていくと、貧困の発生は、個人の資質や努力の有り様だけに起因するものではなく、どのような国・地域に生まれ、どのような環境の下で育ったのかに左右されており、それが貧困地域の再生産につながっていることが理解できるだろう。

さらに、様々なリスクも存在する。景気が悪くなれば周辺的な労働力を中心に失業のリスクが高まるし、病気や事故によって子どもが保護者を失うリスクも存在する。寿命が長くなることは喜ばしいことであるが、退職後のより長い期間をカバーできるだけの資産形成や年金が必要となる。

高齢化の進展に伴って、先進国では高齢貧困者が増大しており、人口が減少している青壮年層への社会保障負担増が危惧されている。現代社会の特徴を社会学者ベックが「リスク社会」と特徴付けているように、経済や社会の不確実性はますます高まっている（ベック、1998）。

このようなリスクの大きさは属性によって大きく異なる。例えば、離婚に伴う経済的なリスクは一般的に女性の方が大きい。それは、労働市場において女性の方が不利な立場に置かれ、職業上・キャリア上の差別が存在しているためである。とりわけ専業主婦として育児・家事に専念し、職業的なキャリアを中断してしまった女性が、離婚後に十分な所得を得る仕事を見つけることは容易ではない。その結果、シングルマザーを中心として、離婚女性の多くが貧困に苦しんでいる。

このような中で、貧困を差異として、あるいは、個人の問題として扱うことが適切であると言えるだろうか。人道的・倫理的な観点から絶対的貧困のような状態が看過し得ないものであることは言うまでもない。しかし、それ以外にも格差や貧困の回避が求められる様々な理由が存在する。地域的な格差と貧富の拡大は、社会的な緊張を引き起こす。一国内であれば、地域間の対立が顕在化し、貧しい地域は「自分の地域は、この国の中で差別的な扱いを受けおり、それゆえに貧しい状況を甘受させられている」と考え、不満を募らせていく。それが深刻化すれば分離・独立運動へと展開しかねない。国際的にも、政治的な安定が失われれば、先進国の繁栄の基盤は揺るがされる。また、格差や貧困の拡大によって著しい人口移動が生じれば、一方では経済的・社会的活動を維持するために必要な人口を割り込んだ地域が生まれ、他方では過度な人口の集中によって道路や鉄道などの社会インフラが麻痺状態に陥ったり、狭隘で密集した住宅での生活を余儀なくされる地域が出現する。このような問題は、高度経済成長期の日本において過疎-過密問題と呼ばれた。

また、戦後の東アジア諸国の顕著な経済成長の要因を分析した世界銀行の報告書『東アジアの奇跡』（世界銀行、1994）では、これらの国々では、

格差が少なく，全層的に教育水準が高いことなどによって，質の高い労働力が生み出され，国の経済的競争力を高めていること指摘され，大きな注目を集めた．貧困や格差の是正が，政治的・社会的安定にとどまらず，国全体の経済にとってもメリットがあることが示されたのである．

こうした背景の下で，格差や貧困を改善していくための様々な取り組みが国内的，そして国際的なレベルで進められてきた．先進国では，国民すべてに一定水準の生活を保障するとともに，失業保険制度，生活保護制度などのセイフティ・ネット（安全網）を設けることによって様々なリスクに対応しようとしている．また，公共施設のバリアフリー化や子育て支援策の強化などを通じて，自分の意欲や能力を十分に発揮することのできる社会の実現も目指されている．

格差のところで触れたように，人はそれぞれに価値観や嗜好，人生の目的が異なっており，何が重要であるのかを第三者が画一的に決めることはできない．この点を踏まえて，センは「何をすることができるか」の選択肢の大きさを重視し，潜在能力を基準とした開発を提起する（セン，1999）．このような開発のあり方は，人間開発として具体化される．人間開発とは，「人々が各自の可能性を十全に開花させ，それぞれの必要と関心に応じて生産的かつ創造的な人生を開拓できるような環境を創出すること」であり，四半世紀以上に渡って国連による取り組みが進められている．

人間開発の指標となる人間開発指数（human development index, HDI）は，人間開発の3つの側面である「長寿で健康な生活」，「知識を獲得する能力」，「十分な生活水準を達成する能力」に焦点をあてた合成関数であり，経済的指標（人口あたりの国民総所得）に加えて，平均寿命，平均就学年数などによって算出されている（国連開発計画編，2016）．さらに不平等の度合いに基づいてHDIを割り引いた不平等修正済みHDIも算出されている．この不平等修正済みHDIと平均寿命に関する散布図を作成すると図8.4のようになる．平均寿命が不平等修正済みHDIの構成

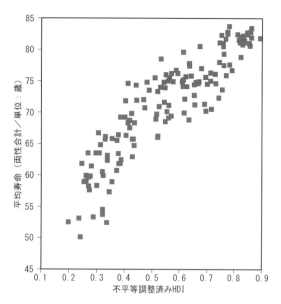

図8.4 国別に見た不平等調整済みHDI（2014年）と平均寿命（2015年）の関係
国連開発計画（不平等調整済みHDI），世界保健機関（平均寿命）資料より作成．

要素の1つとなっていることや，不平等修正済みHDIのデータが示されていない国が除かれていることを考慮しても，人口あたりのGDP（図8.1）よりも明瞭な相関関係が認められ，より高い説明力を有していることが分かる．人間開発を推し進めていくため，各国では，知識やスキルの獲得へのアクセスの改善，不利な立場に置かれている集団に対する差別の是正措置（アファーマティブ・アクション）などの取り組みが行われている．

発展途上国では，先進国の資本や技術の導入によって地域の開発を図ろうとする取り組みが数多く行われてきた．しかし，これらが効果的に機能してきたかといえば，必ずしもそうではない．なぜうまく機能していないのだろうか．例えば，技術支援であれば，技術を提供する側の先進国の技術者が，提供先の地域のローカルな地理的・社会的・文化的特性に対して十分な考慮を払わなかったために，整備したインフラが効果的に機能しなかった事例は少なくない．また，発展途上国への金銭や物資の支援が，政治的・行政的エリートや中間段階のエージェントによる搾取などによって奪われ，それを必要としている現地の人々に十分に行き届かなかった事例も少なからず報告されて

いる．また，先進国が支援を行う真の目的が自国の利益の獲得にあり，開発を行う資源の利用権と連動した援助であったり，自国企業の受注を支援の条件にしていることも多い．こうした形での支援は，必ずしも支援先の地域の貧困脱出につながっていない．

近年ではこうした問題の存在が広く認識され，それを克服していくための試みもなされている．NPO（非営利組織），あるいはNGO（非政府組織）による多様な支援の取り組みは，貧困問題の解消においてますます大きな役割を果たすようになっている．政府のような官僚的な組織と比べて，NPOやNGOは，柔軟で小回りが利き，ローカルな地域の実情を踏まえた活動が期待されている．さらに，支援先の人々とともに考え，議論していきながら地域の実情に即した開発を創り上げていこうとする参加型開発の取り組みも進んでおり（例えば，斎藤編，2002），その過程を通じて差別や抑圧を内包した在来社会の変革も模索されている．　　　　　　　　　　　　　〔梶田　真〕

引用文献

国連開発計画編（2016）：人間開発報告2015：人間開発のための仕事．CCCメディアハウス．[United Nations Development Programme (2015)：Human Development Report 2015.]

斎藤文彦編（2002）：参加型開発：貧しい人々が主役となる開発に向けて．日本評論社．

庄司洋子・藤村正之・杉村　宏編（1997）：貧困・不平等と社会福祉．有斐閣．

世界銀行，白鳥正喜監訳（1994）：東アジアの奇跡：経済成長と政府の役割．東洋経済新報社．[World Bank (1993)：The East Asian miracles: Economic growth and public policy. Oxford University Press.]

アマルティア・セン，池本幸生・野上裕生・佐藤　仁訳（1999）：不平等の再検討：潜在能力と自由．岩波書店．[Sen, A.K. (1992)：*Inequality reexamined.* Harvard University Press.]

アマルティア・セン，黒崎　卓・山崎幸治訳（2000）：貧困と飢餓．岩波書店．[Sen, A.K. (1990)：*Poverty and famines：an essay on entitlement and deprivation.* Clarendon Press.]

ウルリヒ・ベック，東　廉，伊藤美登里訳（1998）：危険社会：新しい近代への道．法政大学出版局．[Beck, U. (1986)：Risikogesellschaft auf dem Weg in eine andere Moderne. Suhrkamp.]

【高校の全日制分校】

読者のみなさん，特に大都市圏出身のみなさんは，高校に全日制の分校があることをご存知だろうか．

戦後，地方圏の農山漁村の子弟に対する高校教育の機会を確保するために，各地で定時制の分校が設立された．これらの分校の多くは，全国的な高校進学率の上昇と普通科志向の高まりの中で，1960年代以降，独立して本校に昇格するか，廃校となるかのいずれかの運命をたどった．しかし，本校に昇格するためには，ある程度の入学者数が見込め，学級数が確保できることが条件となる．国土の最縁辺部では，本校に昇格させるのに必要な生徒数を確保することは困難であったが，分校が廃止されると遠く離れた本校などに通うか下宿しなければならなくなる．そこで，地域をあげて全日制化を働きかけ，分校のまま全日制化を実現したのが全日制分校であった．

こうした設立の経緯より，そのほとんどが国土最縁辺部に立地する全日制分校は，文字通り「地域の学校」であった．生徒の大半が近隣の子弟で構成され，地域住民は学校の維持・振興のために有形無形の支援を行った．全日制化を実現した当初，多くの全日制分校は活気にあふれており，大学への進学を目指そうとする生徒や，彼ら／彼女らを熱心に支援する教員も少なくなかった．しかし，少子化や進学行動の変化などによって，次第に生徒数は減少し，現在ではその多くが姿を消してしまっている．これらの学校の廃校記念誌は，各地の図書館で所蔵されており，全日制化の実現に向けた活動や学校生活の実態が詳細に記録されている．そこからは，高校に進学し卒業すること，そしてさらにその先の学校に進学することに対する当時の在校生や教員の思い，そして「地域の学校」に対する地元住民の思いを伺い知ることができるだろう．

9

アフリカ・日本から考える人口問題と都市-農村関係

人口が問題視されるのは，ある地域にとって人口が過剰に増える／減る状況が生じた場合，あるいは地域間における著しい偏りが生じた場合，である．地域的な偏りによって生じる人口問題は，その多くが都市と農村の関係や，それを左右する社会・経済構造の変化と関連して表出する．そこで，本章では「人口」というトピックに，都市と農村の関係からアプローチする．アフリカ・日本における都市-農村関係の分析を通じて，地域の変化を読み解き，今後の地域社会のあり方について考えることを目指す．

9.1 都市と農村

人口密度の高さや異質性を特徴とする都市は，産業集積，イノベーションの創発など，様々な社会・経済的効用を私たちにもたらしている．その一方，過密化による居住環境の悪化，環境問題，犯罪，災害など，都市化が生み出す問題も多岐にわたる．他方，一次産業を主体とし，同質性の高い社会集団として特徴付けられる農村は，食料生産の場として，独自の生活文化を保ってきた場所として重要である．また，農村は水源涵養や生物の多様性を保つ機能も担っている．すなわち都市も農村も，そこに暮らす住民にとっての「生活の場」であるだけでなく，双方にとって相互補完的な機能を有している．そのため，一方の繁栄が他方を搾取したり，衰退させたりするような関係を是正し，バランスの取れた関係を模索することは，持続可能な社会を築いていくために重要な課題となる．

以下では，世界の人口を概観した後，アフリカの都市-農村関係，日本の都市-農村関係について述べる．アフリカは，今後，世界で最も人口が増加し，都市化も進むと予測されている地域である．政治・経済・自然環境の不確実性が高く，国家による社会保障機能が脆弱なアフリカでは，都市と農村はお互いに関わり合うことによって成り立っている側面がある．そのため，都市も農村も両者の関係を見ることなしには理解し得ない．一方，私たちが暮らす日本は，高度経済成長以降，著し

い都市化が進んだ．同時に，農村部では過疎化が進み，都市と農村の断絶は様々な社会問題として表出している．このような背景から，都市-農村交流や，地方への移住が推奨されている状況がある．

人口学的なモデルに基づけば，途上国もいずれは先進国のような人口構造へと近付いていくと考えられるため，先進国の教訓・経験を途上国に活かそう，という提言が一般的にはなされる．しかし，「先進-途上」という色眼鏡を外してみれば，日本がアフリカから学ぶべきことは多い．例えば，後述するように，アフリカに見られる高い流動性や多就業性といった特徴は，日本において模索されている新しいライフスタイルやレジリエントな社会の要素として議論されている点と類似している．そのため，本章では環境の異なるアフリカと日本における都市-農村関係の事例から共通性を検討することによって，今後求められていく地域社会のあり方や，顕在化している人口問題に関するヒントを見出していく．

9.2 世界の人口と都市化の動態

1950 年には約 25 億人であった世界人口は，2015 年の時点で約 73 億人にまで増加した．表 9.1 は，世界および主要地域別に見た人口の特徴を示したものである．世界の人口のうち，17% は先進国に居住し，83% は開発途上地域に居住している．地域別に見ると，人口大国である中国やインドを擁するアジアが最も多く，約 60% を占めている．

表 9.1　世界および主要な地域別にみた人口の特徴

	世界全体	先進地域	開発途上地域	アフリカ	アジア	ヨーロッパ	ラテンアメリカ・カリブ	北アメリカ	オセアニア
2015 年の総人口（千人）	7,349,472	1,251,351	6,098,121	1,186,178	4,393,296	738,442	634,387	357,838	39,331
世界人口に占める割合	100.0	17.0	83.0	16.1	59.8	10.0	8.6	4.9	0.5
人口動態指標（2010〜2015）									
粗出生率（％）	19.6	11.1	21.4	35.8	17.8	10.8	17.8	12.4	17.3
粗死亡率（％）	7.8	10.0	7.4	9.8	7.0	11.1	5.9	8.1	6.9
乳幼児死亡率（％）	35.8	5.2	39.2	58.9	31.1	5.3	19.8	5.9	20.2
合計特殊出生率（％）	2.5	1.7	2.6	4.7	2.2	1.6	2.2	1.9	2.4
年齢別人口構成比（％）									
15 才未満	26.1	16.4	28.1	41.0	24.5	15.7	25.7	18.7	23.5
15〜65 才未満	65.7	66.0	65.6	55.5	68.0	66.7	66.7	66.4	64.6
65 才以上	8.3	17.6	6.4	3.5	7.5	17.6	7.6	14.9	11.9

United Nations（2015）より筆者作成．

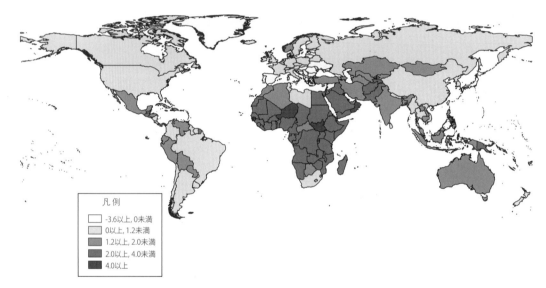

図 9.1　国・地域別にみた年平均人口増加率（2010〜15 年）
United Nations（2015）より筆者作成．

次いでアフリカが 16％ を占めている．人口動態指標を見ると，開発途上地域において粗出生率が高く，先進国において粗死亡率が高い．先進国において粗死亡率が高いのは，年齢別人口構成比に現れているように，高齢人口の割合が高まっていることが関係していると考えられる．一方で，保健・医療システムが十分に整っていない地域が存在し，出産に伴うリスクが高い開発途上地域では，乳幼児死亡率が高い値を示している．地域別に見ると，アフリカは 15 歳未満の人口割合が 41％ であり，ほかの地域に比べて高い．一方で，ヨーロッパや北アメリカなど先進国を多く含む地域では，高齢化が進み，若年人口の割合が低いという特徴が見られる．

次に人口増減率について述べる．図 9.1 は，2010〜15 年の年平均人口増加率を国・地域別に表したものである．この期間の世界平均は 1.18％，先進国の平均は 0.28％，開発途上地域の平均は，1.36％ であった．増加率がマイナスを示している国・地域は，ヨーロッパに多い．ヨーロッパはこの期間の平均増加率が 0.08％ であり，ほかの地域よりも低い値を示している．反対に，最も高い人口増加率を示しているのは，アフリカ（2.55％）である．アフリカでは，北アフリカのリビアやチュニジア，経済大国である南アフリカなどを除き，世界平均を上回る国がほとんどである．

表 9.2 世界および主要な地域別にみた都市人口の特徴

	世界全体	先進地域	開発途上地域	アフリカ	アジア	ヨーロッパ	ラテンアメリカ・カリブ	北アメリカ	オセアニア
都市人口比率（2015年, %）	54.0	78.3	49.0	40.4	48.2	73.6	79.8	81.6	70.8
年平均都市人口増加率（2010～2015年, %）	2.05	0.60	2.56	3.55	2.50	0.33	1.45	1.04	1.44

United Nations（2014）より筆者作成.

世界の人口は，今後も増加すると予測されている．国連の人口予測（中位推計）によると，2025 年には 80 億人を突破し，2050 年には約 97 億人に達すると見込まれている（United Nations, 2015）．特にアジア・アフリカでの人口増加が著しい．現在の世界人口に対してアフリカが占める割合は約 16% であるが，2025 年には約 19%，2050 年には約 26% にまで増加すると予測されている．アジアは，現在と同様に 50% 台を維持すると予測されている．そのため，今後はヨーロッパや北アメリカ，日本など先進地域の世界人口に占める割合が更に低下すると見込まれている．

最後に，都市人口について述べる．表 9.2 は，世界および主要な地域の都市人口に関連する指標である．国連の都市人口推計によると，1950 年には 30% であった世界の都市人口比率は，2015 年に 54% にまで上昇した．最も都市人口比率が高いのは北アメリカやラテンアメリカ・カリブ諸国であり，最も都市人口比率が低いのはアフリカ，アジアである．しかし，増加率は，アフリカやアジアが世界平均を上回っている．今後，2050 年までに世界の都市人口は 25 億人増加し，その約 9 割がアジア・アフリカ地域での増加と予測されている（United Nations, 2014）．

9.3 アフリカの都市と農村

アフリカの都市と聞いて，どのような場所をイメージするだろうか．アフリカには，例えば世界遺産となっているマリのトンブクトゥやジェンネのように，植民地支配以前から存在する交易都市や王都が基盤となっている都市がある．また，ヨハネスブルグ，ナイロビなど，植民地支配の都合に合わせてつくられた行政都市が基盤となっている都市もある．

これらの異なるタイプの都市構造を基盤としながら，独立以降，アフリカ諸国の多くは農村部からの人口流入を受け，都市化が急速に進展してきた．以下では，南部アフリカに位置するザンビア（図 9.2）を事例に，都市-農村関係の諸相について具体的にみていきたい．

9.3.1 経済自由化による都市-農村関係の変容

ザンビアは 1964 年にイギリスの植民地支配から独立した国である．総人口は約 1,309 万人（2010 年），うち都市人口は約 517 万人（39.5%），農村人口は約 792 万人（60.5%）である．

1969 年の時点で，国内 3 大都市（ルサカ，ンドラ，キトウェ）の人口は，全国の都市人口の約 7 割を占めるほどであった．現在では，首都ルサカは都市人口の約 3 割を占め，3 大都市を合わせると都市人口の約半数となる．このような大都市への都市人口の偏在は，植民地行政の中心であったルサカや，主要輸出産品である銅を産出する，国内北部のコッパーベルト地域に開発が集中したという入植型植民地支配の歴史，また，独立以降の「都市偏向」的（Lipton, 1977）な開発政策によって生じた雇用の優位性が関係している．

一方，1990 年代に実施された新自由主義に基づく構造調整計画や 2000 年代後半以降の経済成長，外国投資の増加といった出来事は，ザンビアの都市・農村双方にとっての転換点となり，両者の経済構造や，その間の関係にも変化をもたらしてきた．構造調整計画の実施は，都市フォーマル部門の雇用縮小や賃金水準の低下をもたらした．また，これまで農業補助金によって安く抑えられてきた食糧価格が，その撤廃を契機として高騰し，都市部の低所得者層の生活維持を困難なものとした．これにより，都市部の失業率は 16.1%（1990 年）から，26.5%（2000 年）へと上昇した．

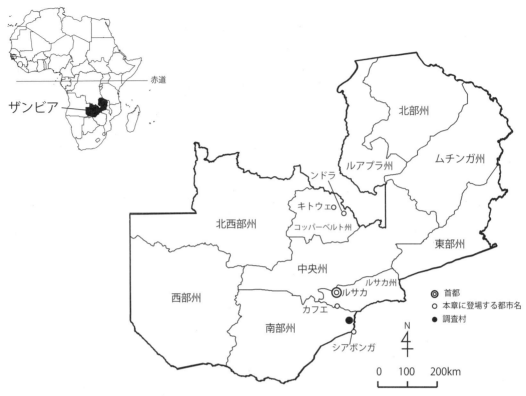

図9.2 アフリカ大陸におけるザンビアの位置，および主要都市・調査地の位置
調査村は2013年1月からルサカ州チルンド県に含まれた．地図上の州境界は2013年以前の境界に基づいている．
筆者作成．

　都市におけるインフォーマル部門の存在は自由化以前から指摘されてきたが，都市経済が逼迫したこの時期，インフォーマル部門に参入する都市住民は急増し，競争が激化した．生計を立てることが困難になった者は，都市から撤退することを余儀なくされた．そのため一部の地域では，「逆都市化」（Potts, 2005）と称される流出人口が流入人口を上回る現象が起こった．都市人口の増加率は，6.0%（1969～80年）から，2.6%（1980～90年），1.5%（1990～2000年）と低迷した．

　この時期，農村や地方都市は流出人口の受け皿として機能していた．構造調整計画の実施以前も，国家による社会保障機能が乏しいザンビアでは，大多数の出稼ぎ労働者は退職後も都市に住み続けられる保障はなかった．また，都市住民の大部分はインフォーマル部門に就労しており，その収入は不安定である．そのため，都市に長期間滞在していたとしても，失業や退職を機により生活コストの低い農村部や地方都市に戻っていく者が多い．つまり，不確実性の高いアフリカ都市を生きる人々にとって，農村部や地方都市への移動はセーフティネットとしての役割を担っているのである．そのため，都市に長期間滞在する者にとっても，「いずれ帰るかもしれない故郷」としての出身農村でメンバーシップを保っておくために，帰省や送金によって継続的に関係を維持することは重要な営みであると考えられている．

　一方の農村部では，政府による農業補助金の撤廃，価格・流通制度の自由化，消費需要の拡大により，これまで以上に現金収入を得ることが重要となった．自由化以前，農村部では主食用トウモロコシ生産，都市部への出稼ぎ労働以外に現金稼得源が限られていた．しかし，自由化以降は，各世帯・地域によってアクセス可能な資源を組み合わせ，商業農業の拡大や，非農業活動の活発化など，多様な経済活動を展開させている．

　また，2000年代以降は，資源価格の高騰，中国による援助や投資の増加などを受け，都市経済

は再び活性化し始めた．これにより，都市人口の増加率（2000〜10年）は，4.2%となった．このような一連の変化のなかで，現在の都市−農村関係は複雑化している．以下では，都市部への移動パターンに見られる変化と，農民による経済活動空間の拡大を事例に，その実態を見てみたい．

9.3.2 出稼ぎから都市−農村間の流動的な働き方へ

ザンビアでの都市化が首都や鉱山都市に集中してきたことを背景として，従来の農村部からの出稼ぎ先は限定されていた．しかし，近年では地方都市における経済活動も活発化し，移動先も多様化してきている．筆者が2006年から調査しているルサカ州チルンド県調査村の事例では，1990年代以降は地方の中小都市が主要な移動先となっていた．

また，農村部における生計多様化の進展に伴い，都市への移動の意味も変化してきた．自由化以前，都市部への出稼ぎ労働は数少ない現金稼得機会であった．それらは都市部における雇用機会の優位性や，農業生産の減少に伴う生計補填の必要性によって引き起こされ，ある程度パターン化された移動であった．しかし現在では，このような移動以外にも，個々人が張り巡らせる社会ネットワークによって機会・情報を入手し，都市と農村といった領域を横断しながら生活する者も現れている．

例えば，調査村に暮らすムウェンバ（40代・男性）は，日頃から家屋などの建設作業を請負い，日銭を稼いでいる．彼は，普段は近隣の学校や診療所に勤める者から作業の依頼を受け，農村内で仕事をしている．2009年9月，彼は近隣の地方都市シアボンガに住む知人から家屋建設の依頼を受けていた．このときは，妻子を家に残し，平日のみシアボンガで働き，週末には村に帰ってくるという働き方をしていた．また，このときのムウェンバの仕事ぶりを見ていた人物に誘われ，2010年には別の地方都市カフエで家屋や学校の建設作業に携わることになった．このときも，妻子は村に残していたが，2週間ごとに家に戻ってきていた．

このように都市と農村を頻繁に往来する事例は，ムウェンバ以外にも多く見られる．彼らは，都市−農村間に広がる自らの社会ネットワークを基盤として「機会がある場所」に移動することが，生活の一部となっている．移動先は移動者の社会ネットワークによって左右され，都市での滞在期間は雇用機会に左右され変動的になるため，移動パターンを予測したり類型化したりすることが困難である．また，移動のサイクルが短いため，センサスなどでは把握しづらい．

9.3.3 都市と農村の多様な関わり

現在では，従来のように「農村から都市に働きに行く」，あるいは「都市住民が農村に帰郷する」という関係性だけではなく，農村住民が都市にビジネスを展開することも見られるようになった．

調査村では1990年代以降，幹線道路沿いを中心に雑貨店やバー，レストランなどが相次いで開設された．これらの商店を営む者たちは，村内では比較的「富裕層」である．彼らには，商店経営だけでなく，商業農業や貸家業など，様々な経済活動を同時に営んでいるという特徴がある．また，成功した商店経営者らは，近隣都市に土地を購入し，貸家や新たなバーを建設している．彼らは集落内部に農作業や建設作業などの日雇い労働の機会をも生み出しており，村内の他世帯にとっても重要な存在である．

商店主たちは，商品の仕入れのために農村と都市を行き来し，携帯電話により都市部の親族や知人・友人と頻繁に連絡を取り合う．それは，商売のための情報を仕入れるだけでなく，都市住民を彼らの店に呼び込むことにもつながっている．調査村の商店では，都市間を行き交うバスや自家用車が停車し，携帯電話のプリペイドカードや飲み物などを購入していく様子が観察される．また，週末になると近隣都市に居住する知人・友人らが顔を出し，上客として金を落としていく様子も頻繁に観察される．都市にも同様のサービスは存在するにも関わらず，都市住民は商店主との個別の関係性により，「あえて」農村の商店に顔を出しているのである．このように，調査村で展開する商業・サービス業は，都市との間にあるヒト・モノ・カネ・情報などの流動性と密接な関わりを持っ

写真 9.1　交通量の増加や店主との個別の関係によって都市住民も頻繁に訪れる農村部のバー
（2010 年 6 月，筆者撮影）

写真 9.3　地方都市シアボンガにおいて実施された中国の援助による学校建設プロジェクト
（2013 年 1 月，筆者撮影）

写真 9.2　都市部において相次いで建設されている南アフリカ系資本のショッピングモール（首都ルサカ）
（2017 年 2 月，筆者撮影）

て活性化している（写真 9.1）．

　ネットワークに依拠した流動的な働き方や，農村ビジネスのような都市-農村をまたぐ経済活動．これらの現象の背景には，農村住民の主体的な生計多様化戦略や，都市との社会ネットワークがあるが，それ以外にもザンビアの都市構造の変化が関係している．現在，ザンビアでは，従来から開発が集中してきた大都市に限らず，地方都市においても，退職者や，国内・海外の個人企業家，グローバルに展開する観光業者，中国を始めとした大規模開発プロジェクトの展開によって開発のアクターが多様化している実態がある（写真 9.2，9.3）．このような新たな経済活動の活発化は，地方中小都市への人口流入をもたらすだけでなく，周辺農村の生計システムにも影響を与え，両者の間に多様な社会・経済的な相互作用を生み出している．

9.4　日本の都市と農村

　アフリカのように人口が増加している地域とは反対に，日本では人口が減少している．人口の減少傾向は今後も続くと予想されており，国立社会保障・人口問題研究所の推計（中位推計）によれば，2048 年には日本の人口は 1 億人を下回る．人口減少は少子高齢化とあいまって，国や地域の経済規模の縮小，社会保障機能の維持，地域社会の維持など，様々な課題を引き起こすとされている．

　人口減少によって生じる諸問題は，特に過疎地域で深刻化している．2016 年時点で過疎市町村数は全国に 797 あり，全国の市町村数の 46.4% を占めるまでとなった．人口減少を前提とし，今後どのように地域社会を維持していくのかは，過疎地域に限らず，日本社会全体の課題となっている．

9.4.1　中山間地域における過疎化と地域が直面する諸問題

　日本では，戦後の高度経済成長に伴う農山村から都市部への人口流出を受け，中山間地域を中心として過疎化が進行してきた．ここでは，滋賀県高島市朽木地域（旧朽木村）を事例にその様相を見ていきたい．

　朽木は，林野率 92.4% の山間地域である．人口は 1,837 人，うち 65 歳以上人口は 765 人，高

齢者率は41.6%である（2015年国勢調査）．滋賀県は京阪圏のベッドタウンとして人口が増加している地域であるが，朽木は，その中でも数少ない過疎地域対策市町村に指定されている．

図9.3は，朽木の総人口および高齢者率の推移を，主な社会的出来事とともに示したものである．朽木では，1965年ごろから人口が減少した．1960〜65年にかけての人口増加率は−11.6%，1965〜70年は−12.6%である．高島市と合併した2005年以降も減少を続け，2015年には人口が初めて2,000人を下回った．一方で，高齢者率は増加の一途をたどっている．

朽木のような山間地域での人口減少の背景には，主たる生業であった林業・農業を取り巻く状況の変化がある．朽木では，用材や薪炭材の生産が中心的な生業であった．戦後は，復興に伴う木材需要の増加を受け，スギの植栽が奨励されてきた．高度経済成長期に入ると木材価格が高騰し，田畑にもスギの植林が積極的に行われた．一方で，化石燃料の普及により薪炭材の需要は急速に落ち込み，重要な現金収入源であった炭焼きが衰退した．そして，1964年に木材輸入が完全自由化されたことにより，国内産の木材価格は低迷に陥った．さらに追い打ちをかけるように，1970年には減反政策が施行された．元々平地が少なく，限られた面積を耕してきた山間部の農業部門は苦境に陥った．生活が成り立たなくなった住民は，大阪市や京都市といった都市圏，あるいは近隣の市町に雇用を求めて転出した．

かつて，山林資源を活かした多様な生計活動によって成り立っていた山村経済は，農林業の衰退により，その自立的基盤を失ってきた．このような変化は，戦後数十年という短期間に起こり，日本全国の農山村に影響を与え，人口の減少，そして生産年齢人口の減少による高齢化を引き起こしてきたのである．

このように過疎・高齢化が深刻な中山間地域では，日常生活の諸問題が表面化している．例えば，バスや鉄道路線の廃止，学校の統廃合，小売店の減少などがその代表的な事象である．また，過疎・高齢化は農山村の資源管理や文化にも影響を与える．朽木のような山間地域では，用材の伐採，畑への刈敷，牛の放牧，炭焼，木の実や山菜の採取など，生活における様々な場面で山の資源を利用してきた．例えば，朽木では，トチノキの種子であるトチノミを灰汁抜きし，モチ米と一緒に混ぜて餅（トチモチ）を搗き，救荒食やハレの日の行事食として食してきた．そのため，この地域ではトチノキは歴史的に伐採の対象とならず，選択的に残されてきた．しかし，上述したような木材価格の下落や，担い手不足，生活スタイルの変化により，住民が山に入る機会は激減し「山離れ」が急速に進んでいる．「山離れ」に起因し，周辺の植林地や耕作地などでは獣害が深刻化している．また，トチノミ採集の慣行が途絶え，住民とトチノキとの関係が変化していく中で，全国的にも貴

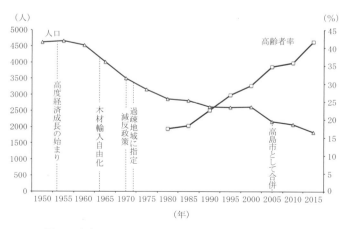

図9.3　朽木における人口・高齢者率の推移と主な社会的出来事
国勢調査より筆者作成．

重なトチノキの巨木がまとまって伐採された．このように，過疎・高齢化は，山村独自の資源を活かした食文化，それを支える住民の知識や技術，そして地域の生活文化を育んできた自然そのものをも消失させてしまう可能性を孕んでいる．

9.4.2　都市-農村交流

中山間地域の過疎問題，都市との経済格差に対処するために，これまで様々な施策が実施されてきた．ここでは，現在，国も積極的に後押ししている都市-農村交流事業について述べる．

都市-農村交流には，様々な活動が含まれ，その活動の規模や性格は地域ごとに異なっている．農産物直売所や農家レストラン，農業体験などは，特定のターゲットを設けずに，都市に在住するすべての人を対象とした活動である．一方で，対象とする「都市住民」をより明確に設定している取り組みもある．例えば，広島県では，地域おこしに都市住民を呼び込む「ひろしま里山ウェーブ拡大プロジェクト（以下，里山ウェーブ）」を実施している．里山ウェーブは，2015年度から広島県中山間地域振興課が主催し，県内のコンサルティング会社や雑誌「ソトコト」などとの委託・協力関係によって実施されている．首都圏の「ソーシャルな若者」と広島県の中山間地域をマッチングし，地域の課題解決のためのプランを考えるというプロジェクトである．ここでの「ソーシャルな若者」とは，農山村に価値を見出し，その地域課題の解決にも関心を示す人々を指す．受け入れ市町は島しょ部や県北部の山間地域であり，2016年度は県内の5市町が参加した．

首都圏在住の参加者は，1年間のプロジェクト期間内に，東京での研修を受け，現地実習に参加し，年度末にプランを発表する．参加費は10,000円である．研修では，参加市町からの説明を受け，具体的に関わる地域を決定する．その後，メンターと呼ばれる地域おこしに関わる実務家からの指導を受ける．実際のプラン作成においても，メンターによる指導が行われる．例えば，2016年10月に実施された安芸太田町での実習には，5人が参加していた．参加者は，民間企業で働く者や大学生など，20〜40代の若い世代が中心であった．現地実習には，町の観光地である三段峡や井仁の棚田の見学，地元住民との交流会，商店街の散策などが盛り込まれ，地域の資源・魅力を発見し，課題を見据えるという内容であった．

都市-農村交流に関わる議論では，その経済効果への疑問や，自治体や地域住民が「地域おこし疲れ」を感じていることも指摘されている．里山ウェーブのような取り組みにも，地域の魅力・課題を地元住民とは異なる視点で発掘してもらう機会となる一方で，1年間という限られた期間で実施する点や，提案されたプランの実現性など，課題は多く見られる．しかし「都市住民」の中でも，農山村に関心を持ち，実際に行動しようとする人々を対象として働きかけることは，一過性の交流ではなく，企画を通じて各地域に対する思い入れを持った「関係人口」を増やすことや，地方への移住に繋がる重要なプロセスであると考えられる．

9.4.3　田園回帰とライフスタイルの転換

近年，「地方消滅論」に抗うような動きとして注目を集めているのが，「田園回帰」と呼ばれる地方への移住者の増加である（藤山，2015）．明治大学・NHK・毎日新聞による全国の自治体を対象とした移住者調査によれば，2014年度には移住者数は1万1,000人強となっており，2009年からの5年間で4.1倍にも増加していることが示された．国もこの動向を察知しており，2015年の政策文書において「田園回帰」という言葉を使用している．これを受け，小田切（2016）は2015年を「田園回帰元年」と位置付けている（小田切，2016）．

もちろん，地方への移住（Uターンや Iターン）の流れは，以前から存在している．高度経済成長期以降，社会は都市化し，人間関係も変化してきた．都市での生活に疲れを感じ，豊かな自然や人間関係を求めて「田舎暮らし」をしたいと考える人や，農業を始めたいと考える定年後の老年世代などの地方への移住は，1980年代後半から見られていた．これらの傾向と異なり，近年の「田園回帰」と呼ばれる現象は若年層や子育て世代が中心となっていることに特徴がある（藤山，2015）．

先述した「里山ウェーブ」のように関東圏在住者が参加費を払ってまで広島県の「いなか」の地域おこしに参加する例や，「田園回帰」と呼ばれる若年層の地方への移住には，働き方や生き方の転換という重要な社会変化が含まれている．著書『ローカル志向の時代』において松永は，若年層の間では，時間や裁量といった側面で柔軟な働き方をしたい，ワークライフバランスを充実させたい，社会のためになるような働き方がしたい，という欲求が高まっていると述べている．これは，アメリカにおいて「クリエイティブ・クラス」と呼ばれる，仕事と遊びをはっきり分けない柔軟な働き方，豊かなライフスタイルを実践している人々の動向と類似する現象であるが，アメリカの場合はクリエイティブ・クラスが都市域に集中する一方，日本ではそれらの実現の場所として農山村が選択されている（松永，2015）．また，2011年3月の東日本大震災を機に，人・地域とのつながりの中で暮らしたいという志向の高まりや，消費志向のライフスタイルの見直しが，若年層や子育て世代の地方移住を後押ししたとも言われている（嵩，2016）．

これらの志向の変化を反映するように，農山村に移住する人々は，従来のような新規就農に限らず，多様な働き方を模索している．それは，「半農半X」，「ナリワイ」，「掛け持ち」というキーワードに称されるように，複合生業という考え方である．カフェ，古本屋，シェアハウス，農業，ボランティアなど，様々な実践を自分なりのバランスで組み合わせ，自ら稼ぎを生み出し，地域社会と関わり合いながら生きて行くというスタイルが選択されている．

9.5 「定住性」を問い直す：多様な都市-農村の関わり合いに向けて

ザンビアと日本における現状や課題は当然ながら多くの差異が見られ，単純に比較することは難しい．例えば，アフリカでは農村・都市ともに出生率が高く，農村から人口流出が起こっても過疎化には直結しない．また，土地制度，社会構造，雇用におけるインフォーマル性の高さといった社会の仕組みも大きく異なっている．しかし，差異がある一方で，類似した議論も見出すことができる．それは，都市と農村といった領域を架橋する流動性とも言うべきヒト・モノ・カネ・情報などの往来や相互作用は，今後の地域社会の在り方を考える上での鍵となる視点なのではないか，ということである．

まず，ザンビアの場合，都市-農村間の移動は，政治・経済システムや自然環境における不確実性が高い状況において，リスク分散やセーフティネットとして機能してきた側面がある．また，構造的に形成されてきた都市部での雇用の優位性に伴う人口移動を経て，経済自由化以降は，従来の出稼ぎという枠では捉えきれない，多様な都市との関わりが築かれていた．本章で紹介した都市-農村間の移動パターンの変化や，農村部における非農業活動の活発化は，ザンビアだけでなくアフリカ各地で報告されている．特に近年では，国内外からの開発プロジェクトや機会的な個人レベルの投資が大都市に限らず地方においても行われるようになり，それに呼応するように都市-農村間の流動性が高まっている．

ここで参照したいのは，途上国の人口移動や都市-農村関係研究における「セデンタリズム（定住性；sedentarism）」を前提とすることへの批判である．デ・ハーンは，「移動は途上国のほとんどの人にとって，「当たり前」の要素」であり，「都市-農村間の労働移動は，途上国の多くの人びとの生計にとって，中心的な要素として捉えられるべき」であるのに，実際の研究や政策立案の文脈にはそれが反映されておらず，その理由がセデンタリズムの前提であると主張している（de Haan, 1999）．地理学者の祖田も，マレーシア・サラワク州に居住するイバン人の頻繁な都市-農村移動の分析から同様の指摘をしている．祖田は，流動性の高いイバンの人々にとって，都市と農村を形態として区別する意味はほとんどなく，「両者の統合を内面化してしまっている」と述べ，このような「都市と農村の統合を内面化・身体化している個人や世帯の移動戦略を，関連する諸アクターとの関連から深く考察すること」，移動者そのも

のに注目することによって，複雑化する都市と農村の諸相を捉え直すことが可能になると主張している（祖田，2008）．そして特に，近年では，生産・消費のグローバルな統合が進む中で，都市・農村の価値観やライフスタイルは収斂し，両者の対置的な定義は，多くの地域で意味をなさなくなってきている（Cohen, 2004）．

　そのため，今後もグローバル化の進展が見込まれる状況において，従来のように都市と農村の関係を所与のものとして対置的・形態的に捉えるのではなく，マクロな統計データだけでは捉えきれない，様々なアクターや機会を介した人と資本の都市‐農村間ネットワークに目を向けていく必要がある．そして，このような視点は，途上国における人口問題や地域開発，環境問題を議論する上で，今後欠くことのできない要素となってくるであろう．

　一方，日本では高度経済成長に伴い，農村部からの人口流出が進んだ．その結果，特に中山間地域では，日常生活や，地域独自の自然・文化の維持にも困難をきたしている．このような状況の中で，都市‐農村交流や農村部への移住が政策的に重要視されている．また，近年の若年層の生き方・働き方に対する考え方の変容のなかで，自己実現の場として地方への移住が選択されている．

　しかし，現代日本社会において，移住は誰もが簡単に実行できる選択肢ではない．この議論において，流動性の高さや定住性の前提への批判といった先述のアジア・アフリカの議論は示唆に富んでいる．例えば，先に紹介したムウェンバの実践では，彼は都市における「一時的な訪問者」でもなければ，「一生を過ごす都市住民」でもない．機会が繋がれば，数年滞在して働くかもしれないが，そうでなければ農村部に戻っていく．

　一時の交流でもなく，定住でもない関係性をどのように築くのか．田園回帰や複合生業など，日本において新しい取り組みを実践する者たちの間では，類似する考え方の萌芽が見られる．例えば，田園回帰に関連したシンポジウムのなかで，複合的な「ナリワイ」を実践する伊藤は「定住・半定住・通い」に触れて以下のように述べている：

　田舎に行ってよく言われるのが，「この地に骨を埋める覚悟はあるのか」ということです．僕もいきなり迫られましたが，「まだ骨になる覚悟はできていないので，もうちょっと悟りが開けてから考えます」と答えています．（笑）そういうプレッシャーがかかるとみんなやりにくい．それだと，「骨を埋める人」か「観光客」かの二者択一になってしまうので，窮屈に感じる人が多いと思います．しかし，2ヵ月に1週間くらい来て，地域の仕事をして帰っていくといった，骨と観光客の真ん中ぐらいの人を入れると，風通しがよくなっていいのではないか．

（伊藤，2016, p 63）

　具体的には，里山ウェーブに見られたようなイベントをきっかけとして，定期的にその地域を訪れてくれるような「関係人口」を増やし，ネットワークとしてつながり，地域活動の中に組み入れていくという試みや，それを当該地域が許容することは，今後の地域社会の維持にとってますます重要になってくると思われる．

　ムウェンバに限らず，アフリカ都市・農村双方では人々の流動性が高く，それを許容する制度・生活実践にあふれている．例えば，流動的に生きて行くためには，様々な場所で社会関係を構築し，維持するために働きかけることは不可欠である．不確実な状況を生き抜くアフリカの人々は，地縁・血縁だけでなく，積極的に社会関係を構築し，次なる機会の可能性を広げている．アフリカにも様々な課題が存在し，それらを解決していかなくてはならないことは論を待たない．しかし，日本がアフリカから学ぶべきこともまた多くある．都市・農村双方に暮らす住民が，お互いに関わり合うことを模索しながら，多様な視点を持って人口と地域に関わる問題について検討していく必要があるのではないだろうか．　　〔伊藤千尋〕

引 用 文 献

伊藤洋志（2016）：イキナリ・ナリワイ・フルサトをつくる．
　小田切徳美・藤山　浩・伊藤洋志・尾野寛明・高木千歩：

日本のクリエイティブ・クラス：農村×都市＝ナリワイ，pp. 58-89．農山漁村文化協会．
小田切徳美（2016）：田園回帰の概況と論点—何を問題とするか．小田切徳美・筒井一伸編著：田園回帰の過去・現在・未来—移住者と創る新しい農山村（シリーズ田園回帰3），pp. 10-22．農山漁村文化協会．
嵩　和雄（2016）：農山村への移住の歴史．小田切徳美・筒井一伸編著：田園回帰の過去・現在・未来—移住者と創る新しい農山村（シリーズ田園回帰3），pp. 86-97．農山漁村文化協会．
総務省統計局（2015）：平成27年国勢調査．総務省．
祖田亮次（2008）：東南アジアにおける農村—都市間移動再考のための視角—サラワク・イバンの事例から．E-Journal GEO，**3**(1)：1-17．
藤山　浩（2015）：田園回帰1%戦略—地元に人と仕事を取り戻す（シリーズ田園回帰1）．農山漁村文化協会．
松永桂子（2015）：ローカル志向の時代—働き方，産業，経済を考えるヒント．光文社．
Cohen, B.（2004）：Urban growth in developing countries：A review of current trends and a caution regarding existing forecasts. *World Development*, **32**(1)：23-51.
de Haan, A.（1999）：Livelihoods and poverty：The role of migration – a critical review of the migration literature. *Journal of Development Studies*, **36**(2)：1-47.
Lipton, M.（1977）：*Why poor people stay poor：a study of urban bias in world development*. Temple Smith.
Potts, D.（2005）：Counter-urbanisation on the Zambian copperbelt?：Interpretations and implications. *Urban Studies*, **42**(4)：583-609.
United Nations（2014）：World urbanization prospects：The 2014 revision. Department of Economic and Social Affairs, Population Division.
United Nations（2015）：World population prospects：The 2016 revision. Department of Economic and Social Affairs, Population Division.

【日本に残る行商の現代的意義】

自宅の敷地内から出発する行商人の車に向かって，Tさんは毎回手を合わせていた．なぜ手を合わせるのかを尋ねると，「あの人らが無事に帰れるようお祈りしてるんや」と話してくれた．

滋賀県高島市朽木は，行商人が古くから行き交っていた地域である．行商人やその利用者は，近代化とともに激減したが，現在も日本各地に残っている．岐阜県から朽木を訪れている行商人がいるという話を聞き，筆者は調査を行ってきた．

行商のIさんは，片道約2時間かけて朽木にやってくる．行商は，Tさんのような一人暮らしの高齢者にとって，軒先まで来てくれる買い物の場であると同時に，コミュニケーションの場にもなっている（写真9.4）．その重要性は，Tさんが手を合わせる様子からも伝わってくる．

かつて，インフラが未発達であった時代の山村を支えてきた移動性を伴う社会・経済的営みは，人口減少時代の地域社会を維持していくためにこれから重要性を増していくだろう．

写真9.4 行商から買い物をするTさん
（2012年11月，筆者撮影）

10

ジェンダーから再考する地域と人間

　生物学的性差としての「セックス」に対し，歴史的，文化的，社会的につくられた男女の差異を「ジェンダー」という．この概念は 1960 年代のアメリカ反戦運動や公民権運動をきっかけに女性解放運動（フェミニズム）が展開する中で提唱されるようになった．私たちが多様性を認め合って共存し，持続的な社会を実現する糸口を見出すためには，社会の深層にある見えにくい問題に「ジェンダー」という視点で切り込んでいくことが必要である．本章では，欧米で始まったジェンダー研究，それに学んで展開した日本のジェンダー研究を跡づけ，「就業率曲線」の時代差と地域差に関する考察を通して，地球上に生きる多様な人々を理解するための「多元論」を支える視角としてのジェンダー研究の意義と可能性を考える．

10.1　ジェンダーの地理学

10.1.1　見えないものを見る：ジェンダーとは何か

　行き交う人々の中には誰一人として同じ人はいない．しかし，いくつかの指標によって，私たちはその人々を分類して説明することができる．その指標の 1 つに生物学的性差としての「セックス」がある．生物学的性差によると，人間は「男性」と「女性」の 2 つに分けられる．ところが，現実社会はそれほど単純ではない．この 2 つのカテゴリーに違和感を覚えながら生きづらさを感じている人もいるし，「男だから」，「女だから」という言葉に続く様々な説明に，納得できないと感じている人もいるはずである．

　この場合，前者は生物学的性差そのものに違和感を覚えていることになるが，後者は生物学的性差というよりも，歴史的，文化的，社会的につくられた男女の差異，すなわち「ジェンダー」に違和感を覚えていると説明することができる．女性，あるいは男性は「○○すべき」，という規範や言説，「女らしさ」，「男らしさ」と呼ばれるものは，ジェンダーが 1 つのバイアスとなってつくり出されたものにほかならない．

　ジェンダーはセックスと比べて，見えにくく，説明することが簡単ではない．例えば人口の中の「男性」と「女性」は統計によって比較的容易に数えることができる．では，「男らしい人」と「女らしい人」は数えることができるだろうか．これはとても難しい．なぜなら「男らしい」，「女らしい」という場合，その根拠はまさに，歴史的，文化的，社会的につくり出された男女の差異，すなわちジェンダーに基づいているからである．

　例えばスカートをはいている男性がいたとしよう．私たちは「男性はスカートをはかないものだ」という無意識の規範や思い込みによって，彼を「男らしい」カテゴリーから排除してしまうかもしれない．ここには「なぜ，男性はスカートをはかないのか」という疑問が成立する余地がない．しかし，歴史と世界に目を向ければ，スカートは決して女性専用のものではなかった．腰に布を巻く衣装は，古代エジプトやヒッタイト，熱帯地方に広く見られただけでなく，スコットランドの民族衣装にも男女の区別なくスカートが用いられることはよく知られている．また，日本の着物はまさに，男女兼用のスカートであったと見ることもできる．スカートが女性専用となったのは 20 世紀の欧米を発祥とした 1 つのスタイルであり，その後，欧米文化を取り入れた地球上の様々な地域で「スカートは女性の衣装」という規範が広まり，定着した．つまり，比較的新しい慣習にすぎないのである．

　こう考えると，男性がスカートをはかないのは生物学的根拠なのではなく，むしろ「スカートは

女性の衣装である」という規範や慣習が普及し，定着したからだと説明することができる．そして，この規範や慣習が普及したことの背景こそが問われなければならないことが分かるだろう．それによって，スカートをはく男性がなぜ「男らしい」カテゴリーから排除されてしまうのかを，彼自身の問題としてではなく，より大きな社会の問題として説明することが可能となる．1970年代に「ジェンダー」という概念が提唱されるようになったことで，私たちははじめて，「なぜ，男性はスカートをはかないのか」と問い，見えない問題を見つめる方法を手に入れたのである．

ここで用いたスカートの問題は1つの例であって，様々な言葉に言い換えることができる．「なぜ女性の賃金は男性と比べて低いのか」，「なぜ管理職に占める女性の割合が低いのか」，「なぜ世界には男児出生を好む傾向があるのか」，「なぜ女性の進学率は男性よりも低かったのか」，「なぜ女性の選挙権獲得は男性よりも遅れたのか」，「なぜ男性は女性より家事参加率が低いのか」，「なぜ家事は女性が担い，無償なのか」．このような問いへの答えは，「男性だから」，「女性だから」と単純に説明されることが少なくない．しかし，よく見ると，世界の国々，あるいは同じ国でも地域や時代によって状況は異なり，それらの事象は生物学的性差だけでは説明できないことに気付くだろう．つまり，その背景にある，見えにくく，しかし重要な問題に，「ジェンダー」という視角で切り込んでいくことなしに，私たちは現在直面している多様性を認め合った共存という地球的課題を解決し，持続的な社会を実現する糸口を見出すことはできないのである．

10.1.2 「女性」の発見と「人間」の問い直し：フェミニズム地理学とジェンダー

土地（geo）を記述（graphia）する地理学で扱う対象は多岐にわたる．その対象は大きく分けて，地質，地形，土壌，植生，気象，水文などの「自然事象」と，集落，産業，人口，交通，文化，経済などの「社会事象」の2つがある．後者，つまり「社会事象」は主に「人間」が土地に働きかけた結果と言い換えることができる．

ではここで想定されている「人間」とは誰か．誤解を恐れずに言えば，これまでの地理学で描かれてきた人間のほとんどは「労働」する「成人」の「男性」であった．子ども，老人，女性，ハンディキャップを持つ人などは「マイノリティ」あるいは「他者」として，研究の対象にはならない時代が長く続いた．これは地理学に限ったことではなく，学問全体における傾向であったと言ってよい．

地球上の半分，歴史上の半分は未解明のままである，つまり，男性だけでなく女性を含めた記述，分析が必要であるという主張とともに，研究上あらためて「女性」が発見されたのは1960年代のアメリカ反戦運動や公民権運動がきっかけであった．これは女性解放運動（フェミニズム）へと発展し，「女性学」が生まれた（吉田，2002）．1970年代になると，「ジェンダー」という概念が提唱され，これを用いることで目に見えない権力関係への言及が可能となったのである．

地理学においてもこの時期に，女性を不平等な状態に置かれた1つのグループと見なし，その詳細を記述し，地図化する研究が欧米で進んだ（吉田，1996）．具体的には公的領域と私的領域の境界にある既婚女性が，再生産労働と生産労働の二重負担の中で不利な状況に直面していることなどが取り上げられ，「女性の地理学」という1つの分野が生まれた．そして，1980年代になると，マルクス主義やフェミニズムの影響を受けながら，資本制と家父長制に支配された社会の中で，ジェンダーの問題と社会秩序の不均衡が議論されるようになった．

しかし，1980年代後半には，既婚女性の賃労働への参入が増加し，家族形態が多様化するなどの社会的，経済的環境の変化によって，人間（human）を男性（man）と女性（woman）の二元論のみで説明することが難しくなってきた．そのため，性別の違いのみならず，民族，宗教，国籍，階級など，様々な差異を含めて多元的に議論されることが求められるようになった．近年ではより広く，人間を「person」と再定義し，男と女の二元論を超えて，大人と子供，多数派ではない

人々を含めて考えようとする視点が加わった（木下，2002）．ここに至って，ジェンダーという視点はフェミニズムの問題よりもさらに射程を広げて，「人間」そのものの問い直しを含めて用いられるようになったと言ってもよいだろう（ハンソン，1992）．

10.2 日本の地理学におけるジェンダーへの着目

10.2.1 欧米研究の導入

日本の地理学において「ジェンダー」という概念が最初に紹介されたのは，おそらく1987年の神谷浩夫による『地理学とジェンダー―フェミニスト地理学入門』の書評であったと思われる（神谷，1987）．続いて，1989年に雑誌『地理』でコラム「エスニシティ・ジェンダー」が始まった．著者の1人であった太田は，エスニシティもジェンダーも，安易なステレオタイプに基づく無自覚の差別という点で共通しており，これを克服することなしに国際社会の仲間入りはできないと主張した．しかし，この時点では地理学の研究，教育のいずれの分野においてもジェンダーはほとんど注目されていなかった．ただし，後述するように，このコラムは「女性の発見」というだけでなく，「人間の再定義」というより大きなテーマを掲げていた点で重要であった．「生産と政治支配に注目するのが男性的視点で，消費者ないし生活者の立場に立つのが女性的視点という規定は，単純すぎる二分法である」，「フェミニズムは女性のためだけの社会改革を目指してはいない．『女性の視点』ではないのである」（ともに太田，1991）という主張は，先述した1980年代後半の欧米での最新の議論をいち早く反映させたものであったと言えよう．

10.2.2 事例研究の蓄積と関心の高まり

ではその後，現在に至るまでの約25年の間に，日本の地理学におけるジェンダー研究はどのように展開したのだろうか．まず1990年代は，日本の地理学におけるジェンダー研究のパイオニアである吉田による欧米の理論の紹介が中心に展開した（吉田，1993・1996）．1996年の『空間・社会・地理思想』3，4，5号では，英米のジェンダー地理学をけん引していた研究者らによる論文の翻訳特集が組まれている．

2001年に吉田ほかによって『フェミニズムと地理学―地理学的知の限界』，2002年に神谷ほかによって『大学の地理学　ジェンダーの地理学』が訳出されると，2000年代には大学教育にジェンダーの視点が取り入れられるようになった．学生たちも欧米のフェミニズムやジェンダーに触れる機会が増え，徐々に事例研究も蓄積され始めた．2002年には『地理』で「ジェンダーの視点」という特集が組まれ，具体的なケーススタディの成果が報告されている（表10.1）．この時期のジェンダー研究は都市，女性，就業，コミュニティ，グローバリゼーションなどをキーワードとし，中でも女性就業と通勤行動，居住に着目したものが比較的多い傾向が見られた．2004年には『空間の社会地理』の項目として「ジェンダー研究と地理学」が掲載された．こうして，ようやく2000年代以降，大学の地理学教育の一部にジェンダー

表10.1 『地理』47(2) の特集論文

著者	タイトル
吉田容子	ジェンダー研究とフェミニストの視点
石塚道子	『第三世界』地域研究とジェンダー
木下禮子	思考の枠組みを広げる
影山穂波	『職業婦人』の労働と居住
丹羽弘一	寄せ場におけるジェンダー

地理 47(2)，2002 年より筆者作成．

表10.2 ジェンダーに関わる絵本など

著者	出版年	タイトル	出版社
藤田千枝編	2004	くらべてわかる世界地図③　ジェンダーの世界地図	大月書店
ジョニー・シーガー著，原民子，木村くに子訳	2005	地図でみる世界の助成	明石書店
Joni Seager & Ann Olson	1986	Women in the World	A pluto press project

の視点が含まれるようになった.

同時にこの時期は，一般の人々の関心を集めるきっかけとなる絵本や地図集が刊行され，社会全体でもジェンダーへの関心が高まっていた時期でもあった（表10.2）.

10.2.3 ジェンダー地理学の再構築とその課題

しかし，こうした流れにあってなお，ほかの分野と比べて日本の地理学分野では，ジェンダー研究の蓄積は着実に増えていったとは言えなかった．吉田は「日本の地理学会におけるジェンダー研究は，スタート地点からまだ余り遠くに進んでいない，というのが現状である」と述べ（吉田，2006），その背景にジェンダーやフェミニズムが持つポリティカルな側面が敬遠される可能性をあげている（吉田，2007）．そのような中，これまで女性学的視点に偏重していたジェンダー地理学に男性学的視点を組み込むことで，ジェンダー地理学を再構築しようとする試みが登場した（村田，2009）．これは，これまでのジェンダー研究を内省し，その限界を自覚することから生まれた成果と言えよう．そして2010年に『お茶の水地理』であらためて特集「ジェンダーと地理学」が組まれ，ポストモダン地理学の成果の中にもやはりジェンダーの視点が欠落していることが議論された．

フェミニズムを含む社会理論や新しい社会・文化・政治・地理学などにおける動向を踏まえつつ，ジェンダーと空間，場所について実証的・理論的に議論を行う日本地理学会の研究グループ「ジェンダーと空間グループ」（2011～2012年度の設置．構成員は影山穂波，熊谷圭知，関村オリエ，西村雄一郎，福田珠己，吉田容子である）によれば，2016年現在，ジェンダーをめぐる日本の地理学研究は，女性の居住や就業に関する実証的な考察を除けばまだ数少なく，また，そのパースペクティブ（見取り図）は十分に展開されているとは言えないという．つまり，ジェンダーの視角を得てから四半世紀が過ぎた今日でもなお，日本の地理学ではジェンダーは地域を描く必然とはなっていないのである．

10.3　ジェンダーの多元論へ

10.3.1　「地域」と「人間」を豊かに描くために

一方，歴史学の分野では，いまやジェンダーの視点なしには歴史や文化のあり方は語れない時期にきているという問題意識から，国立歴史民俗博物館が2016年度より共同研究「日本列島社会の歴史とジェンダー」を開始した．この研究における「ジェンダー」は，公の歴史から締め出された女性に光を当て，その存在感を主張することにあるだけでなく，歴史像を豊かに描くための必然と意義付けられている（三上，2016）．歴史学における女性史研究は新しい段階に踏み出したと言えよう.

これを援用して，地理学でも「地域像を豊かに描くための必然」という意義を加えてジェンダーの視角を位置付け直せないだろうか．筆者はこれまで，織物業地域に生きる女性たち，漁業集落の海女たち，行商列車に乗るかつぎの女性たちへの聞き取り調査を通して，彼女たちのライフヒストリーから地域を描いてきた．この一連の研究の目的は，女性の働く姿，生きる姿を詳細に描くことによって「地域を豊かに描き直す」ことにある．この意味で，筆者はこれまでの地理学におけるジェンダー研究とは少し異なる方向から女性に注目してきたと言えるのかもしれない.

筆者が卒業論文で女性労働を中軸にすえた研究に取り組むことを決めたのは1996年であった．先述のように，この時期はジェンダーに関する欧米の研究が紹介され始めた時期であり，歴史学の教員からは「女性史」として研究を進めてはどうかという助言もあった．しかし，筆者はあえて，ジェンダーや女性史という言葉を使わずに「地域史」として女性を研究する方法を模索することにした．それはフィールドで感じた，ある違和感に基づいている.

先行研究を通して得た「女性＝労働問題・差別・陰の存在・権利の喪失」という問題意識を持ってフィールドに足を運んだ筆者は，しかし，フィールドでそれらを一度手離さなければならなかった．なぜなら，行商車両や機屋，海辺の海女小屋

で繰り広げられる会話や世界，彼女たちの人生哲学の中には，女性の権利や差別というテーマだけでは描けないものがじつに多く含まれていたからである．この経験の中で，自分がいったい何を知り，何を書くべきかを根本的に考え直さざるを得なくなった．言い換えると，「女性がいかに虐げられてきたのか」ということよりも，それを含めて「人間が生きるとはどういうことか」を知りたいと思うようになったのである．

「課題」や「問題」が大きな険しい山だとすれば，「日々のくらし」はその山々を取り巻く広大な地平，あるいは海に例えられるかもしれない．地表にはそのどちらもがあって，なおかつ陸続きで成り立っている．そのことに気が付いてから，筆者は地域に生きる女性や人々を，日常の視点と言葉で理解したいと考えるようになった．課題や問題だけを取り出すのではなく，一度その人自身の人生の中に落とし込んでからその時代ごと，地域ごとの意味を相対化して理解する．そうすることが時に楽観的に過ぎると言われることもあるが，彼女たちの経験や哲学が彼女たち自身の人生を支えている意味を問うことにも意義はあると考えたのである．例えば天野（1997）も「思想と運動」の理論化と体系化によってフェミニズムがアカデミズムの世界で市民権を獲得することは重要であるとする一方で，「『何々イズム』といったことばでくくられた途端にこぼれ落ちてしまう，思想以前の『女の経験』の個別性・多様性」を丹念に汲み上げていく，方法としての「現場」の発想を手放してはならないと主張している．

また，筆者自身の研究対象が家族経営で成り立つ農山漁村の産業とそれを支える人々であったことも，いわゆる都市の雇用労働者，あるいは生産活動から分離された主婦層が分析対象の中心であった当時のジェンダー研究と距離を置く要因となっていた．この当時は大学でも「女性のキャリア教育」が始まった時期に当たり，男女雇用機会均等法の下，会社で働くことが女性の「社会進出」であるという議論が盛んであった．しかし，筆者はこの議論の中に，これまで農山漁村で働き続けてきたはずの多くの女性たちの姿を見出すことが

できなかった．ジェンダーという概念を手に入れてなお，なぜ彼女たちは見えない存在のままであるのか．どうすれば，彼女たちを見える存在にして地域史を描くことができるのだろうか．

10.3.2 地域の姿が見える研究：ジェンダー研究の可能性

まさにこの疑問と悩みの中で手に取った一書が，太田の『地域の姿が見える研究を』であった（太田，1997）．ジェンダー研究は「女性の発見」というだけでなく，「人間の再定義」であるという本書の主張によって，ようやく「女性」を通して「地域」と「人間」を描くという目的にたどり着いたのである．

こう振り返ってみると，筆者の初発の問題意識はじつは地理学におけるジェンダー研究の草創期の主張に深く影響を受けていたことになる．その後，女性だけでなく，彼女たちを取り巻く家族，地域，そこで成り立つ産業へと視野を広げ，地域と歴史というヨコとタテの関係性の中で女性が生きる姿を考えるようになり，「労働」と「生活」，あるいは「生産労働」と「再生産労働」を区別すること自体が，かえって女性の生きる姿や家族内分業のステレオタイプをつくり出している，という限界を見出すことにつながった．

私たちの生きる世界を構成する多様な人々との共生が求められる今日，見えない関係性と権力の中で生きづらさを感じているのは女性だけではない．そうだとするならば，男性と女性という「二元論」の限界を超えて，男性，女性，子ども，大人，老人，ハンディキャップのある人，様々な理由によってマイノリティとなった人，都市に生きる人，農村に生きる人など，多様な人々を理解するための「多元論」を支える1つの視角としてのジェンダー研究があらためて見直される時期にきているといえよう．この意味で，やはりジェンダーは地域を描く必然となり得るのである．

こうした立場でジェンダーの視角を取り入れると，例えば「人々の人生から地域を描く」ことが可能となり，それは同時に地域の通時的・多層的・複眼的理解へとつながる．以下で具体的なデータを示しながら考えてみよう．

108　　10．ジェンダーから再考する地域と人間

10.4 人々の人生を見つめる：地域の多層的・複眼的理解

10.4.1 M字曲線と日本社会

卒業論文のテーマを「女性労働」に決めたとき，ある都市地理学の先生から女性労働を説明するグラフを黒板にかくように言われた．そこで筆者は日本女性の就業率曲線である「M字曲線」を黒板に書いた．するとその先生は「つまり既に結論は出ている」と続けた．しかし，織物業地域の女性たちの聞き取り調査を進めていた筆者は，かつて女性の就業率曲線がM字ではない時代があり，現在でも地域や産業によってはM字とはならないことに気が付いていたため，「まだ結論は出ていません」と反論したことを覚えている．当時のノートに筆者は，「（織物業地域を研究することで）ジェンダーの地理学における女性の社会進出の意味とは異なる意味が明らかになるのではないか」と記している．

図 10.1 が日本の女性と男性の就業率曲線である．女性と男性では，明らかに形が異なることが分かる．女性の就業率曲線に注目してみよう．一度上昇した就業率は 20～30 歳で減少した後，再び上り，最後にもう一度下がる．それは，結婚前に就業した女性が結婚・出産・子育てのために一度離職し，子育てがひと段落してからパート労働など非正規の職員・従業員として再び就業し，そして加齢に伴って再び離職するからである．集合的な数値ではあるが，このような女性たちの人生の軌跡が「M字」を描く．これを「M字曲線」という．この曲線を女性の生き方，くらし方を映す鏡と考えると，このM字という人生は普遍的なものなのだろうか．答えは否である．

10.4.2 就業率曲線の時代差

ここに「時代」という指標を加えてみよう．図 10.2 には 1955 年から 2015 年までの 5 年ごとの就業率曲線を示した．これを見ると，M字の中央の落ち込みが最も深いのは 1975 年であることが分かる．それ以前はやや浅く，さらに 1975 年以降は徐々に落ち込みが緩やかになり続けている．いわゆる「専業主婦」と言われる女性たちは 1970 年代に急増したが，その前後を見ると，それは長くは続かなかったことが分かるのである．共働き世帯数は，1980 年には 614 万世帯（35.5％）から，2015 年には 1,114 万世帯（58.7％）へと増加している．

さらに時代をさかのぼってみよう．第1回国勢調査の実施が 1920（大正9）年であるため，それ以前の人口統計は個別の文書史料に依拠するしかないが，山梨県には明治初年の『人別帳』が残されており，女性の就業状況を知ることができる（図 10.3）．これはM字曲線ではなく，台形曲線となっ

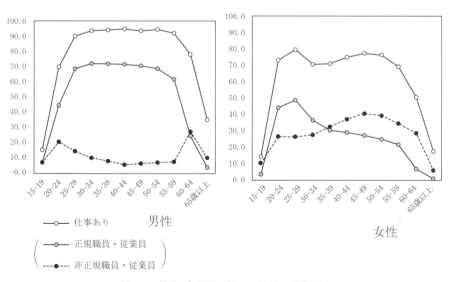

図 10.1 性別・年齢別に見た 15 歳以上の就業状況
厚生労働省「平成 27 年 国民生活基礎調査の概況」より筆者作成．

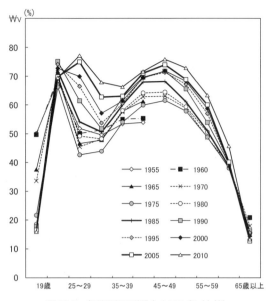

図 10.2　年齢階級別労働力人口比率（女性）
婦人労働に関する統計資料，および総務省統計局資料より筆者作成．

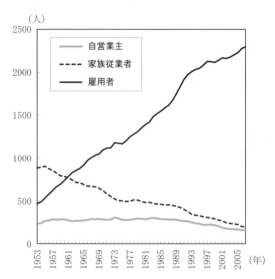

図 10.4　従業形態別に見た女性労働の推移
総務省統計局資料により筆者作成．

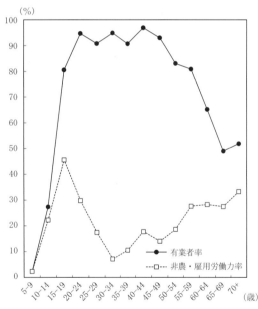

図 10.3　山梨県下4ヶ村における女性労働（1968年（明治初年））
斉藤修（1985）：明治初年農家世帯の就業構造－山梨県下4ヶ村『人別帳』の分析（1）－24頁より筆者作成．

ている．これを第1期としよう．出産子育ての時期にあたる20〜40代はほぼ90％以上の女性が働いていることが分かる．一方，同図に示した「非農・雇用労働力率」の推移は，20〜40代に大きく落ち込む．この時期の雇用労働とはおそらく，紡織工場などの女工や商店の奉公人であると考えられ

る．つまり，明治初期のこの地域では，ほとんどの女性たちは農業や自営業に家族従業者として従事し，出産子育て期も働き続ける一方で，この時期に登場し始めた雇用労働者となった女性たちは出産子育て期に働き続けていなかったことが分かるのである．

一事例ではあるが，この図はM字曲線と雇用労働者率が関係していることを示唆している．そこで，日本における従業形態別にみた女性たちの働き方の時代的変遷を見てみると（図10.4），1960年を境として，自営業・家族従業者よりも雇用労働者が多くなり，その後急速に増加していることが分かる．これを第2期としよう．雇用労働者の急増に反比例して，20〜40代女性の就業率が低下するのである．この背景には，職場と居住地が離れる，いわゆる「職住分離」の進行が影響を与えていると考えられる．なぜなら，自宅で子どもを背負いながら機を織ったり，海辺で海藻を採ったり，畦に子どもを寝かせながら畑仕事をしている女性たちに比べて，工場や商店，会社で働く女性たちは子どもを仕事場へ連れて行くことができなかったからである．

近年，M字曲線は再び台形に近付いている．これを第3期としよう．雇用労働者数が圧倒的に多い今日におけるこの変化は，職住分離の状況下での仕事と子育ての折り合いのつけ方として，保

110　　10．ジェンダーから再考する地域と人間

育所の整備や職場の雇用システムの改変がその重要な条件であるという議論が盛んである．このように，日本全体で見た場合，第1期から第3期まで，女性が働きながら子育てをする状況の変化と合わせて，女性の人生の軌跡は大きく変わってきたことが分かる．

10.4.3　就業率曲線の地域差

次に，「地域」という指標を加えてみよう．M字の中央の落ち込み方，つまり，仕事と子育ての折り合いのつけ方に地域差はあるのだろうか．総務省統計局は，2012年にはじめて育児と就業の関係を調査した．その調査をもとに，M字曲線の底である30歳代とその前後の年齢（25～44歳）について，未就学児の育児をしている女性を抽出し，その有業率を都道府県別に見てみると，明らかな地域差が認められる（図10.5）．就業率が最も高いのは島根県（74.8%）であり，山形県（72.5%），福井県（72.1%）がそれに次ぐ．一方，神奈川県（41.1%），兵庫県（43.2%），埼玉県（46.6%）が最も低い地域となっている．

さらに，就業率の国際比較をしてみよう．図10.6で示した数ヶ国に限られる比較ではあるが，2013年時点でM字曲線を示しているのは日本だけであることが分かる．逆に言えば，日本以外の国々では，多くの女性たちが育児をしながら働き続けているということになる．特にスウェーデンでは全体としても女性の就業率が高位を保ってい

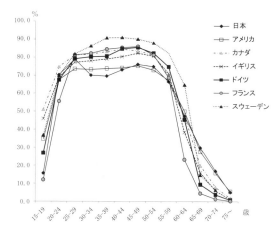

図10.6　女性の年齢別労働力率（2013年）
データブック国際労働比較2015より筆者作成．

る．

このように，時代によって，地域によって，国によって，女性の就業率曲線，つまり人生の軌跡は一様ではなく，とりわけ子育て期に仕事を続けることができるか否か，という選択には明確な差が見られることが明らかになった．

10.4.4　曲線の多様性の背景にあるもの：女性を取り巻く様々な条件

選択に差が見られるとすると，それはいったいどのような条件によって生じる差なのだろうか．まさに，その条件の1つがジェンダーである．日本の場合，厳密には近年状況が変わりつつあるとはいえ，「子どもが生まれたら女性が仕事を辞めるべきである」，「男性ではなく女性が育児の中心的役割を担う」，「子育てがひと段落した時には正規の職員になるのは困難である」，「子どもが小さいうちは母親が家にいた方がよい」などという言説や慣習はまだ根強く残っている．社会学や歴史学の成果によれば，近代における家父長制の成立とともに，女性に良妻賢母という役割が要請されるようになり，家族総出で働く小農経営から家長が家族を養う家族賃金制度へと移行する中で，既婚男性労働者が「家族の扶養者」と規定される一方，「子育ては女性が担うもの」という考え方が広まった．M字曲線の背景には，このようなジェンダーバイアスのかかった考え方の普及と定着があり，今日の日本の女性たちの人生にも少なからぬ影響を与えている．

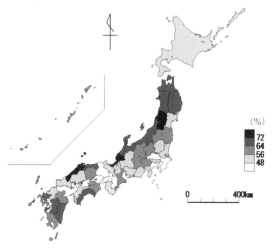

図10.5　25～44歳の育児をしている女性の有業率（2012年）
総務省統計局資料より筆者作成．

しかし，これまで見てきたように，これは決して普遍的なものではなく，時代や地域，国によって女性たちの人生は多様であった．重要なのは，この事実に気付くことである．いつ，どのような理由で日本ではM字曲線を一般的だと考えるようになったのだろうか．なぜ今日，同じ日本でも島根県，山形県，福井県では未就学児を育てながら仕事を続けている女性が多いのだろうか．なぜ，スウェーデンやフランスでは女性の就業率はM字にはならないのだろうか．その答えを求めて，これから考えるべき課題は多い．歴史的，文化的，社会的につくられた男女の差異，すなわち「ジェンダー」は，その答えを導くために多くの手がかりを与えてくれるだろう．つまり「ジェンダー」は，女性たち，そしてすべての人々の多様な生き方を理解し，一人一人が生きやすい社会を実現するために必要不可欠な視角であり，地理学の新たな地平を拓く可能性を持つ重要なトピックにほかならないのである．　　　　　　　〔湯澤規子〕

引 用 文 献

天野正子（1997）：フェミニズムのイズムを超えて　女たちの時代経験. 岩波書店.

太田　勇（1991）：『女性の視点』への疑問. 地理，**36**(8)：22-23.

太田　勇（1997）：ジェンダー. 山本正三・奥野隆史・石井英也・手塚　章編：人文地理学辞典，181, 朝倉書店.

太田　勇（1997）：地域の姿が見える研究を. 古今書院.

神谷浩夫（1987）：書評 *Women and geography study group of the IBE：geography and gender：an introduction to feminist geography*, Hutchinson, 1984, p 160. イギリス

地理学会. 女性と地理学研究グループ：地理学とジェンダーフェミニスト地理学入門経済地理学年報，**33**(3)：237-238.

神谷浩夫編監訳（2002）：大学の地理学　ジェンダーの地理学. 古今書院.

木下禮子（2002）：思考の枠組みを広げる. 地理，**47**(2)：16.

エドワード・W・ソジャ，加藤政洋・西部　均・水内俊雄・長尾謙吉・大城直樹訳（2003）：ポストモダン地理学　批判的社会理論における空間の位相. 青土社.［Soja, E. W.（1993）：*Postmodern geographies：the reassertion of space on critical social theory*. Verso.］

三上喜孝（2016）：歴史を描く必然としてのジェンダー. 歴博，**198**：1.

村田陽平（2009）：空間の男性学－ジェンダー地理学の再構築. 京都大学学術出版会.

吉田容子（1993）：女性就業に関する地理学的研究－英語圏諸国の研究動向とわが国における研究課題. 人文地理，**45**：44-67.

吉田容子（1996）：欧米におけるフェミニズム地理学の展開. 地理学評論，**69A**(4)：242-262.

吉田容子（2002）：ジェンダー研究とフェミニストの視点. 地理，**47**(2)：5.

吉田容子（2004）：ジェンダー研究と地理学. 水内俊雄編：空間の社会地理，57-79, 朝倉書店.

吉田容子（2006）：地理学におけるジェンダー研究－空間に潜むジェンダー関係への着目. 地理学評論，**1**：22-29.

吉田容子（2007）：地域労働市場と女性就業. 古今書院.

ジリアン・ローズ，吉田容子ほか訳（2001）：フェミニズムと地理学－地理学的知の限界. 地人書房.［Rose, G.（1993）：*Feminism and geography：the limits of geographical knowledge*. Polity Press.］

Hadson, S.（1992）：Geography and feminism: worlds in collision. *Annals of the Association of American Geographers*, **82**：569-586.

【布を織るのは誰か：織物とジェンダー】

織物は長い歴史の中で，世界各地で織られている（写真10.1）．その織り手の多くは女性である．女性は手先が器用で，忍耐強いため，布を織る作業に適している，という言説によってその理由が説明されることが多い．しかし，ドイツでは織り手の多くが男性であることを考えると，じつは織り手が女性である必然性はない．

ジュディス・ブラウンによって書かれた「性による労働分担に関する小論（Note on the Division of Labor by Sex）」によると，産業革命以前の社会では，女性は「仕事の遂行と育児の必要との両立」を可能にするために，「集中を必要とせず，比較的退屈で繰り返しが多いこと，中断しやすく，また一度中断されてもたやすくもとに戻れること，携わる人が家からあまり離れないでもよい」という理由で「織物」や「糸紡ぎ」に従事した．布を織るのは主に農閑期であり，農業や漁業と組み合わせて年間を通した家族の完全燃焼が可能になるなど，女性が織り手であるのは，家族経営の論理に基づいていたのである（湯澤，2009）．

蒸気機関と機械，工場が登場する産業革命期が到来すると，糸は紡績機械で紡がれ，布は力機械で織られるようになった．この紡織業の担い手の多くもやはり，「女工」と呼ばれた女性たちであった．ここで女性たちは，「器用な手」を持つ，「安価で従順な労働力」として重宝され，産業革命を底辺で支えた．つまり，産業革命期に紡織業の職工が女性である理由は，資本主義の論理に求められるようになったのである．これは現在，大手アパレルメーカーがより安価な労働力を求めて世界各地で工場を経営している状況とも共通している．

この両時期の移行において，ドイツでは元々多かった女性の織り手を排除し，男性が織り手を独占していった．それは主に男性が運営するツンフト（同職組合）の力が大きくなるとともに，農家の「副業」であった家内工業から，男性の世帯主を中心に営まれる「本業」へと織物業が発展したからである．そして女性は製織労働からは排除され，補助労働を担当することになった．日本では，京都の西陣織物の織り手が男性であることが知られているが，西陣も本業として男性がその経営を担っている点で，ドイツと共通している．

写真10.1 結城紬の製織
（1996年，筆者撮影）

こうして見ると，世界の産業，分業体制，工場の立地，労働力の移動などに関する事象には，ジェンダーの視点から，あらためて検討すべきテーマが多分に含まれているといえるだろう．

引用文献

エリザベス・W・バーバー，中島　健訳(1996)：女の仕事　織物からみた古代の生活文化．青土社．[Barber, E.W. (1995)：*Women's work: the first 20,000 years-woman, cloth and society in early times*. W. W. Norton.]
姫岡とし子(2004)：ジェンダー化する社会　労働とアイデンティティの日独比較史，岩波書店．
湯澤規子(2009)：在来産業と家族の地域史―ライフヒストリーからみた小規模家族経営と結城紬生産．古今書院．
Brown, J. (1970)：Note on the division of labor by sex. *American Anthropologist*, **72**, 1073-1078.

11 住の持続性を創造するハウジング

「住の危機」と聞いてイメージされるのは，ホームレスやスラム，難民などの住宅問題かもしれない．しかし，発展途上にある国や地域に限らず，欧米や日本の都市においても，様々な「住の危機」が確認され，それが個人のみならず都市の持続性にも影響している．本章では，日本や欧米都市が抱える「住の危機」について，個人の社会経済状況や住宅へのアクセス可能性，住宅および金融政策，住宅制度や慣習，住宅市場の特性，都市開発の在り方，地域特性，都市の構造などの多様な要素から考察する．

11.1 ハウジングに関する都市地理学の研究

居住は重要な都市機能の1つであり，住宅や居住者の分布は，都市構造を示す上でも重要な指標となるものである．バージェスの同心円構造，ホイトの扇形モデル，ハリスとウルマンの多核心モデルなど，都市の内部構造に関するモデルは，都市内部に見られる性質の異なる居住地区の分布を基にしている．つまり，人種・階級・収入などの面で同質的な集団が集住することによって生ずる居住分化を基盤とした居住地域構造のモデルである．欧米では，都市での居住に関する研究が盛んに行われ，住宅や居住者の分布特性，移動特性に関する多様な理論が構築された．しかし，欧米と比較して移民が少なく，中古住宅市場が脆弱な日本では，欧米都市の居住理論が当てはまりにくいとされている（由井，1999）．こうした背景から，居住地域構造の研究に限らず，日本の都市地理学では住宅や居住者を扱った研究の蓄積は少なく，研究の視点が限られてきた（小森，1984）．

欧米の都市地理学では，都市の住みやすさや幸福度，グローバル化時代に競争力を持つ都市の在り方など，都市と住宅・居住者に関する多様な議論が展開されている．都市居住を取り巻く状況が変化している中で，都市がいかなる居住特性，居住環境，住みやすさを有しているのかといった「都市に住まうこと」を検討する多角的な研究が行われてきた．日本の都市地理学においても，欧米の研究視点を取り入れた学際的，問題解決的な態度を持った研究成果が求められるようになっている．

都市地理学でハウジングを扱った研究として，まず，ボーンによる『Geography of Housing』があげられる（図11.1）（Bourne, 1981）．ボーンの提示した枠組みを踏まえ，国内では由井（1999）が『地理学におけるハウジング研究』を著し，都市地理学において住宅や居住を扱う研究の道筋を提示した．これは，ボーンの枠組みのうち，特に「社会人口学的変化」の領域に注力して国内の事例を精査，検証したものであり，住宅サブマーケット別，地域別に居住者特性を分析し，さらに居住者特性と居住地移動の関係性を詳細なデータから検証することで，都市における居住特性の形成・変

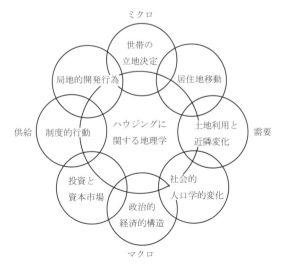

図11.1 ボーンが提示した地理学的なハウジング研究の枠組み Bourne（1981）をもとに改変．

容過程を明らかにした．国内の住宅・居住研究を理解する上で，最も重要な成果の1つである．

また，由井（1999）は，居住福祉論の早川和男をはじめとする建築学や家政学，都市計画の研究成果を引用し，都市地理学に応用している．これは，近接領域が扱ってきた，政策により形成された居住環境や住宅市場の特性が，現実の住まい方をいかに形成，規定するのかという課題について，地理学者の関心が弱かったことに起因する．地理学が得意とする，特定の住宅形態や社会階層の集住する地区，その結果形成される問題地区の抽出だけでなく，住宅や居住に関わる様々な課題を扱う学際的・総合的な領域として，また問題解決的な態度を持った領域として，地理学の持つ総合性を生かしたハウジング研究の構築を目指したものであったと言える．地理学的視点から住宅研究を発展させていくことは，日本の都市地理学だけでなくより学際的，国際的な議論を発展させていく際に大きな貢献となるだろう．

近年，専門誌を中心に，学際領域であるハウジング研究の発展が著しい．住宅移動や特定のコミュニティにおける事例研究などでは地理学者による研究成果も多々掲載されている．また，建築学の平山洋介氏を中心とするグループが，日本の住宅市場に関する研究成果を発信している．ハウジング研究は，建築学，家政学，都市計画，社会学などの研究者を主とすることもあり，各国の住宅問題，住宅政策，住宅サブマーケットの特性，特定の集団（年齢別，配偶関係別など）の住宅問題や居住経歴の分析などを扱う．学際的かつ総合的な性格をもつ地理学の成果は，こうした研究領域でも評価されるものであり，特にサステイナビリティの観点（都市の持続性，住み続けられる住宅や居住環境の在り方，住みやすさ，適切な住宅を得ることなど）について地理学の手法を用いて総合的に課題を把握することにより，よりよい都市居住の実現に向けた問題解決手法を提示できるだろう．以下では，現代都市居住と持続性を検討するため，欧米の都市と東京大都市圏の事例を検証する．

11.2 サステイナビリティとハウジング

11.2.1 都市における住まい方と持続性

都市における住まい方は，都市の構造やシステムだけでなく，都市の持続性を左右する問題である．例えば，日本の大都市圏においては，1960～80年代頃，郊外で戸建て住宅を購入して都心へ通勤する生活様式が一般的であった．郊外では住宅地開発が盛んに進められ，核家族世帯が一度に流入した．しかし，入居から数十年が経過し，居住者の加齢と第二世代の転出により，郊外は高齢者に特化した地区へと変わりつつあり，持続性の危機に瀕するようになっている．

次に，視野をグローバルに広げてみると，経済危機により住宅ローンを支払えなくなり住宅を失う人々が増加する地域もあれば，住宅市場のグローバル化により住宅価格が高騰しローカルな住民が適切な価格で住宅を取得できなくなる地域もある．特定の地域でこのような問題が頻発すれば，地域の持続性が危ぶまれることとなる．

ギリシャの建築学者ドクシアディス（1965）は，都市居住の未来像としてエキュメノポリスという概念を提唱した．これは，超国家的で高度な都市化社会の概念であり，計画的に都市機能を分散させ生態系を厳密に管理することにより，人間主体の良好な居住環境を実現しようとするものである．ドクシアディスは，建築学者，都市計画家，社会学者，地理学者らかならなる学会において，持続的かつ人間主体の都市居住の在り方について議論を深めた．これらの議論はやがて「国際連合人間居住計画（国連ハビタット）」の設立につながっていく．

現在，国連が定義する「適切な住居」とは，「①雨露をしのぐことができ，②追い立てられる心配がなく，③清潔な水が供給され，ゴミや汚水は収集され，④必要なプライバシーと安全が保たれ，⑤一定の教育・医療を享受しうる場所にあり，⑥少なくとも通勤範囲内に職場があり，⑦家庭生活に必要な最小限のスペースを，負担しうる住居費で確保できる」住居である（早川，1997）．こうした住居を持たない人口は世界で10億人を超え，

スラムなどの劣悪な環境に居住したり，路上生活を余儀なくされたりする人も多い（早川，1997）．しかし，発展途上にある国や地域に限らず，欧米や日本の都市においても，様々な「住の危機」が確認され，それが個人のみならず都市の持続性にも影響している．

住宅や居住の状況は，都市の在り方，人間の幸福や希望，都市や社会の持続性を決定する重要な課題である．以下では，サステイナビリティとハウジングの関係を検討するため，特に住宅価格の高騰や住宅を追い立てられることなどの欧米都市で確認される課題を紹介する．

11.2.2 住みやすい都市のアフォーダビリティ問題

カナダの大都市は，「住みやすい街」ランキング上位の常連である．例えば，マーサ・ヒューマン・コンサルティングのクオリティ・オブ・リビング調査（2016 年）では，バンクーバーが第5位（北米の中では第1位）に選出されている．また，エコノミスト・インテリジェンス・ユニットのリバビリティ・ランキング（2016 年）でも，バンクーバー（3位），トロント（4位），カルガリー（5位）とカナダの大都市は高く評価されている．これらの調査では，海外の投資家や企業が進出する際の障壁の少なさが重要視されているため，英語圏でスキルのあるビジネス移民を受け入れる政策などを打ち出しているカナダが有利になっていると考えられる．

さらに，社会階層や人種による軋轢の少なさも裕福な移民を惹き付ける重要な要素となりつつある．調和の取れたコミュニティを有する都市，つまり良好なソーシャル・ミックス（社会階層や年齢，価値観，人種などの多様性）を実現している都市は，グローバル化と知識集約型経済が進展する昨今において，国際的な評価を受けやすいという指摘がある．カナダの大都市では，Ley（2010）が"Millionaire Migrants（億万長者の移民）"と呼ぶ，環太平洋地域出身の裕福な移民が転入していることもあり，人種や社会階層間の軋轢は少なく，良好な多文化共生社会が実現されている．

トロントやバンクーバーでは，新自由主義的都市政策の影響で，都心部でのコンドミニアム（日本でのマンションに相当）供給が増加し，都心でのライフスタイルを消費する対象として，女性が重要視されるようになってきたり，裕福な移民や共働き世帯に都心居住が好まれたりするようになってきている．

カナダで最も住みやすさへの評価が高いバンクーバーでは，工業や製造業から専門職，サービス業への転換が進んだ 1980 年代以降，都心部において大規模な住宅地開発が行われるようになった．1986 年に EXPO'86 が開催された際には，工業的土地利用が卓越していた False Creek 周辺がコンドミニアムを含む新開発地として利用され，ダウンタウンの人口増加を引き起こした．これらの開発に香港系の不動産開発会社が積極的に加わり，超高層コンドミニアムの建設が増加した．

その後，アジアからの裕福な移民がコンドミニアムを購入する動きが顕著になっていった（Ley, 2010）．優れた居住環境や欧米式教育を求めるアジアからの裕福な移民が転入し住宅を購入するようになると，バンクーバーの住宅価格は上昇するようになった（Moos and Skaburskis, 2010）．1990 年代以降にバンクーバーに転入した移民の多くは現地で就労しているわけではなく，出身国で財産を築いてきたか，資産の運用などによって出身国で収入を得続けている場合が多いため（Moos and Skaburskis, 2010），不動産などの消費が活況になっても，税収が上昇し経済全体が活気付くわけではない．

むしろ，地元住民にとっては住宅のアフォーダビリティ（住宅を適度な価格で購入できること）に関する問題が深刻となった．City of Vancouver Housing Centre（2005）によると，市内の約 40,000 人（約 20,500 世帯）は，ホームレスになるリスクを抱えているという．2006 年にはバンクーバー都市圏での平均収入に占める平均住居費の割合は 24.8% を占め，カナダの平均（22.9%）を大きく上回った（CMHC, 2009）．

「世界で最も住みやすい町」であるはずのバンクーバーであるが，移民が住宅価格を押し上げていることや，政策の影響で社会的な弱者を受け入

れる公的な住宅の供給が圧倒的に少ないことなど，住宅のアフォーダビリティや「住の格差」に関する問題が存在している．この問題を解決するため，ソーシャル・ミックスを取り入れた再開発事業を行おうとしているのがダウンタウン・イースト・サイド（DTES）である．

DTES は，チャイナ・タウンやかつての日本人街を含む地域であり，居住者の約 22% が 65 歳以上，63% が単身男性，93% は賃貸住宅に居住する地区である．かつての DTES は，日雇い労働者が平均 350 カナダドル/月程度で住み着く安宿街であった．しかし，1986 年の EXPO を契機として近隣の False Creek 一体が再開発されることとなり，DTES でも安宿街が観光客向けの宿泊施設に建替えられていった．EXPO などの国際的なイベントが開催され，裕福な移民が転入するようになると，バンクーバー都市圏の住宅価格は高騰しだすが，DTES だけが安価な居住地であった．

DTES でも住宅価格の上昇が始まると，ホームレス増加の問題が起こる．1996 年に市長はホームレス支援策を打ち出したが，冬季オリンピック後の経済状況の変化によりホームレスは増加した．2005 年に就任した新市長は，観光都市を目指した開発に注力している．現在，DTES では，大規模な再開発事業が進行している．この再開発事業では，公的住宅や低所得者向け住戸を取り入れるなどのソーシャル・ミックス案が提案されているものの，その是非をめぐっては連日メディアを巻き込んだ議論がなされている．

近年，裕福な外国人の住宅取得により住宅価格が釣り上げられているという声に対応するため，外国人の住宅取得税が導入されることとなった．また，移民が所有するコンドミニアムなどの多くが，長期にわたって空き家になっているため，空き家税を導入するための議論もなされており，ブリティッシュ・コロンビア大学の都市計画家らが詳細な統計分析を進めている．

11.2.3 経済危機と空き家の増加

次に，欧米都市における「住の危機」として，空き家の増加という問題を検証する．空き家増加の要因は，国や地域によって異なるものの，多く

は経済危機を契機として顕在化したものである．グローバル化の進んだ現代では，局所的な経済危機の影響が国境を越えて伝播するために，広域的な空き家の増加に結び付いている．

アメリカ合衆国では，経済危機が起こる以前から社会経済問題を抱えていた地域において，住宅ローンなどの借金を支払うことができず，借金の担保にしていた住宅を競売にかけられる（抵当権実行），フォークロージャーが多発した．特に社会経済的階層の低い住民が居住する住宅地では，フォークロージャーによる空き家率が高まり，地域の治安が悪化する例も見られた．フォークロージャーが多発した郵便番号は，2011 年はカリフォルニア州，ネヴァダ州，アリゾナ州がトップ 100 位のうち 81 を占め，また 2012 年にはフロリダ州，イリノイ州，ジョージ州で多かった（CNN，2013）．

アメリカ発の経済危機の影響はヨーロッパにも伝播している．アイルランドでは住宅開発が停滞し，開発が頓挫しそのまま放置される住宅地の事例が報告されている．また，スペインでは，経済危機の影響もあり失業率が高い状態だが，空き家率が高いにも関わらず住宅価格が高止まりする，いわゆる「スパニッシュ・パラドックス」の問題が表出している．通常は，空き家率が高くなれば住宅価格が下落するが，経済状況が回復した後に高値で売却するために不動産業者や所有者が住宅を保有したままにしているため，このような事態が生じているという．こうした住宅はブラインドが下ろされているため，景観的にも容易に確認でき，中でも沿岸部のリゾート地などに目立つという．

また，経済危機以外にも，急激な人口移動や産業構造の変化に伴う都市の衰退が要因となって空き家が増える事例も確認されている．例えば，東ドイツから西ドイツへの急激な人口流出による空き家の増加は都市の縮退を象徴するものであるとされており，様々な研究が蓄積されている．また，アメリカのラストベルト地帯では，自動車産業などの衰退により，人口が都市圏外に流出し空き家が増加したり，公共サービスが低下し治安が悪化

したりという問題に直面する都市が出ている.

空き家は,都市の成長を促したり自由な居住地選択を可能にしたりするため,都市に不可欠な存在である.しかし,管理が行き届かない空き家の増加は,コミュニティの環境悪化に直結し,地域社会および地元経済の活力,さらに犯罪抑止力を奪いかねないとして危惧されている.空き家が増加するにつれ,社会的秩序が乱れ,治安が悪化する地区も生まれてくる.

都市の空き家問題は,欧米都市を中心に,シュリンキング・シティ論,経済危機,グローバル化など,様々な切り口から議論されてきた.経済危機により空き家が増加した場合,経済状況の改善や,行政などの介入により新規の居住者を獲得できれば問題が改善する可能性が高い.しかし,米国の一部や日本の都市では,一時的な経済状況の悪化というよりも,地域経済の基盤が揺らいでいる上に,少子高齢化や人口減少,制度上の問題,貧困層の集積など,いくつもの社会問題が重なり,人口および都市の縮退が進む中で空き家が増加している.複雑な要因から生じているため,半永久的な空き家が多く,解決は容易でない.以上の様に,先進国の都市においても,ホームレスや立ち退きだけでなく,様々な「住の危機」に直面している.

11.3 東京大都市圏におけるハウジング研究

以下では,日本の都市におけるサステイナビリティとハウジングの課題を検証する.日本の首都地域である東京大都市圏が1950年代から現代にいたるまで,どのように都市化を経験し,住宅市場や住民の特性,居住地選択行動,ライフスタイルがいかに変化してきたのかを検討することにより,日本の都市が抱える「住の問題」を明らかにする.

11.3.1 都市化と住まい―住宅格差の出現

1950年代の日本では,住宅不足解消を重要な目的として,今日の基盤となる住宅関連法が整備された.高所得者向けには住宅ローンを整備し,若年世帯や低所得世帯に向けて公営住宅が整備され(1951年「公営住宅法」),さらに1955年に設立された日本住宅公団は大規模住宅団地の造成に当たった(影山,2004).大阪の千里ニュータウン(1962年入居開始),名古屋の高蔵寺ニュータウン(1968年入居開始),東京の多摩ニュータウン,成田ニュータウン(1971年入居開始)など,大都市圏においては大規模な郊外住宅団地が開発された.

1960年代以降は,都市中心部での地価高騰や住宅不足により,郊外での住宅地開発が加速度的に進められた.職を求めて農村地域や地方都市から大都市へ転入する人が増える中,これらの非大都市圏出身者が住宅(特に,戸建て住宅)を取得する際の受け皿になったのが郊外住宅団地であった.彼らは,大都市圏に転入した後,結婚や出産といったライフイベントを契機に都市近郊のマンションや公団団地に転出し,さらに子の誕生や成長を機に郊外で戸建て住宅を購入するようになった.

住宅関連法が整備され,住宅地開発が進められる中で,人々の住宅を所有しようとする意欲が高まり,住宅所有率が急速に高まった.1941年の主要都市における所有住宅率は22%であったが,1960年代の前半までに60%に達し,現在まで60%前後で推移している.結婚したり住宅を持ったりすることは,社会的な信頼を得ることにつながると考えられていたこともあり,住宅所有は個人の人生において重要なイベントとなった.また,早川(1997)が指摘するように,賃貸住宅や公営住宅と比較して,所有住宅は設備や構造などの質が高いといった,住宅階層間の格差が存在していることも住宅所有意欲を高める要因になった.

郊外化が進行する中で,マンションは過渡的な居住形態,もしくは戸建て住宅よりも安価であることから代替的な形態として機能してきた.また,バブル経済期には,都心部の地価が高騰したこともあり,都心部に居住することは大変困難な状況となっていた.しかし,バブル経済が崩壊した後,経済後退が長期化する中で,経済対策や都心部の再生を目指して,都心部においてマンションなどの住宅開発を推進する政策が採られるようになった.さらに,住宅取得者への税制優遇政策が実施

写真11.1 東京湾岸部（豊洲地区）の景観
（2010年6月, 筆者撮影）

されたり，住宅ローンの規制緩和によって融資元が多様化したりしたことで，購入者にとっても住宅購入の際のハードルが下がり，持家取得に拍車がかかった．また，工場や商業の撤退や郊外移転により，都心部の河川沿いや東京湾岸部などにおいて比較的まとまった土地が供給されたため，駅と近接した交通利便性の高い地域が，マンションに転用された．その結果，1990年代後半頃から，都心部のマンション開発が盛況になり，都心部に住むことが一般化してきた（写真11.1）．

東京大都市圏における都市化の進展と住宅供給は密接な関係にあり，住宅供給の動向や，人々の理想とする住まい方や選択可能な住宅の形態は，住宅や金融政策の影響を強く受けている．また，所有住宅と他の住宅形態との間にある格差や，住宅の持つ社会的意味（社会的な信頼や独立の証など）も，人々の居住選択を規定しているのである．

11.3.2 都心部居住の進展—非主流派の住宅問題

東京大都市圏において，都心部居住のアクターとして注目されたのは，単身女性であった．その背景には，1990年代後半に，単身女性の住宅ニーズに応える形でコンパクトマンションと呼ばれる所有住宅の供給が増加したことがある．コンパクトマンションは，専有面積が30～50 m² 程度でキッチンや水回りなどを充実させ居住性を高めたマンションである．一般的に，核家族世帯が居住するマンションは60～100 m² 程度，学生などの単身者が居住するアパートは15～25 m² 程度であるため，これらの中間的な広さで，1～2LDKの間取りとなる．キッチンや水回りの設備は，核家族向けと同等の設備であり，収納スペースを充実させたり，単身女性のライフスタイルに合わせて友人を呼んでパーティができるような広いリビングルームを設けたりと，細かな工夫がなされている．

当初は中小のマンション供給者がコンパクトマンションの販売を行い，欧米で若者に好まれるStudioタイプ（広めのワンルーム）の物件を販売した．こうした物件が，30～40歳代の単身女性に受け入れられ，都心居住が普及するきっかけをつくった．こうした傾向は，日本の都市だけに特有のものではなく，欧米で1970年代以降に確認されるようになったジェントリフィケーション（再開発）の議論において，収入の男女差や制度的な要因から戸建て住宅を購入することが困難な女性（特に，ひとり親世帯）にとって，コンドミニアム（マンション）は持家へのアクセスを可能にする居住形態であるとされており，この傾向が再開発された地区のコンドミニアム需要の一部を支えていることが指摘されている．

先述の通り，第二次世界大戦後の日本の住宅市場は，核家族世帯の持家取得を後押しするものであった．彼らの多くは定年退職までに住宅ローンの返済を終えるために30～40歳頃に住宅購入の意思決定をする．こうした制度の元では，核家族世帯の住宅取得を前提に，彼らの住宅ニーズに合致した住宅の選択肢が最も豊富になるような住宅市場が形成され，賃貸アパートは結婚前の若者単身者を想定した間取りや設備となる．

その結果，30～40歳代の単身者や高齢者などの非主流派の住宅ニーズに合致した住宅の選択肢は限定的となった．単身女性の住宅ニーズに合った住宅ストックが限られていたために，都心部への通勤利便性やセキュリティ意識を満たすため，もしくは財産形成と老後の安心のためにマンションが購入されている．

世帯やライフコースの多様化，晩婚化や未婚化，世帯規模の縮小，女性の社会進出，共働き世帯の増加など，社会経済状況の変化により，居住地域

構造や人々の住まい方は大きく変化してきた．理想とされる居住形態は，郊外の戸建て住宅から都心部のマンションに移り変わったが，これは都心部のライフスタイルが評価されたことと，マンションの居住性の高さや，アフォーダビリティ，セキュリティの高さ，多様な世帯の住宅ニーズに合わせられることが現代の都市居住者に好まれたことによる．また，1960〜80年代と比較して，大都市圏内で生まれ育ったものが多くなってきており，大都市圏内に親の実家という資産があることで居住地や就業・通学先の選択要因も様変わりしている．

ただし，ここで忘れてならないのは，住宅市場においても非主流派に位置付けられる女性の住宅問題が都心部居住の背景にあるということである．ただし，非主流派の住宅問題は，女性だけでなく，年収が低く親族からの住宅継承が期待できなければ男性も同様に経験する問題であるし，住宅を所有していない高齢者にも降りかかる．賃貸住宅を借りるには，多くの場合保証人を立てなければならないが，単身であったり親族が他界していたりすれば，良好な賃貸住宅を借りることが困難になり，次第に劣悪な環境の住宅を借りるしかなくなる（早川，1997）．また，所得制限のある公営住宅においても，所得の上昇により若年家族世帯が転出していくものの，年金などに頼る高齢者の場合は所得が上がることは期待しにくいため，滞留していく．こうして高齢者ばかりになれば，コミュニティの維持が困難になったり，孤独死が増加したりといった問題につながりやすい．

「住の持続性」の根本は，安心して適切な住居に住み続けることである．この観点に立てば，都心部居住が進み発展しているようにみえる都心部にも，様々な「住の危機」が潜んでいることが分かるだろう．次節では，郊外で確認される「住の危機」を検討する．

11.3.3　郊外住宅地の衰退−住み続けることの困難さ

バブル経済の崩壊以降，都心部居住が大きな潮流になる中，バブル経済期まで人口流入の著しかった郊外は，居住者の高齢化などの問題を抱え

るようになってきた．大都市圏内では，立地や価格の面で不利な住宅開発地は交通利便性の高い地域と比較して魅力を失いつつあり，住宅地間で明暗が分かれるようになった．新たな都市開発が行われにくい郊外は，必ずしも魅力的で理想的な居住地ではなくなってきている．

日本の郊外住宅地の多くは，大都市中心部へ通勤する世帯が居住するベッドタウンとして計画され，戸建て住宅を中心に一斉分譲されてきた．一斉に分譲された住宅地などでは，ライフステージや収入，居住選好などの面で似通った世帯が一度に転入し，このように転入した世帯の加齢に伴って高齢化が顕在化しやすい．さらに，非高齢人口（主に子世代）が離家することで，高齢化に拍車がかかる．そのため，将来的にはゴーストタウン化する住宅地も出てくるという．

郊外住宅地の衰退を顕著に示す現象として，「空き家」の増加があげられる（由井ほか，2016）．大都市圏の郊外では比較的中古や賃貸住宅の需要があるものの，空き家の多くは賃貸や売却されずに居住実態のない空き家として長期間放置される．郊外住宅地において空き家が生まれた直接的な要因は，所有者の死亡や入院，施設などへの入所などの高齢化に起因するものである．ただし，郊外住宅地の中でも，利便性の高い地区では，比較的若いうちに住宅取得をし，より良い住宅を求めたり親族との同近居を契機としたりして転出し，空き家となる例もある．

日本の住宅地において空き家が増加する背景には，住宅制度や市場による制約，郊外化から都心部居住への居住地域構造の変化などの要因が影響している．都心部の居住機能が高まったことで，都心部の居住機能を補完してきた郊外地域が打ち捨てられようとしている．郊外住宅地の高齢化が進み地域の活力が失われ，空き店舗や空き家が目立つようになることで，郊外住宅地の居住環境や住民のQOL低下などが懸念されている．孤独死，生鮮食品へのアクセスが悪くなるフードデザート問題なども顕在化するだろう．こうした居住環境の悪化により，住み慣れた住宅地に住み続けることが次第に困難になっていくのである．

11.3.4 住宅地の持続性ー多様性を生み出す

居住者の高齢化による諸問題を解消し，住宅地の居住環境やコミュニティを維持，向上させていくためには，ミックス・ディベロップメントが有効であるとの意見がある．ミックス・ディベロップメントとは，住宅の形態や分譲時期を多様にすることであり，これによって居住者の年齢や社会階層，世帯構成に多様性を持たせること（ソーシャル・ミックス）が可能である（図11.2）．

久保（2015）は，1970年代から開発が始まった郊外住宅地である成田ニュータウンを事例に日本の郊外住宅地の持続性に対するミックス・ディベロップメントの役割を分析した．成田ニュータウン内には，航空会社などの社宅，公営住宅，公団住宅，民間賃貸住宅，戸建て住宅，マンションなど多様な住宅選択肢が設けられ，所有住宅の価格も安価なものから高級なものまで幅広いことから，居住者の年齢や経済状況，世帯構成は多様となる．さらに，鉄道駅の新設などのために，継続的に住宅供給が行われたため，新住民の転入が継続した．成田国際空港に近接するため，定期的に若年層が社宅などに転入するが，成田ニュータウンの居住環境の良さを評価して，一定数はニュータウン内に定着する．多様な住宅選択肢と定期的な転出入により，中古住宅の流通も生まれていた．戸建て住宅が卓越する地区では，居住者の加齢が進んではいるものの，ニュータウン全体がある時期を境に一気に高齢者に特化した地区に変わるわけではなかった．

また，地域コミュニティに着目すると，東京通勤者のベッドタウンとしての機能に加え，職住が近接している世帯も多いことから，就業中から男性居住者が地域活動に参加し，地域社会の担い手となる．住民の職業や就業地の多様さが，地域コミュニティを充実させる原動力になっているのである．さらに，成田ニュータウン出身の市議会議員と成田ニュータウン自治会連合会が協力することによって，居住環境の維持・向上が図られている．道路や公園などの物質的な環境は自治会や市議会議員と成田市によって，社会的環境は地域コミュニティや様々な住民組織によって守られている．

都市に多様性をもたらすことは，都市計画の古典「アメリカ大都市の死と生」でも繰り返し訴えられていることである（ジェイコブス，2010）．多様な店舗や飲食店，住宅がある通り，居住者の

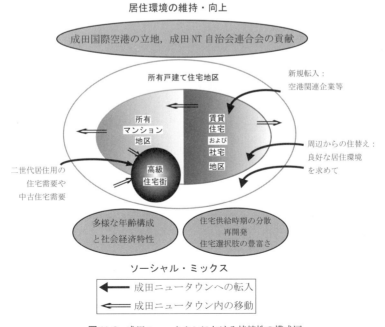

図11.2 成田ニュータウンにおける持続性の模式図
久保（2015）図8-10をもとに改変．

職種や年齢が多様である街には，絶えず人々の行き来があり彼らの目が行き届く．これにより治安が守られ，都市に活気が生まれるという．安心して住み続けられる住宅，活気のある地域コミュニティ，持続的な都市をつくる上で，再度「多様性」の価値を見直す時期に来ている．

11.4 「住の持続性」は身近な問題

「住の危機」は，先進国の都市に住む私たちにとっても身近な現象である．経済状況が悪化すれば，住宅ローンを払えず住宅を失うかもしれない．一人暮らしの高齢者が立ち退きに合った場合，保証人の成り手がなく賃貸住宅を借りられないかもしれない．夢のマイホームを手に入れたのに，周囲を空き家に囲まれ，居住環境が悪化して住み続けられなくなるかもしれない（写真11.2）．これらの「住の持続性に関わる問題」は，個人の社会経済状況によってのみ引き起こされるのではなく，住宅および金融政策，住宅制度や慣習，住宅市場の特性，都市開発の在り方，地域特性，都市の構造などの多様な要素によって生み出されている．これらを総合的に理解し，その解決策を導くことが，地理学的なハウジング研究に求められることである．

写真11.2 東京郊外の住宅地で増加する空き家
（2013年9月，筆者撮影）

欧米や日本の都市では，グリーン・シティ，コンパクト・シティ，スマート・シティ，など様々なスローガンが掲げられ，CO_2排出量やごみの削減，公共交通の充実，様々なシェア・サービスの提供などが進められている．これらの基礎となるのは，住民の生活であり住居，居住の問題である．持続的な居住が実現されてこそ，都市のサステイナビリティが生まれるのである．　　〔久保倫子〕

引用文献

影山穂波（2004）：都市空間とジェンダー．古今書院．
久保倫子（2015）：東京大都市圏におけるハウジング研究　都心居住と郊外住宅地の衰退．古今書院．
小森星児（1984）：都市．経済地理学会編：経済地理学の成果と課題　第Ⅲ集　第5章，pp. 153-165，大明堂．
ジェイン・ジェイコブズ，山形浩生訳（2010）：新版アメリカ大都市の死と生．鹿島出版会．〔Jacobs, J. (1961)：*The death and life of great American cities*. Randam House.〕
C・A・ドクシアディス，磯材英一訳（1965）：新しい都示の未来像―エキスティックス．鹿島研究出版会．〔Doxiades, K.A. (1959)：*The science of ekistics*.〕
早川和男（1997）：居住福祉．岩波書店．
由井義通（1999）：地理学におけるハウジング研究．大明堂．
由井義通・久保倫子・西山弘泰（2016）：都市の空き家問題―なぜ？どうする？地域に即した問題解決に向けて．古今書院．
Bourne, L.S. (1981)：*The Geography of Housing*. Arnold.
Canada Mortgage and Housing Corporation (CMHC) (2009)：Canadian housing observer 2009. CMHC.
City of Vancouver Housing Centre (2005)：Homeless action plan. City of Vancouver.
Christie, L. (2013)：America's hardest hit foreclosure neighborhoods. CNN Money. (January 17, 2013). http://money.cnn.com/2013/01/17/real_estate/foreclosure-neighborhoods/（最終閲覧日：2016年12月18日）
Ley, D. (2010)：*Millionair migrants：trans-pacific life lines*. Wiley-Blackwell.
Moos, M. and Skaburskis, A. (2010)：The globalization of urban housing markets：Immigration and changing housing demand in Vancouver. *Urban Geography*, 31：724-749.

【サステイナブル・シティ：オレゴン州ポートランド】

持続可能な都市として世界的に評価される，オレゴン州ポートランドの都市政策や住宅開発の事例を紹介しよう．1940〜60年代のポートランドは，ほかのアメリカ都市と同様に，急激な経済発展，人口増加に対応すべく，都市的地域の拡大や自然の消滅などを経験していた．この時代には都市計画は，問題解決のためというより，問題を生み出す存在でしかなかった（Stephenson, 1999）．しかし，1970年代以降，建築評論家かつ学者のLewis Mumfordがかつて提唱した，自然豊かで地域に根差した都市の概念やそれを実現するための具体的なアイデアを取り入れた都市計画が再評価され，メトロ政府により持続的な都市成長を目指す政策が取られるようになった（Stephenson, 1999・Suutari, 2006）．つまり，都市圏内を都市的地域，農村的地域，自然を残し保護する地域に分類して土地利用を制限したり，圏域内の公共交通（ライトレールなど）を充実させ自家用車に頼らない都市づくりを目指したり，安価な住宅を供給するための用地を確保したり，土地利用の意思決定手法を変更するなどして，自然環境保護や資源の有効活用と再資源化を進める都市開発を目指すようになった．Senate Bill 101（1973年），The 2040 Growth Conceptなどが発表され，現在だけでなく数十年後の住民にとっても住みやすい都市づくりを行うための政策が取られてきた（Suutari, 1999）．

今日のポートランドが高い評価を受けるのは，工学的手法の充実のみならず社会的・教育的側面にも予算や人員を配置し，これらの相乗効果によって持続的な都市づくりを実現していることにある．つまり，ライトレールなどの公共交通を整備し，エネルギー効率の高い建築手法を確立するだけでなく，大学と地域との連携，住民へのワークショップや学校教育を通じて住民がより持続的な意思決定を行うようになったことや，安価で良質な住宅の供給を行うために行政が土地を計画的に購入するなど，生活に根差した社会的・教育的側面が機能している（Suutari, 1999）．特に，地域住民向けのワークショップなどでは，GISなどを用いて作成したシミュレーション地図を比較検討し，計画中の開発が自分や将来の住民にどのような影響を与えるのかを考察する機会などが与えられており，地理学的なトレーニングを受けた者が地図作成などに関わっている．こうした一連の政策において，住宅へのアクセスや人々の生活の質を重視した項目が含まれていることに注目してほしい．住民が安心して住み続けることができ，都市開発やコミュニティでの意思決定に参加することが実現してこそ，持続的な都市がつくられていくのである．

写真11.3　ポートランド名物の移動販売車
街中では持帰りの食事を販売するトラックがいたるところで確認できる．
（2017年3月，筆者撮影）

写真11.4　ライトレール駅に近接した新住宅開発
環境や健康に配慮したアパート群．
（2017年3月，筆者撮影）

引用文献

Suutari, A. (2006)：USA-Oregon (Portland)-Sustainable City. The Eco Tipping Point Project：www.ecotippingpoints.org/our-stories/indepth/usa-portland-sustainable-regional-planning.htm.

Stephenson, R.B. (1999)：A vision of green：Lewis Mumford's legacy in Portland, Oregon. *Journal of American Planning Association*, **65**(3)：pp. 259-268.

12

自然と人間の関わりから考える防災・減災

　自然災害は，ひとたび発生すると，その地域の人々の将来や国家の行方をも決定付けてしまう影響力を持っている．社会の持続可能性に影響を及ぼすものであり，本書で扱うほかのテーマと同様に，人間と自然の関わり方を問いながら，この地球に住む人一人一人が真剣に向き合うべき重要な課題と言えよう．世界には災害の痕跡が様々な形で残っている．防災・減災，復興の視点から，地域の歴史，人々と自然環境との関わりに理解を深めることも地誌学的なテーマである．そこで本章では，まず災害のメカニズムや捉え方の基礎を整理する．次に，グローバルなスケールで，気候変動と災害との関係性や持続可能な将来社会を形成する一助としての防災・減災の意義を考えていきたい．

12.1　世界の自然災害

12.1.1　ハザードとリスク―人間と自然の関わり

　地震，地すべり，津波，雷，台風，火山噴火．私たち人間にとって，こうした言葉は様々な災害の場面を連想させるが，これら自体は地球上で生じる自然現象にすぎず，その多くは人類の進化以前からこの地球上で何度となく繰り返されてきた．人も街もない山麓に地すべりが起きても，人的・物的被害がなければ，それは必ずしも災害とは呼ばれない．すなわち，人類がこの地球上で家族をつくり，街や共同体をつくり，家や店舗を建て，財産を形成するようになってから，上記の自然現象が人間にとって害をもたらすものとなり，災害（災い）として捉えられるようになったと言えよう．

　災害の捉え方については専門家の間でも様々に議論されてきた．災害対策基本法では，「暴風，竜巻，豪雨，豪雪，洪水，崖崩れ，土石流，高潮，地震，津波，噴火，地滑りその他の異常な自然現象又は大規模な火事若しくは爆発その他その及ぼす被害の程度においてこれらに類する政令で定める原因により生ずる被害」が生じた場合に，これを災害とする，と定めている．これには，必ずしも自然現象による被害だけでなく，人為的な原因も含まれている．

　自然災害に関係する出来事の名称について，阪神・淡路大震災や東日本大震災をあげてみよう．

これらは政府が閣議を経て決定した名称であり，自然現象である地震（津波）の結果として引き起こされた災害に着目して命名されている．ちなみに，国はすべての災害に名称を付与しているわけではない．特に被害が大きかった災害を命名し，復旧・復興などにかかる法制度の整備や災害伝承などの際に共通理解を図ることがある．それに対し，現象を観測する立場の気象庁は，兵庫県南部地震（1995），東北地方太平洋沖地震（2011）と，自然現象そのものに着目して命名している．これを見ると，災害を起こす外力（誘因）としての「ハザード」と，ハザードによって引き起こされた災害は，また別のものとして存在することが分かるだろう（表 12.1）．

　では，災害が地球上の自然現象と人間社会の関わり方で，どのように発生し，その結果がどのように変化するかを考えてみよう．

　図 12.1 は，自然災害の原因と結果の流れを示したものである．自然現象である誘因が存在し（生じると），災害をもたらす被害の有無や大小は，その素因（社会の側の対応力≒社会システム）に左右される．例えば，盤石な地盤の上に多くの頑丈な鉄筋コンクリート（RC）構造の建物がある地域に大きな地震が生じてもさほど被害がない．しかし，同規模の地震が軟弱な地層にある老朽化した建物密集地域で生じた場合の被害は大きくなるだろう．

　災害リスクを捉える方程式は以下のように説明

表 12.1 自然災害の原因事象と結果事象と日本における名称

	原因事象・自然現象	結果事象・自然災害
名称	兵庫県南部地震	阪神・淡路大震災
	東北地方太平洋沖地震・津波	東日本大震災

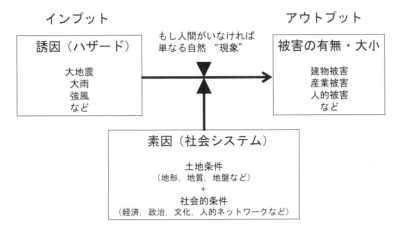

→ 場所ごとに災害（被害）の様相は大きく異なる
→ 地域に根ざした防災の必要性

図 12.1 自然災害の一般的なメカニズム
村山良之（2016）：学校防災の自校化を推進するために—学校防災支援と教員養成での取組から．社会科教育研究 128, 10-19 をもとに作成．

されることがある．

$$災害リスク(R) = ハザード(H) \times 脆弱性(V)$$

災害リスク（危険性）は，危機的な原因事象（ハザード）の大小と，その影響を受ける側の脆さという関係性で理解される．この脆弱性（弱ければ弱いだけ（V）の値は大きくなる）は，様々な社会経済的な要素によってその大小が決定される．社会経済的な要素としては貧困，資源や技術の不足など様々なものがあり，それらは災害に対してだけでなく，持続可能性や都市問題など社会構造全体の脆弱性にも影響する．災害リスクを軽減するためには，上記の公式に対して，分母に，災害が発生する前の備え（事前準備）や災害発生後の対応力を入れて割ることにより，災害リスクの程度を減少（減災）できると捉えられる（この式における脆弱性と事前準備との間には負の相関関係がみられ，事前準備が不足すれば，その分，脆弱性は増していくと捉えられる）．

$$災害リスク(R) = \frac{ハザード(H) \times 脆弱性(V)}{事前準備(発災前) + 対応(発災後)}$$

このように，地域条件の背景にある社会経済的，文化的状況にも目を向けることが防災・減災において重要である．軟弱な土地に生活せざるを得ない，老朽化した住宅を修繕できない人々の社会・政治経済的な背景を見つめれば，貧困，格差，エスニック・マイノリティの問題にも着眼する必要性を自ずと理解できよう．自然災害により犠牲となる人々の 9 割は発展途上国に住む人々であり，なかでもアジア太平洋地域ではその被害が顕著だという．近年，有効かつ効率的な開発には防災・減災の取り組みが不可欠との議論が世界的に活発になっている．その理由は，国際開発を担う主体が，脆弱性や社会条件が災害の有無，規模の大小を左右するという問題を無視できなくなってきたからでもある．

12.1.2 気候変動と災害リスク

先述の通り，災害は誘因であるハザードの存在と，地域の条件に左右されることが多い．同時に近年，地震，津波，火山噴火などに加えて，スーパー台風やサイクロンなどによる洪水や高潮，あるいは逆に少雨による旱ばつなどが人々の生活を

脅かしている．これらは，人間の居住，換金作物や家畜などの生育に影響をもたらすとともに，食料安全保障（food security）という観点からも社会の持続可能性に影響を与えている．日本においても，伊豆大島（2013）や広島（2014）の土砂災害，関東・東北豪雨（2015），九州北部豪雨（2017）など，極端な気象現象（メディアでは「スーパー〇〇」などと称され「異常気象」と報じられている）が顕著となっている．海外に目を向けても，フィリピンでの台風ハイエン（現地名ヨランダ：2014）や，フィジー，バヌアツといった南太平洋の島嶼国などでのサイクロン被害も目立っている．こうした災害のいくつかは，専門家によって地球温暖化による気候変動との因果関係を指摘されている．温暖化に関係する災害への対応は，「パリ協定」をはじめ「福島・いわき宣言」（外務省，2015）などでも言及されており，次項で扱うグローバルな防災の取り組みの1つとして位置付けられつつある．さらに，気候変動は，地域間の資源獲得競争や，食料価格・供給の変動，人口移動，それらに起因する政情不安など，社会の不安定化につながり，「人間の安全保障」を脅かすものと指摘され，各国の外交政策上の課題としても取り上げられている．

12.1.3 地球規模課題としての災害への着眼

世界が本格的に地球環境と開発を議論するようになった1992年の「環境・開発サミット」（ブラジル・リオデジャネイロ）から20年経過した2012年，「Rio＋20」が開催された．国連国際防災戦略機関（UNISDR）の資料によれば，1992年のサミット以降の20年間に，自然災害によって130万人もの人々が犠牲になっている．これは，例えば同じ20年間に発生した飛行機の墜落事故約1,500件による犠牲者と比較してもはるかに多い．また，44億人，つまり地球上の全人口のおよそ64％が何らかの災害によって影響を受けているという．現在，世界の人口の半数に当たる約35億人が都市に暮らしており，その多くは中国，

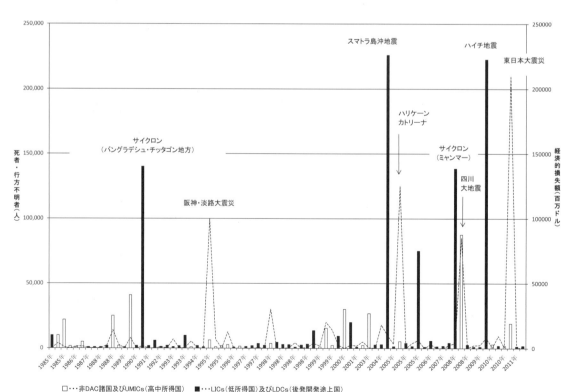

図12.2 1985年以降に世界で発生した主な災害の死者・行方不明者数と経済損失額
平成25年度防災白書，2012年版政府開発援助白書，EM-DAT（the International Disaster Database）より作成．

インド，バングラデシュ，フィリピン，タイ，パキスタンなど，都市域での人口過密が著しいアジア太平洋の地域に偏っている．こうした途上国の都市人口は，自然災害の影響を受ける可能性が高い．

図12.2から，過去30年間ほどの間に生じた自然災害とその影響について見てみると，まず開発途上国において近年，多くの災害による犠牲者を出していることが分かる（左軸の□または■）．他方，経済的損失（右軸の点線）を見ると，阪神・淡路大震災（1995），ハリケーン・カトリーナ（2005），東日本大震災（2011）が際立っている（厳密には各国の人口規模や経済規模との比較によりその影響を検討する必要がある）．災害による人的損失の差と，その国の経済力に伴う事前準備や対応力の差との相関を理解してほしい．身近な日本で失われた尊い命の背景に家族，親類，友人の深い悲しみが幾重にもあるように，離れた開発途上国で起きた自然災害による被害にも同様の痛みが存在しているのである．

災害がひとたび起こると，人々の生命，尊厳，生活基盤，周辺環境，そして国や地域の経済にも多大な悪影響をもたらす．住まいや雇用の喪失に伴う場所の喪失（displacement）が生じ，PTSD（心的外傷後ストレス障害）などの精神的なショックを癒やす，すなわち心のケアを必要とする人たちもあらわれる．居場所を失った人々は（避）難民となり，ほかの地域への移住を余儀なくされることも多い．政治や思想信条を背景に迫害の恐れがあることを要件とした従来の難民（refugee）の定義を超えて，自然災害により発生する避難民を含めて支援をすべきとする動きが見られ，国連難民高等弁務官事務所（UNHCR）もNansen Initiativeのフォローアップとして形成された「災害による避難に関するプラットフォーム」やパリ協定の履行への支援を表明している．また，グローバル経済の進展に伴って，サプライチェーンへの影響も深刻となり，1つの地域や国という枠組みを超えて及ぶ影響が顕著となってきている．例えば，2011年のタイの洪水で，現地に工場を置く日本の製造業が，操業一時停止を余儀なくされた

のも一例である．防災は，究極的に生命の尊重，幸福の追求，他者への配慮といった地球規模の人間的課題であるとも言える．その意味において環境正義や貧困，人種・エスニシティ，ジェンダーなどの社会，政治経済的問題への着眼が必要不可欠となってきている．

地球上の各地で生じ続ける災害を，単に遠い土地で生じた悲惨な出来事として他者化（他人事）するのではなく，わがことと捉える想像力が求められる（小田，2015）．そして，わがこととして災害を軽減しようという取り組みが，結果として自らや近しい人たちを将来的に守る行為としても結実するのである．

12.2 防災・減災を考える

自然災害は，地球規模の課題として，国際社会が協力して解決すべき地球の持続可能性（sustainability）にかかるイシューである．こうしたサステイナビリティをめぐる問題に対しては，地球規模で考え，身近な地域で行動する，つまり「Think globally, act locally」の視点が重要だと言われる．2015年を境に，国際的な防災や開発に関する政策が更新され，同年以降の15年間に，防災や持続可能な社会づくりをめぐり具体的な優先目標が設定されている．

そこで本節では，前半でグローバルな防災政策の変遷を概括し，防災と開発の近年の趨勢を捉えてみたい．そして後半では，身近な地域の自然や歴史の理解を通じた防災の実践，そして最近，より重要性が強調されつつある，多様な背景の人々を包摂する防災について見ていきたい．

12.2.1 グローバル防災枠組みの変遷 －Think globally

前項で示した通り，災害は地球上の多くの人々の生活を脅かし，また，場所の喪失や避難民をもたらし，その影響は国境を越えて広がっていく．温暖化などの地球環境問題とともに，国際社会が手を携えて取り組むべき地球規模の課題である．

日本は，防災先進国として，こうした地球規模の課題としての災害に対する国際戦略・政策の形成や実現に，先導的な役割を果たしている．1989

年に国連が定めた「国連防災の10年」を皮切りに，横浜において「第1回国連防災世界会議」(1994) が開かれ，その後1995年に起きた阪神・淡路大震災から10年目に兵庫県で行われた第2回国連防災世界会議（2005）で採択された「兵庫行動枠組2005-2015」(HFA) は，世界中の防災実務者・経験者によって広く認知され，実行に移された.

東日本大震災から4年後の2015年3月には，第3回国連防災世界会議が仙台市で開催され，本会議には185ヵ国の政府代表団をはじめ，NGOや国際機関などの関係者6,500人以上が参加. 関連する一般公開のシンポジウムや展示などには，のべ15万人が参加した. 関連のエクスカーションや地元団体によるフォーラムも行われ，世界の防災実践者の間で，東日本大震災の復興の状況や「国際公共財」として震災から得られた教訓，新たな防災に向けての前進を共有できた点で意義ある会議となった.

そして，HFAの後継戦略としてこの会議で採択された「仙台防災枠組2015-2030」(SFDRR) は，2030年までの世界の防災の行動枠組として，大きな意義を持っている. その特徴の1つは，防災・減災の最も重要な主体は国であることを再確認した上で，社会全体による協働を必要とし，特に女性や若者のリーダーシップを重視していること. もう1つは，災害リスク軽減のため，公共と民間セクターによる投資を求め，企業や市民組織を含む多様なステークホルダー（利害関係者）の役割を強調していることである. 例えば，障害者権利条約などの国際的な政策や世論とも結合しながら，この枠組で初めて，障害を持った人たちに対して直接的に防災への事前参画を促した. また，防災の取り組みは持続可能な開発の重要な鍵であると認定した上で，「持続可能な開発目標(SDGs)」などのいわゆるポスト2015グローバルアジェンダとの一貫性も強めており，これまで必ずしも協調関係になかった開発，環境，気候変動，安全保障などの分野が，地球の持続可能性という観点から相互に協力することを促している点を特筆したい.

12.2.2　持続可能な開発目標と防災：ポスト2015開発アジェンダ

2015年9月に，ニューヨーク国連本部において，「国連持続可能な開発サミット」が開催され，その成果文書として，「我々の世界を変革する：持続可能な開発のための2030アジェンダ」(Sustainable Development Goals, SDGs) が採択された. SDGsでは17ある目標のうち11番目に防災・減災について具体的に言及している. すなわち，「都市と人間の居住地を包摂的，安全，レジリエントかつ持続可能にする. 2030年までに，貧困層及び脆弱な立場にある人々の保護に焦点をあてながら，水関連災害などの災害による死者や被災者数を大幅に削減し，世界の国内総生産比で直接的経済損失を大幅に減らす (11.5).」という部分である. さらに「2020年までに，包含，資源効率，気候変動の緩和と適応，災害に対するレジリエンス（脆弱性の反対の概念，しなやかに回復，耐久する力）向上を目指す総合的政策及び計画を導入・実施した都市及び人間居住地の件数を大幅に増加させ，仙台防災枠組2015-2030に沿って，あらゆるレベルでの総合的な災害リスク管理の策定と実施を行う (11.b).」と，仙台防災枠組にも言及しており，ここでも，開発における災害へのレジリエンス向上（1.1の「方程式」の分母）が重要視されていることが理解できよう.

そして，仙台防災枠組やSDGsで指摘されているのが，教育・啓発を通じた目標の達成である. 日本は10年以上にわたって「持続可能な開発のための教育 (ESD)」の推進に力を入れてきた. ESDは，2002年に南アフリカ共和国の首都ヨハネスブルクで開催された「持続可能な開発に関する世界首脳会議」において，日本政府が「持続可能な開発のための教育の10年」を提唱したことを機に始まった. その後，国連の第57回総会で2005年から2014年までの10年を「国連ESDの10年 (DESD)」と決議され，主導機関に指名されたユネスコが中心になって世界中で進められている. この10年間の取り組みに続き，2015年からは新たな計画であるGAP（グローバル・アクション・プログラム）が開始されている. 2015

年12月には，パリで開催された「第21回気候変動枠組条約締約国会議（COP21）」において，地球温暖化等の気候変動抑制に関する国際的な合意「パリ協定」も採択された．

以上見てきた通り，災害はグローバルな持続可能性にかかる問題であり，国連加盟国を中心に，国際社会が協調・協働すべく，2015年以降，特に重要な局面にきている．こうした発想を踏まえつつ（think globally），次に見ていく防災・減災に資するローカルな実践（act locally）との有機的なリンクが，それぞれに設定した目標を達成するために重要となってくる．

12.2.3 地誌と防災—Act locally

グローバルな防災・減災を実現していくためには，それぞれの地域の自然や歴史への理解と，それに基づく様々な備えの実践が重要である．その地域の地形的特徴や頻発する自然現象（災害の誘因）への理解を深め，そこからどんな行動が結果として起こりうる被害を減らせるのかを考えるローカルな実践である．そうした地域を見つめる行為こそが，地誌学の営みそのものと言ってもいい．さらに言えば，そこから地理教育と防災教育の関係性を見出すこともできる．すなわち，その地域に残る言い伝えや歴史的文献，あるいは石碑や地名などから，先人たちが残した軌跡をたどり，その地域の自然環境の理解（ローカルナレッジ）を深めることが，防災教育と重なるのである．しかし，単なる理解だけで行動が伴わなければ，同じ悲劇が繰り返される恐れがある．事実，その悔しさを教訓に，震災経験の伝承活動を行っている人々が各地に存在している．

ここで，地誌学的観点から多数の実践が行われているので紹介したい．例えば，宮城県の内陸部にある小学校では，学校の教師やPTA，地元の人たちなどが集まり，筆者も関わってワークショップを実施した．まず地域の災害の歴史について，自分たちが知っていること，言い伝えなどを自由にあげていった．すると，この地区には河川が複数通っていてかつ低地にあることから，古くから洪水などの水害に苦しめられてきたことを参加者の多くが認識していた．また，内陸部のた

め，地吹雪が起きたり学校の校庭で小さな竜巻のような現象が起きたりしていたこと，夏場には落雷の危険があることなどを各班が報告したことで，参加者全員がその地域で暮らす住民の防災知識として再認識した．

次に，地域の地形図を見ながら，地域に特有の災害や，災害につながるかもしれない土地の条件として関連がありそうな地名・名称を話し合った．この結果，「沼」，「田」，「水」，「堀」，「塩」などの漢字が多く使われていることに気付いた．そして，これらの漢字は，その地域の地形や自然環境の特徴と関係していると思われること，さらに郷土史や地名事典，新聞などで調べていくと，過去の災害と関係している可能性があること，また，水害ばかりでなく，豊富な水源と田畑へ水を運ぶ河川があることにも理解が及んだ．これは，この地域が有数の稲作地帯であり，豊かな作物は自然の恵みからもたらされているという当たり前の地理を，地名を吟味する学習から学んだ一例である．

このように，自然のもたらす脅威だけでなく，日常の豊かさによる恩恵も含めた両面から地域の自然と歴史を学ぶことは，防災啓発だけでなく郷土理解や伝承にもつながっていく．最近では地名と自然災害との関係性を読み解く方法や，ハザードマップの活用に関するわかりやすい書籍（鈴木，2015）も出版されているので，是非参考にして読者の身近な地域での実践に活かしてほしい．

ただし，こうした実践が常に有効とは限らないことにも留意が必要である．地域によっては歴史資料があまり残っていないところがある．また，例えば東日本大震災が「1000年に一度の災害」などと形容されたように，過去の経験を超えた自然現象が生じる可能性はゼロではない．過去の経験にのみとらわれた備えは，新たな被害の要因になる場合もある．「想定にとらわれない」で，時代や状況を踏まえて「想像力を働かせる」実践のあり方を模索していくことが不可欠だと言えよう．

12.3 復興：災害の経験と場所の記憶の伝承のために

「災い転じて福となす」という古くからの考え

方がある.「復興」という言葉の定義は一律では
ないが,元の状態に戻すという意味合いの「復旧」
とは異なり,被災後の生活が,被災以前より良い
ものになってほしいという人々の願いが含まれて
いるのかもしれない.災害が起こると,数世代に
わたって受け継がれてきた土地,慣れ親しんだ風
景が,多くの場合,人的な犠牲を伴いながら瞬く
間に奪われてしまう.そこに住む人々は災禍を受
け入れ,自分や将来世代がより良く生き得るため
に前進しながら日々を営んでいく.その一方で,
時間が経つにつれて忘れてしまわれがちな災害の
記憶と,そこから得られた知恵や教訓を,空間的
に離れたほかの地域(空間軸)や将来世代(時間軸)
に伝承しようという活動を行うようになる.本項
では,東日本大震災後の生活再建途上の被災地の
人々の取り組みを交え,直面する課題を考えたい.

12.3.1 災害が露わにした地域の日常の課題

　災害によって,以前から存在していた地域や暮
らしをめぐる諸課題に目を向けることは,重要な
地誌学的行為である.先述した災害リスクの方程
式のように,地域・社会の条件(システム)や脆
弱性に差があるとはいえ,一見,誰にでも均一に
襲いかかるかに見える災害は,実のところ不平等
に,最も弱い人々に影響を与える.ということは,
それまですでにあった問題がより鮮明になるだけ
でなく,災害自体がそれらを悪化させてしまう現
実がある.そのことを忘れてはならない.このよ
うに,災害後に顕在化・深刻化した問題に目を向
け,地域の社会や経済,産業などをめぐる様々な
課題を理解する包括的な視点が求められる.

　東北地方の沿岸部においては,高齢化や「過疎
化」は以前から見られた問題である.農業や漁業
は担い手不足に直面してきた.より長いスパンで
みれば,オイルショックによる燃料の高騰をはじ
め,200海里問題など,歴史的に三陸から常磐に
かけての漁業・水産業は,変容と困難と隣り合わ
せで継続されてきた.

　例えば,福島県の浜通り地域を,エネルギー転
換による地域の変容という観点から捉えてみる
と,石炭から石油への転換とともに常磐炭鉱が廃
山となる一方で,映画「フラガール」(2006)に

も描かれたように,ハワイをテーマにしたリゾー
ト施設をつくって町を活性化させたことから,東
日本大震災後は復興に向かう福島のシンボルとも
なった.そして石油に加えて,原子力発電所の立
地も,本来は福島県浜通り地域の産業発展を目的
としたものだった.しかし,東北地方太平洋沖地
震・津波が,東京電力福島第一原子力発電所の外
部電源喪失につながり,原発事故を引き起こした.
そのことによって,農林水産業に関しては,問題
がさらに顕著になったとも言える.そして,いま
も数多くの人々が帰還できずに長期的な避難生活
を余儀なくされているのである.

　さらに農林水産業は,依然,風評を含む打撃が
著しい.目に見えないリスクは,それを捉える側
の観点や尺度によって幅を持っている.原発事故
による放射線の影響は,一般市民の知識を超えた
ものであり,目に見えないもので,マスコミによ
る報道などの影響を受けながら,増幅されたり軽
減されたりしている.基準値を超えて作物が出荷
できない放射性物質によるそのものの被害がある
一方で,同じ漁場で獲った魚を福島の港では忌避
して水揚げしないという行為は,風評を気にして
のことであり,福島の漁業の再建に大きな支障と
なっている.

　このように東日本大震災が発生した後の被災地
の状況を見ても,こうした現象や経験は重層的・
複合的であることが分かる.

　街並み,住まい,商店に再建の歩みを進めるこ
とと並行しながら,地域に見られる本質的な課題
に対し,被災地との関わりを深めた若者を含む外
部者の発想なども借りながら,以前よりも改善さ
れた持続可能な地域として「より良い復興」に奔
走する姿がそこにある.仙台防災枠組2015-2030
では"Build Back Better"(以前より良く再建する)
という復興期のあるべき姿を強調している.

12.3.2 追憶の痛みと伝承の使命との狭間で:
　　　場所の喪失と創出

　「天災は忘れた頃に来る」という言葉を聞いた
ことがあるだろうか.大震災,大津波,大噴火な
どと言われる低頻度大規模災害の周期は数世代に
わたることもあり,次第に災害の経験や教訓は記

憶から薄れてしまう．このように，時間とともに記憶が失われてしまうことに対する危機感がある一方で，東日本大震災の被災地の人々は，将来の世代に同じ悲劇を味わってほしくない，という想いを込めて，あの記憶を思い出したくない，忘れたいという自身の葛藤と対峙しながら，数多くのプロジェクトを手がけている（写真12.1）．

地理学では，場所と記憶，空間と記憶の概念を論じた研究が見られる．場所は記憶の源泉であり，「記憶の場所」は人々に強い影響力を持つ．景観に刻み込まれたものから人々は，その背景にある歴史の解釈に否応なく巻き込まれていくのである（ドロレス・ハイデンやケネス・E・フットなど）．

「私たちは悔しいんです」

岩手県陸前高田市（図12.3）を拠点に活動しているNPO「桜ライン311」のホームページには，こんな言葉が綴られている．「瓦礫撤去が進み，津波の到達点がぼやけ始めている」いま，「次の時代が，この悔しさを繰り返すことのないように，今回の津波の到達点を桜の木でつなぎ，後世に伝えたい」という彼らの想い．その熱意は周囲を動かし，全長約170 km，約17,000本の桜を津波の最高到達地に植樹するという目標に向かって，土地の風景そのものに震災の記憶を刻み込む活動の輪を広げている．

同市・広田半島の先端には，「津波と聞いたら欲捨て逃げろ」などと書かれた津波の石碑が残されている（写真12.2）．明治三陸津波・昭和三陸津波など繰り返されてきた過去の津波の被害から

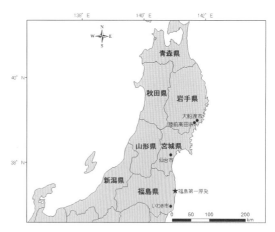

図12.3 岩手県陸前高田市と東北地方の位置関係

写真12.2 陸前高田市，広田半島に残る津波記念碑
記念碑には，一．大震災の後には津波が来るよ．一．地震があったら高所へ集まれ．一．津波と聞いたら欲捨て逃げろ．一．低いところに住家を建てるな，とある．
（2015年11月2日，筆者撮影）

写真12.1 大船渡市沿岸の防災看板
（2011年4月21日，筆者撮影）

の教訓を，先人たちはこの碑に箇条書きに示し，環境に適応するための在来知として後世に伝えようとした．

しかし，これらのモニュメントとそのメッセージは時間の経過とともに多くの人々の記憶からこぼれ落ち，世代を経て，多くの人々に強い影響をもたらすほどの場所の記憶が失われていった．

一方，桜ライン311は，寄付金を募りながら苗木を調達したり，苗木そのものを寄付してもらったりして，津波の到達地点近くの土地を持つ人たちの理解を得ながら，一本一本，急な斜面に想いを込めて植えていく．全国から多くの人々が植樹ボランティアとして加わり，津波を経験しなかった人々にとっても，災害の惨さ，被災を克服しようとしている人々の想いに触れる機会となっている．

この活動は，過去に起きた津波災害という記憶を場所に刻んでいく．その一方で，いつか満開の桜が植生ラインとなって咲き誇り，毎年その桜の下で花見をしながら，過去にここまで津波が襲来したこと，その辛い経験が繰り返されないよう多くの人々が桜を植えたことを否応なく語らうであろう未来の場所の姿を，想像（創造）する行為としても捉えられる．これは，原風景や場所の喪失（displacement）を経験した人々が，災害の経験を場所に焼き付け（impress），災害伝承と震災後の新たな景観の創出に挑む人々の営みと言えよう．

12.4 大災害を経験した地域の諸相

ここからは，これまでの説明を踏まえて，海外地域を例に，災害と人々との関わりの事例を紹介しておきたい．それぞれの地域は，既存の諸課題を克服しながら生活再建に努め，あるいは再建を成し遂げてきた．こうした地域の取り組みは，日本の被災地を再建していく上で大いに参考になる．また，これらを通じて，災害そのものや被災と復興，次なる災害への備えの実行には，多面的な地域理解が欠かせないことの認識にもつながる．

なお，紙幅に限りがあるなか複数の地域を取り上げるため，それぞれの地域について詳述はできない．ただ，章末，巻末の文献にいくつかあげたように，各地域の災害地誌に関する良書が日本語でも出版されているほか，近年ではインターネット上の記事も含めて多くの文献が入手できるので，興味を持った地域の地誌について理解を深めてほしい．

12.4.1 ネパール地震からの復興

2015年4月25日，首都カトマンズから北西約80 kmで，M7.8の地震が発生したネパール（図12.4）．その後も余震が続き，死者8,700人以上，負傷者も22,000人を超える大きな被害であった．筆者は同年12月，首都カトマンズ近郊にある寺院などが立ち並ぶ観光地でもあった古都パタン（ラリトプル）や，煉瓦造りの農村であるコカナ

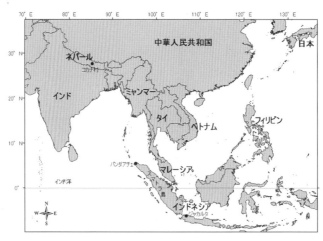

図12.4　ネパール・コカナ村，インドネシア・バンダアチェの位置

村を訪れた．伝統建築の面影がある歴史的街並みのいたるところに震災の大きな爪痕が残っていた．ネパール政府，国際協力関係者や地元の人たちに話を聞くと，復興と国際協力をめぐる課題が見えてきた．

被災した住宅は，全半壊あわせて75万棟を超え，半年以上が経過したなかで未だテントなどで仮住まいをしている人々への支援が喫緊の課題だった．支援側は，先述の仙台防災枠組でもうたわれている「より良い復興（Build Back Better）」，すなわち災害の発生後の段階で，次なる災害発生に備えて，災害に対してより強い再建をしようという考え方に基づき，従来の伝統的な石・煉瓦造りの工法にとどまらず，耐震性を考慮した住宅の再建と提供を推進していこうとした．しかし，被災した人々の中には，1日でも早く元の生活に戻るため，コストの安い従来工法で多数の住宅を供給することを望む声も少なくなかった．このように，緊急支援（response），復旧・復興（recovery）と将来への減災（mitigation）のサイクルのはざまで，スピードと経済性，伝統と最新技術など複合的な面を考慮して意思決定をしなければならないという葛藤は避けて通れない（写真12.3）．

筆者は現地で，伝統建築など物理的に存在する（tangible）ものを保全するだけでなく，見えない（intangible）ものを継承することに尽力するコカナ村出身の若者に出会った．彼によると，それまで毎年行われてきた村に伝わる祭りを，震災の年に実施することができなかったそうだ．村の人々にとって，伝統建築への被害と同じくらい，祭りの中断は衝撃だった．だからこそ，祭りを再開して村の再建のあゆみを村の人々に実感して欲しい，と若者は意気込んでいた．東日本大震災の被災地で，祭りや芸能などの無形文化の再開に奔走する人たちの姿と重なった．

他方，目に見えない社会システムが，復興の足かせとなっているという指摘もある．この地を長く研究してきた専門家によれば，廃止されたはずのヒンドゥー教の身分制度「カースト」が人々の生活や意識に根強く残っているネパールにおいては，避難キャンプで異なるカースト同士が隣合わせで暮らすことや，食料を分け合うことすら現実的には難しいと指摘する．震災を経て，身分や宗教を超えた協力が見られるとはいうものの，災害発生後の社会の対応においても，エスニシティ，宗教，ジェンダーなどに着眼し，脆弱な人々や地域を特定することによって，効果的な支援を行っていくことが大切であろう．

12.4.2 インドネシア バンダ・アチェ

「ちょうどあの辺に私の家があったんです」

アチェ津波博物館の語り部ボランティアは，現地を訪れた筆者にそう語った（写真12.4）．14ヵ国で約22万人もの犠牲を出した2004年12月26日のスマトラ沖地震（M9.0）．この地震で発生したインド洋大津波によって壊滅したインドネシアのアチェ州バンダ・アチェ（図12.4参照）と東北において，研究者の相互訪問が活発に行われている．バンダ・アチェの出身で津波によって家族，親戚，友人を失わなかった人はほとんどいない．インド洋大津波を転機として，この10年間，復興や次なる災害への備えに奔走してきた地元出身の研究者の，静かな語り口からにじむ熱い想いにはすさまじいものを感じた．

この大災害は，インドネシアにおけるアチェという地域の性格をも変容させた．16世紀から19世紀にかけてアチェ王国として栄えたこの地域は，オランダによる占領や第二次世界大戦など様々な歴史を経た後，現在のインドネシア共和国成立によって，北スマトラ州として併合された．

写真12.3 破壊されたレンガ校舎の隣りに建てられた竹製の仮設校舎
（2015年10月6日，筆者撮影）

しかし，敬虔なイスラム教徒が多い地域であったことなどから，1976年のアチェ自由運動（GAM）結成以降，インドネシア共和国からの分離・独立運動が激しく展開された．政権側は，アチェに自治権を強化するなどの政策を取ったが，和平交渉は進展しないまま2004年暮れの津波災害を迎えた．インドネシア政府は，アチェの緊急救援，官民による外国機関からの支援の調整などに尽力した．そして，翌2005年8月，和平合意に至り，30年続いた内戦が終結したのである．このように，ハザード（外力）とその結果としての災害の凄まじさにより，スピンオフともいうべき和平がもたらされた．それ以降，アチェの人々の多くは災害を神の行いとして受け入れ，代わりに訪れた内戦終結をその賜物として受け入れているという．

写真 12.6 津波避難時の学校からの避難経路を発表するバンダ・アチェの高校生
過去の浸水域などを学ぶ日本との協働防災ワークショップ．
（2016年11月24日，筆者撮影）

大災害から10年以上が経過したいま，アチェ津波博物館やグランド・モスク，遺構として保存されている内陸3kmまで打ち揚げられた「発電船アプン」が，津波の痕跡を伝えている（写真12.5）．しかし，ほかの被災地と同じように，支援活動に関わった多くの国際機関やNGOがこの地を去り，被災経験のない世代が増え，災害の記憶や教訓が薄れていることから，地元の研究者や防災実践者からは地域における防災意識の低下を懸念する声も聞かれる．次なる世代にどう災害の経験・記憶を伝承したら良いかは，被災地共通の課題であり，被災地間の協働実践も始まっている（写真12.6）．

12.4.3 ニュージーランド ネイピア
― 復興ツーリズムの先駆けとして

環太平洋造山帯に含まれるニュージーランドも地震災害の多発国である（図12.5）．1931年2月3日，ホークス湾岸の町ネイピアをM7.8の地震（1931年ホークスベイ地震）が襲い，261人が亡くなり，多くの建物が破壊された．その後，中心市街地の再建に向けて，ネイピア再建委員会が発足した．中心市街地の建物の再建には当初，かつてアメリカ・カリフォルニア州サンタバーバラで起きた地震の復興のために採用されたスパニッシュ・ミッション様式などの手法が検討された．しかし，当時は世界大恐慌の只中にあったことから，比較的コストの低いアール・デコ（Art Deco）様式が採用された．コストとともに重視

写真 12.4 アチェ津波博物館の展示・案内
（2014年3月22日，筆者撮影）

写真 12.5 沿岸から4km内陸まで打ち上げられた発電船アプン
遺構として保全され，観光地となっている．
（2014年3月22日，筆者撮影）

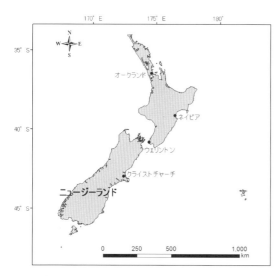

図 12.5　ニュージーランド・ネイピアと主要都市

写真 12.7　保全されているネイピアのアール・デコ建築
（2013 年 11 月 24 日，筆者撮影）

写真 12.8　ネイピア市街地にある震災について記されたテーブルのデザイン
「ビジョンをもって再建された」（Rebuilt with Vision）と書かれている．
（2013 年 11 月 24 日，筆者撮影）

されたのは，コンクリート造りで地震や火災に対する耐性があるという安全面だったが，当時のニュージーランドが文化的にも社会的にもアメリカの流行に大きな影響を受けていたことも採用の決め手となり，中心市街地だけでなく，周囲の住宅も同じ様式で新築されていったという．

後述する「アール・デコ・トラスト」によれば，地震や火災による瓦礫が山積していた状況を現代的な街並みに一変させることで，悲劇的体験に何らかの意義付けをしたかったのではないかという．これは，前述した，単なる復旧に終わらせたくないという当時の人たちの想いを体現したものとも捉えられる．

時を経て 1960 年代に入ると，周辺に高層ビルが出現し，再開発と景観保全に関する論争が起こった．70 年代から 80 年代は，世界的にも商業や産業遺産のような比較的近年の建築の歴史的価値を認める動きも高まった．1981 年に，OECD（経済協力開発機構）の訪問団（一説には，大英博物館のキュレーターもメンバーだったという）が，この町に残る復興建築としてのアール・デコ様式に感銘を受け，積極的な保全を進言したようである．地元の良さを外部の人（よそ者）から指摘されたことをきっかけに町おこしが始まるということはよく言われる．ネイピアでも，こうした外部の訪問者による意見に触発されるように，翌年には「ネイピアのアール・デコ建築」と題する写真集が刊行され，その後地元の博物館でも展示された．1987 年には保全・修繕運動のグループが「アール・デコ・トラスト」という法人を設立し，90 年代に入ると「アール・デコの町」として世界的に知られるようになった（写真 12.7, 8）．

その後の震災（2010 年と 2011 年のクライストチャーチ地震）などにより老朽化したアール・デコ建築の耐震が懸念され始めているが，1931 年の震災からたくましく復興した町であることは確かである．2015 年に，トラストは設立 30 年を迎えた．当時の人々の想いやデザインがスナップショットとして残る町ネイピアには，毎年多くの観光客が訪れる．震災とその後の復興を案内するガイドツアー「アール・デコウォーク」は，復興ツーリズムとして，震災から 80 年たった今，この町の観光資源として重要な役割を果たしている．

12.4.4　災害とエスニシティ
ーアメリカ ニューオーリンズ

ハリケーン・カトリーナから10年を迎えるルイジアナ州ニューオーリンズのフレンチ・クオーターにある州立博物館「Presbytère」では，立ち寄った観光客がハリケーン災害の経験と復興についての展示に見入っていた．この博物館には，時系列で出来事を説明したり，被災者の語りを多数のスクリーンで上映したりする最新のシステムが採用されているほか，堤防が決壊したメカニズムの説明やほかの災害への備えを促す展示なども併設されている．

フレンチ・クオーターは，かつてフランス領ルイジアナの中心都市として，フランス植民地時代の建造物が軒を連ね，ストリートでのジャズ演奏が盛んに行われるなど，古き良き時代の名残りが色濃く残る町である．その一方で，2005年にニューオーリンズを襲ったハリケーン災害（図12.6）の経験は，アメリカ都市における人種や経済格差の問題を露わにした出来事として語り継がれている．すなわち，この災害は第三者から見ると，未曾有の外力たるハリケーンによって米国史上類を見ない被害を生じさせた自然災害として知られているが，被災した人々や地区に焦点を当てて見ると，非白人の貧困世帯，アンダークラスと言われる人々に，より多くのしわ寄せが生じたことにより，自然災害というよりはむしろ人災である，と指摘されるようになったのである．

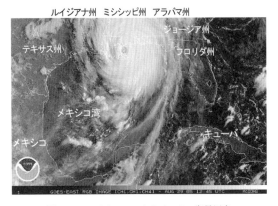

図12.6　ハリケーン・カトリーナの衛星写真
出典：アメリカ海洋大気庁（NOAA）．
2005年8月29日12：45（協定標準時）．

ニューオーリンズ都市圏は，ミシシッピ川や運河，鉄道などの交通アクセスが良好で，ミシシッピ川流域の地域で産出される穀物や綿花などの輸出港，そして工業都市として発展した．しかし，ほかの米国都市の経験と同様に，脱産業化以降，経済的な衰退と人口減少を経験した．都心周辺部の経済活動が衰退し，修繕されることのない老朽化した住宅や商業ビルなどが集中する地区を地理学では「インナーシティ」と言い，こうした地区における居住者の貧困，失業，犯罪の集中は典型的な米国の都市問題である．米国では，非白人人口が，こうした地区に集中・集住する傾向があり，郊外に住む比較的富裕な白人との間での人種的なすみわけを，「セグリゲーション」と呼んでいる．

また，インナーシティは中心商業地区（CBD）に近接しているため，しばしば再開発の対象となる．スラム化し衰退したインナーシティへの再投資による都市更新（アーバン・リニューアル）を通じて地価が上昇し，それに伴う家賃の高騰や住宅の建て替えなどで，それまで住んでいた低所得のマイノリティの住民が，転出や立ち退きを余儀なくされる．このように社会階層の分化がさらに進み，居住者階層の入れ替えなどが起きる状態を「ジェントリフィケーション」と呼んでいる．

ハリケーン被害以降，10年間にわたるニューオーリンズの復興は，この「ジェントリフィケーション」という言葉に象徴されると言っても良い．これを肯定的に捉える人たちは，復興過程で民間の財団などが支援したことで，革新的なビジネスを興す若手起業家が多く集まり，再生された街の景観は美化され，治安の向上にもつながったという．他方で，州外に移住を余儀なくされた人たちも多い．こうした入れ替えが起きた現在のニューオーリンズを嘆く声は，動画投稿サイトにアップされたドキュメンタリー作品などでも見られる（小田，2017）．

12.5　わがこと化のために

本書が扱ってきた環境，災害，貧困やジェンダーなど地球規模の課題については，それらが身近な事象であるかどうかに関わらず，一人一人が

それらを解決する担い手としての意識を持って行動する必要がある点で共通している．遠く離れた場所における他人事として片付けてしまうのではなく，事象の因果，自然と人間の関わりを見つめ，解決に向けて個々人がどう貢献できるかを考え，様々な想像力を発揮しつつ「わがこと」として行動する集合の和が不可欠と言える．まさに Think globally, act locally のうたっているところだ．この「考える」という過程に地理学的視点が役立つことも，本書を通じて理解いただいたことだろう．「さらなる学習のための参考文献」にあげた書籍を通じて理解をさらに深め，みなさんも地球市民の一人として，サステイナビリティへの貢献方法を見出し，行動していくことを願ってやまない．

〔小田隆史〕

引 用 文 献

遠藤宏之（2013）：地名は災害を警告する―由来を知り わが身を守る．技術評論社．

小田隆史（2015）：災害の避難空間を想像するフィールドワーク―内部者として，外部者として．吉原直樹・仁平義明・松本行真編（2015）：東日本大震災と被災・避難の生活記録．六花出版．

小田隆史（2017）：ハリケーン・カトリーナ災害―アメリカの都市社会地理．藤本典嗣，厳成男，佐野孝治，吉高神明編（2017）：グローバル災害復興論，中央経済社．

外務省（2015）：第7回太様平洋・島サミット（PALM7）「福島・いわき宣言―共に創る豊かな未来―」（2015年5月23日）．www.mofa.go.jp/a-o/ocn/page4e-00026/htm/

世界銀行（2012）：仙台レポート：災害に強い社会の構築のための防災．防災グローバル・ファシリティ．https://www.gfdrr.org/sites/gfdrr/files/sendai/sites/gfdrr.org/files/Sendai_Brochure_Japanese.pdf

高橋誠・木股文昭・田中重好編（2014）：スマトラ地震による津波災害と復興．古今書院．

谷川健一編（2013）：地名は警告する―日本の災害と地名．冨山房インターナショナル．

ケネス・E・フット，和田光弘他訳（2002）：記念碑の語るアメリカ―暴力と追悼の風景．名古屋大学出版会．[Foote, K. E. (1997): *Shadowed ground*. University of Texas Press.]

JCC-DRR（2016）：市民のための仙台防災枠組2015-2030．防災・減災日本 CSO ネットワーク．http://jcc-drr.net/wpJD/wp-content/uploads/2016/03/SFDRR_2a.pdf

【ハワイ真珠湾基地：ダニエル・K・イノウエ地域センター訪問記】

『オタガイノタメニ』，これは 2016 年 12 月，バラク・オバマ大統領が安倍晋三総理とともに真珠湾で戦争の犠牲者を慰霊した際，犠牲者を悼む所感の中で大統領自らが日本語で発した言葉である．1941 年 12 月に太平洋戦争開戦の舞台となったこの地で，戦後，平和と友情で結ばれた新たな日米関係の重要性を確認し，報復よりも「和解の力」が多くの見返りをもたらすことを両国首脳は強調した．

その 2 年 4 ヵ月前，終戦記念日の 2014 年 8 月 15 日，筆者は真珠湾基地内に移転したばかりの米国海洋大気庁（NOAA）庁舎を訪問する機会を得た．そこでは，太平洋津波警報センター（PTWC）やユネスコの国際津波情報センター（ITIC）をはじめとする機関が 24 時間，日本の気象庁などと連携しながら地震・津波を監視しているほか，諸外国の気象関係者向けの研修や一般市民向けの防災教育のアウトリーチなどを行っている（写真 12.9, 10）．1960 年のチリ地震津波を契機に，環太平洋地域で津波に関する情報を共有し，防災に活かす目的で設立された施設だ．海底の地震が発生すると，環太平洋の気象機関などにすぐさま震源地の情報を提供する．大地震発生直後の報道でこのセンターの名前に触れる人も少なくないだろう．

これらの機関が入居する「NOAA ダニエル・K・イノウエ地域センター」は，ハワイ出身で日系二世の故ダニエル・イノウエ上院議員の尽力で構想された（写真 12.11）．この建物は，旧日本軍による真珠湾攻撃を免れた 1939 年築の戦闘機の格納庫 2 棟（175 号棟・176 号棟）を改築し，環境に配慮した LEED 認定を受けた最新の庁舎で，戦艦アリゾナの上に建つ，アリゾナ記念館などにも程近い．

イノウエ氏は米軍人として自らも第 442 連隊に従軍，ヨーロッパ戦線で負傷し右手を失ったが，戦後も長きにわたって合衆国上院議員の重鎮としてアメリカ社会に貢献したほか，日米の友好親善にも尽力した．イノウエ氏の名前を冠した NOAA ダニエル・K・イノウエ地域センターは，最も強烈な大戦の歴史を背負いつつ，環太平洋の人々が「お互いのため」に，命を守るべく協働する「知恵の格納庫」として再生され，謙虚にその任務が遂行されている．余談ではあるが，2017 年 4 月，ホノルル国際空港もまた，氏の功績を讃えて「ダニエル・K・イノウエ国際空港」に改称された．

写真 12.9　太平洋津波警報センター津波監視室
（2014 年 8 月 15 日，筆者撮影）

写真 12.10　防災教育などで活用されるアウトリーチ展示
（2014 年 8 月 15 日，筆者撮影）

写真 12.11　NOAA ダニエル・K・イノウエ地域センター施設
（2014 年 8 月 15 日，筆者撮影）

さらなる学習のための参考文献

第1章　温暖化と環境変化

有馬　純 (2016)：精神論抜きの地球温暖化対策―パリ協定とその後．エネルギーフォーラム．

ウォーレス・ブロッカー，川幡穂高・眞中卓也・大谷壮矢・伊左治雄太訳 (2013)：気候変動はなぜ起こるのか．講談社．[Broecker, W. (2010)：*The great ocean conveyor*. Princeton University Press.]

江守正多 (2008)：地球温暖化も予測は「正しい」か？―不確かな未来に科学が挑む．化学同人．

大河内直彦 (2008)：チェンジング・ブルー―気候変動の謎に迫る．岩波書店．

小西雅子 (2016)：地球温暖化は解決できるのか―パリ協定から未来へ！岩波書店．

鬼頭昭雄 (2015)：異常気象と地球温暖化―未来に何が待っているか．岩波書店．

気候影響・利用研究会編 (2010)：エルニーニョとラニーニャ現象―地球環境と人間社会への影響．成山堂書店．

深井　有 (2011)：気候変動とエネルギー問題―CO_2温暖化論争を超えて．中央公論新社．

第2章　人間活動と土地利用変化

大塚柳太郎 (2015)：ヒトはこうして増えてきた―20万年の人口変遷史．新潮社．

佐藤洋一郎 (2016)：食の人類史―ユーラシアの狩猟・採集，農耕，遊牧．中央公論新社．

ルース・ドフリース，小川敏子訳 (2016)：食糧と人類―飢餓を克服した大増産の文明史．日本経済新聞出版社．[DeFries, R. (2014)：*The big ratchet：how humanity thrives in the face of natural crisis*. Basic Books.]

マーヴィン・ハリス，鈴木洋一訳(1997)：ヒトはなぜヒトを食べたか―生態人類学から見た文化の起源．早川書房．[Harris, M. (1977)：*Cannibals and kings：the origins of cultures*. Random House.]

ピーター・ベルウッド，長田俊樹・佐藤洋一郎監訳 (2008)：農耕起源の人類史．京都大学学術出版会．[Bellwood, P. (2005)：*First farmers：the origins of agricultural societies*. Blackwell.]

ジョン・ロバート・マクニール，海津正倫，溝口常俊監訳(2011)：20世紀環境史．名古屋大学出版会．[McNeill, J.R. (2000)：*Something new under the sun：an environmental history of the twentieth-century world* (The Global Century Series). Allen Lane.]

デイビッド・モントゴメリー，片岡夏実訳 (2010)：土の文明史，築地書館．[Montgomery, D.R. (2007)：*Dirt：the erosion of civilizations*. University of California Press.]

FAOSTAT, http://www.fao.org/faostat/en/

Anthromes, http://ecotope.org/anthromes/

第3章　水需給の地域的偏在と水資源問題

伊藤達也 (2005)：水資源開発の論理―その批判的検討．成文堂．

沖　大幹 (2012)：水危機　ほんとうの話．新潮社．

沖　大幹監訳・沖　明訳 (2010)：水の世界地図　第2版．丸善出版．[Black, M. and King, J. (2009)：*The atlas of water*[*2nd ed.*] University of California Press.]

嘉田由紀子編 (2003)：水をめぐる人と自然．有斐閣．

総合地球環境学研究所編 (2009)：水と人の未来可能性―しのびよる水危機．昭和堂．

谷口真人・吉越昭久・金子慎治編著 (2011)：アジアの都市と水環境．古今書院．

益田晴恵編 (2011)：都市の水資源と地下水の未来．京都大学学術出版会．

森瀧健一郎 (2003)：河川水利秩序と水資源開発―「近い水」対「遠い水」．大明堂．

山下亜紀郎 (2015)：水環境問題の地域的諸相．古今書院．

環境省バーチャルウォーター

http://www.env.go.jp/water/virtual_water/index.html（最終閲覧日：2017年2月25日）

第4章　食料の安定供給と気象災害のリスク管理

荒木一視編著（2013）：食料の地理学の小さな教科書．ナカニシヤ出版．

エイミー・グプティル，デニス・コブルトン，ベッツィ・ルーカル，伊藤　茂訳（2016）：食の社会学一パラドクスから考える．NTT出版．[Guptill, A.E., Copelton, D.A. and Lucal, B.（2012）：*Food and society : principles and paradoxes*. Polity Press.]

小池恒男・新山陽子・秋津元輝編著（2011）：キーワードで読みとく現代農業と食料・環境．昭和堂．

アレッサンドロ・ボナンノほか著，上原重義・杉山道雄共訳（1999）：農業と食料のグローバル化一コロンブスからコナグラへ．筑波書房．[Bonanno, A., Busch, L., Friedland, W., Gouveia, L. and Mingione, E.（1994）：*From Columbus to ConAgra : the globalization of agriculture and food*. University of Kansas.]

ジャン＝ピエール・ボリス，林　昌宏訳（2005）：コーヒー，カカオ，コメ，綿花，コショウの暗黒物語一生産者を死に追いやるグローバル経済．作品社．[Boris, J.-P.（2005）：*Commerce inequitable : le roman noir des matieres premieres*, Hachette.]

西川　潤（2014）：新・世界経済入門．岩波書店．

ハリエット・フリードマン，渡辺雅男・記田路子訳（2006）：フード・レジーム一食料の政治経済学．こぶし書房．

桝潟俊子・谷口吉光・立川雅司編著（2014）：食と農の社会学一生命と地域の視点から．ミネルヴァ書房．

第5章　超高齢化社会の福祉・介護システム

上野谷加代子・斉藤弥生編著（2015）：福祉ガバナンスとソーシャルワーク　ビネット調査による国際比較．ミネルヴァ書房．

佐藤卓利（2008）：介護サービス市場の管理と調整．ミネルヴァ書房．

佐藤正志・前田洋介編著（2017）：ローカル・ガバナンスと地域．ナカニシヤ書店．

佐橋克彦（2006）：福祉サービスの準市場化一保育・介護・支援費制度の比較から．ミネルヴァ書房．

白澤政和（2013）：地域のネットワークづくりの方法　地域包括ケアの具体的な展開．中央法規．

杉浦真一郎（2005）：地域と高齢者福祉一介護サービスの需給空間．古今書院．

宮澤　仁（2005）：地域と福祉の分析法一地図・GISの応用と実例．古今書院．

宮澤　仁編著（2017）：地図でみる日本の健康・医療・福祉．明石書店．

山本　隆（2009）：ローカル・ガバナンス一福祉政策と協治の戦略．ミネルヴァ書房．

第6章　多民族・多文化共生の困難に向き合う

加賀美雅弘編著（2005）：「ジプシー」と呼ばれた人々一東ヨーロッパ・ロマ民族の過去と現在．学文社．

梶田孝道・丹野清人・樋口直人（2005）：顔の見えない定住化一日系ブラジル人と国家・市場・移民ネットワーク．名古屋大学出版会．

サンドロ・メッザードラ，北川眞也訳（2015）：逃走の権利一移民．シティズンシップ，グローバル化．人文書院．[Mezzadra, S.（2006）：*Diritto di fuga : Migranzioni, cittadinanaza, globalizzazione*. Ombre Corte.]

内藤正典（2015）：イスラム戦争一中東崩壊と欧米の敗北．集英社．

宮島　喬編（2009）：移民の社会的統合と排除一問われるフランス的平等．東京大学出版会．

森千香子・エレン・ルバイ（2014）：国境政策のパラドクス．勁草書房．

山下清海（2016）：世界と日本の移民エスニック集団とホスト社会一日本社会の多文化化に向けたエスニック・コンフリクト研究．明石書店．

ジョーン・W・スコット，李　孝徳訳（2012）：ヴェールの政治学．みすず書房．[Scott, J. W.（2007）：*The politics of the veil*. Princeton University Press.]

米山　裕・河原典史（2015）：日本人の国際移動と太平洋世界一日系移民の近現代史．文理閣．

第7章　先住民族と資源開発

阿部珠理編（2016）：アメリカ先住民を知るための62章．明石書店．

阿部珠理（2016）：メイキング・オブ・アメリカ―格差社会の成り立ち．彩流社．

石山徳子（2004）：米国先住民族と核廃棄物―環境正義をめぐる闘争．明石書店．

小塩和人（2014）：アメリカ環境史．上智大学出版．

蟹江憲史編（2017）：持続可能な開発目標とは何か―2030年へ向けた変革のアジェンダ．ミネルヴァ書房．

兼子　歩・貴堂嘉之編（2017）：「ヘイト」の時代のアメリカ史―人種・民族・国籍を考える．彩流社．

鎌田　遵（2009）：ネイティブ・アメリカン―先住民社会の現在．岩波書店．

岸上伸啓（2009）：開発と先住民．明石書店．

ブルース・E・ジョハンセン，平松　紘監訳（2010）：世界の先住民環境問題事典．明石書店．[Johansen, B.E.（2003）：*Indigenous peoples and environmental issues：an encyclopedia*. Greenwood Press.]

杉浦芳夫編（2012）：地域環境の地理学．朝倉書店．

第8章　地域間格差と貧困

大竹文雄（2005）：日本の不平等：格差社会の幻想と未来．日本経済新聞社．

経済協力開発機構，中澤高志・神谷浩夫監訳（2014）：地図でみる世界の経済格差：OECD地域指標（2013年版）―都市集中と地域発展の国際比較．明石書店．[OECD ed.（2013）：*OECD Regions at a glance 2013*. OECD.].

国連開発計画編（2016）：人間開発報告2015：人間開発のための仕事．CCCメディアハウス．[United Nations Development Programme（2015）：*Human Development Report 2015.*]

庄司洋子・藤村正之・杉村宏編（1997）：貧困・不平等と社会福祉．有斐閣．

世界銀行，白鳥正喜監訳（1994）：東アジアの奇跡：経済成長と政府の役割．東洋経済新報社．[World Bank（1993）：*The East Asian miracles：economic growth and public policy*. Oxford University Press.]

アマルティア・セン，池本幸生・野上裕生・佐藤　仁訳（1999）：不平等の再検討：潜在能力と自由．岩波書店．[Sen, A.K.（1992）：*Inequality reexamined*. Harvard University Press.]

アマルティア・セン，黒崎　卓・山崎幸治訳（2000）：貧困と飢餓．岩波書店．[Sen, A.K.（1990）：*Poverty and famines：an essay on entitlement and deprivation*. Clarendon Press.]

NHKスペシャル「データマップ63億人の地図」プロジェクト編（2005）：いのちの地図帳．アスコム．

NHKスペシャル「データマップ63億人の地図」プロジェクト編（2005）：経済の地図帳．アスコム．

第9章　アフリカ・日本から考える人口問題と都市-農村関係

伊藤千尋（2015）：都市と農村を架ける―ザンビア農村社会の変容と人びとの流動性．新泉社．

大野　晃（2008）：限界集落と地域再生．京都新聞出版センター．

小田切徳美・藤山　浩編著（2013）：地域再生のフロンティア中国山地から始まる　この国の新しいかたち．農山漁村文化協会．

小島麗逸・幡谷則子編（1995）：発展途上国の都市化と貧困層．アジア経済研究所．

島田周平（2007）：現代アフリカ農村．古今書院．

嶋田義仁・松田素二・和崎春日編（2001）：アフリカの都市的世界．世界思想社．

寺谷亮司（2002）：都市の形成と階層分化―新開地北海道・アフリカの都市システム．古今書院．

藤山　浩（2015）：田園回帰1％戦略―地元に人と仕事を取り戻す．農山漁村文化協会．

松田素二（1996）：都市を飼い慣らす―アフリカの都市人類学．河出書房新社．

第10章　ジェンダーから再考する地域と人間

天野正子（1997）：フェミニズムのイズムを超えて　女たちの時代経験．岩波書店．

太田勇（1997）：地域の姿が見える研究を．古今書院．

影山穂波（2004）：都市空間とジェンダー．古今書院．

神谷浩夫編監訳，影山穂波・吉田容子・大城直樹・吉田雄介訳（2002）：大学の地理学　ジェンダーの地理学．古今書院．

姫岡とし子（2004）：ジェンダー化する社会　労働とアイデンティティの日独比較史．岩波書店．

村田陽平（2009）：空間の男性学－ジェンダー地理学の再構築．京都大学学術出版会．

由井義通・若林芳樹・中澤高志（2004）：働く女性の都市空間．古今書院．

吉田容子（2007）：地域労働市場と女性就業．古今書院．

Midgly, C., Twells, A. and Carlier, J.（2016）：*Women in transnational history：connecting the local and the global*. Routledge.

Seager, J. and Olson A.（1986）：*Women in the world：an international atlas*. Pan Books.

第 11 章　住の持続性を創造するハウジング

影山穂波（2004）：都市空間とジェンダー．古今書院．

久保倫子（2015）：東京大都市圏におけるハウジング研究　都心居住と郊外住宅地の衰退．古今書院．

ジェイン・ジェイコブス，山形浩生訳（2010）：新版　アメリカ大都市の死と生．鹿島出版会．〔Jacobs, J.（1961）：*The death and life of great American cities*. Random House.〕

早川和男（1997）：居住福祉．岩波書店．

ポール・ノックス，スティーブン・ピンチ，川口太郎・神谷浩夫・中澤高志訳（2013）：大学の地理　改訂新版　都市社会地理学．古今書院．〔Knox, P.L. and Pinch, S.（2010）：*Urban sectal geography*. 6th ed. Prentic Hall.〕

由井義通（1999）：地理学におけるハウジング研究．大明堂．

由井義通・久保倫子・西山弘泰（2016）：都市の空き家問題－なぜ？どうする？地域に即した問題解決に向けて．古今書院．

若林芳樹・神谷浩夫・木下禮子・由井義通・矢野桂司（2002）：シングル女性の都市空間．大明堂．

Bourne, L.S.（1981）：*The geography of housing*. Arnold.

第 12 章　自然と人間の関わりから考える防災・減災

牛山素行（2012）：防災に役立つ地域の調べ方講座．古今書院．

清野純史編（2013）：巨大災害と人間の安全保障．芙蓉書房出版．

神戸大学〈震災研究会〉（2002）：大震災を語り継ぐ（阪神大震災研究5）．神戸新聞出版センター．

塩崎賢明（2014）：復興〈災害〉－阪神・淡路大震災と東日本大震災．岩波書店．

鈴木康弘編（2015）：防災・減災につなげるハザードマップの活かし方．岩波書店．

日本災害情報学会編（2016）：災害情報学事典．朝倉書店．

藤田弘夫・浦野正樹編（2005）：都市社会とリスク－豊かな生活をもとめて（シリーズ社会学のアクチュアリティ：批判と創造）．東信堂．

牧　紀男・山本博之編（2015）国際協力と防災：つくる・よりそう・きたえる（災害対応の地域研究）．京都大学学術出版会．

矢守克也・渥美公秀編，近藤誠司・宮本　匠著（2011）：防災・減災の人間科学－いのちを支える，現場に寄り添う．新曜社．

吉原直樹・仁平義明・松本行真編（2015）：東日本大震災と被災・避難の生活記録．六花出版．

索　　引

ア　行

昭島市　32
空き家　117
アグロフォレストリー　17
浅井戸　33
アファーマティブ・アクション　91
アフリカ　93
アマゾン熱帯雨林　9
アール・デコ　134
アンソローム　18
アンデルセン，G・エスピン　50

イスラム　71
移民　65
インディアン強制移住法　77
インドモンスーン　8
インナーシティ　87,136
インフォーマル部門　96

ヴィザ　65

永久凍土　7
エスニック・エンクレイブ　70
エスニック景観　70
エスニック・マイノリティ　125
エネルギー資源開発　77
園芸施設共済　43

欧州人権規約　66
オガララ帯水層　27
驚きの気候　3
温室効果ガス　3

カ　行

外国人　64
介護保険制度　50
開発輸入商品　16
海洋底メタンハイドレート　7
価格変動　37
カースト　133
家族経営　108
家族従業者　110
家族賃金制度　111
過疎・高齢化　99
カトマンズ　132
家父長制　111
環境・開発サミット　126
環境正義運動　78

記憶の場所　131

気候変動　125
気候変動に関する政府間パネル評価報告
　書　1
北アメリカ　8
居住　114
居住環境　115

グリーンランド　6

景観　131
減反政策　39

郊外住宅団地　118
工業化　63
構造調整計画　95
公用語　63
高齢化　120
国際稲研究所　15
国際トウモロコシ・コムギ改良センター
　15
国際ミレニアムサミット　74
国際連合　62
国籍　64
穀草式農業　13
国分寺市　32
国民　64
国連環境開発会議　74
国連防災世界会議　128
国境　62
米　37
米の生産調整政策　39
雇用労働者　110

サ　行

再生エネルギー　78
再生可能水資源量　24
再生産労働　108
作況指数　40
参加型開発　92
産業革命　13
ザンビア　95
三圃式農業　13

自営業　110
ジェンダー　104
ジェントリフィケーション　136
資源ナショナリズム　88
市場原理　46
施設園芸　37
施設型農業　46
自然素因　10
持続可能な開発　74

持続可能な開発のための教育（ESD）
　128
持続可能な開発目標（SDGs）　128
持続可能な水利用　34
持続性科学　21
地盤沈下　28
社会素因　10
社会地理　106
ジャカルタ　27
宗教　64
就業率曲線　109
重国籍　65
住宅市場　115,119
収入保険制度　47
住の危機　116
集約農業　13
少数民族　63
昭和三陸津波　131
職住分離　110
食料安全保障　40
食糧管理法　41
食料自給率　38
食糧法　41
食料問題　36
女性解放運動　105
女性学　105
女性史研究　107
女性就業　106
女性労働　107
人権侵害　71
人口増加　36
人口転換　13
人口問題　93
人口流入　95
人口論　13
森林減少　18

水稲作　37
スタンディング・ロック・スー族　76
住まい方　115
スマトラ沖地震　133
住みやすさ　116
スラム　67

青果物　37
青果物流通　45
生計多様化　97
生産労働　108
政治参加　68
政治生態学　21
政治的正しさ　72
政治的な時間軸　5
脆弱性　125

索　引　　*143*

セイフティ・ネット（安全網）　91
セグリゲーション　70, 136
雪害　43
セックス　104
絶対的貧困　85
セデンタリズム　101
セトラー・コロニアリズム　76
セン，アマルティア　85
専業主婦　109
仙台防災枠組 2015-2030　128

相対的貧困　85
ソーシャル・ミックス　70

タ 行

大西洋熱塩循環　7
耐病性　43
耐冷性　43
耐冷性品種　42
多品種小面積栽培　14
多文化共生　64
多文化主義　68
多民族　62
多様性　120
単一種大面積栽培　14

地域ケア会議　54
地域ネットワーク　54
地域包括ケアシステム　52
地域包括支援センター　53
地域密着型サービス　51
地下水　31
地球温暖化　20
地球サミット　74

定住性　101
田園回帰　100
転換点　3
転換要素　4
天候不順　38
天災は忘れた頃に来る　130
天然資源に対する恒久主権の権利　88

東京　30
東京都上水道　31
透水性土地被覆　28
東北地方太平洋沖地震　124
特別永住者　67
都市化　95
都市計画事業　73
都市人口　95
都市と農村　93
都市-農村交流　100
都市の縮退　117
都市用水利用　30
都心居住　119
土地変化科学　21
土地利用型農業　46

土地利用変化　12, 27
利根川水系水資源開発基本計画　31

ナ 行

南極　6
難民　66, 127

二酸化炭素濃度変化　3
西アフリカモンスーン　8
西バンジール水路　30
日常生活圏域　54
日常生活圏域単位　57
日系人　67
ニューオーリンズ　136
人間　105
人間開発　91

ネパール地震　132

農業気象災害　36
農業経営　36
農業災害補償制度　41
農作物共済　41
ノーフォーク農法　14

ハ 行

ハウジング　114
ハウジング研究　122
バウンダリー　63
ハザード　124
場所の喪失　127
バーチャルウォーター　25
パリ協定　1, 126
バンダ・アチェ　133

東バンジール水路　30
非正規（滞在）　67
非透水性土地被覆　28
兵庫県南部地震　124
兵庫行動枠組 2005-2015　128
氷床　3
表流水　31
肥沃な三日月地帯　12
貧困線　85

風評　130
フェアトレード（公正取引）運動　88
フェミニズム　105
深谷市　44
福島・いわき宣言　126
福島第一原子力発電所　130
不景気　66
復興ツーリズム　135
文化生態学　21

平成米騒動　40
ベック　90

ホークスベイ地震　134
ボズラップ　13
北方針葉樹林　9
ポリカルチャー　14

マ 行

マルサス　13, 36

水資源問題　24
水需要　24
水の移動　34
緑の革命　15
民族　63

明治三陸津波　131

モノカルチャー　14
モノカルチャー経済　88

ヤ 行

焼畑農業　13
ヤマセ　40

誘因　10

ラ 行

リスク管理　36, 47
リスク社会　90
流動性　98
良食味性　43
輪栽式農業　14
倫理時間軸　5

冷害　39
レジリエンス　10, 128

ローカルガバナンス　54

ワ 行

災い転じて福となす　129

欧 文

1931 年ホークスベイ地震　134
2030 アジェンダ　75
Build Back Better　130
CIMMYT　15
climate surprise　3
Cultural Ecology　21
displacement　127
ENSO　8
EU 市民　66
Future Earth　1
HIV　85
International Maize and Wheat

Improvement Center　15
International Rice Research Institute
　　15
IPCC 評価報告書　1
IRRI　15

IR 品種　15
Land Change Science　21
M 字曲線　109
NGO　92
NPO　92

Political Ecology　21
Rio＋20　126
Sustainability Science　21
Think globally, act locally　127
tipping element　4

編集者略歴

矢ケ﨑典隆
1952年　石川県に生まれる
1982年　カリフォルニア大学バークリー校大学院修了
現　在　日本大学文理学部教授
　　　　Ph.D.（地理学）

森島　済
1965年　愛知県に生まれる
1998年　東京都立大学大学院理学研究科博士後期課程単位取得満期退学
現　在　日本大学文理学部教授
　　　　博士（理学）

横山　智
1966年　北海道に生まれる
2003年　筑波大学大学院地球科学研究科博士課程退学
現　在　名古屋大学大学院環境学研究科教授
　　　　博士（理学）

シリーズ地誌トピックス3
サステイナビリティ
地球と人類の課題　　　　　　　　　　　　　　定価はカバーに表示

2018年3月25日　初版第1刷

編集者	矢 ケ 﨑 典 隆
	森 島 　 済
	横 山 　 智
発行者	朝 倉 誠 造
発行所	株式会社 朝 倉 書 店

東京都新宿区新小川町 6-29
郵 便 番 号　162-8707
電　話　03（3260）0141
F A X　03（3260）0180
http://www.asakura.co.jp

〈検印省略〉

ⓒ 2018 〈無断複写・転載を禁ず〉　　　　印刷・製本　東国文化

ISBN 978-4-254-16883-9　C 3325　　　Printed in Korea

JCOPY ＜（社）出版者著作権管理機構 委託出版物＞
本書の無断複写は著作権法上での例外を除き禁じられています。複写される場合は，
そのつど事前に，（社）出版者著作権管理機構（電話 03-3513-6969，FAX 03-3513-
6979，e-mail: info@jcopy.or.jp）の許諾を得てください。